움직이는 증강 현실 게임 개발

움직이는 증강 현실 게임 개발

현실 속에서 이동하고 포획하며 즐기는
유니티 AR 게임

마이클 랜햄 지음

이진오 옮김

지은이 소개

마이클 랜햄 Michael Lanham

현재 petroWEB에서 솔루션 설계자로 근무하고 있으며, 캐나다 알버타 주 캘거리 시에 거주하고 있다. 고급 공간 검색 기능을 가진 통합 GIS 애플리케이션 개발 업무를 맡고 있으며, 데스크톱/모바일 게임을 아우르는 프로 및 아마추어 게임 개발자로서 15년 이상 활동했다. 2007년 처음 유니티 3D를 알게 됐으며, 그 후 열성적인 팬이자 개발자로 살아가고 있다.

내 전부이자 내가 매일 생각하는 사람들인 론다와 아이들(콜튼, 브렌, 찰리)에게 감사한다.

| 기술 감수자 소개 |

데렉 램 Derek Lam

게임 디자이너이자 유니티 인증 개발자Unity Certified Developer로서 5년 이상의 iOS 및 안드로이드 게임 디자인 경력을 가지고 있으며, 증강 현실과 가상 현실 애플리케이션 개발 분야에서도 많은 경험을 쌓았다. 현재 건설 회사에 근무하고 있으며, 내부적으로 사용하는 상호작용 AR과 VR 애플리케이션을 개발하고 있다.

| 옮긴이 소개 |

이진오(jino.gamedev@gmail.com)

게임에 미쳐 부모님의 잔소리만 듣던 아이였다가 정신을 차려보니 어느덧 18년째 게임 업계에서 일하고 있다. 프로듀서, 프로젝트 매니저 등 개발을 관리하는 역할로 〈킹덤 언더 파이어: 더 크루세이더스〉, 〈샤이닝로어〉, 〈APB〉, 〈Firefall〉 등의 프로젝트에 참여해왔으며, 현재는 리로디드 스튜디오에 몸담고 있다. 평소 최대한 많이 새로운 것을 시도해보고 경험하려 노력한다.

2016년 출시돼 세계를 휩쓴 〈포켓몬 고Pokemon GO〉를 기억하는가? 이 게임은 일반인들은
물론이고, 방구석과 컴퓨터 앞을 사랑하는 게이머들을 야외로 끌어내어 공전의 히트를 기
록했다. 〈포켓몬 고〉의 히트는 세계적으로 유명한 게임의 브랜드 파워 재확인이란 의미
도 있지만, 그보다 더 큰 의미는 증강 현실AR, Augmented Reality 게임의 가능성을 열어준 것이
다. 〈포켓몬 고〉가 나타나기 이전의 게임 시장에서 증강 현실은 단지 기술 테스트 수준에
머무는 느낌이 강했다. 특이하지만 시장성이 없는 기술로 취급당하고 있었기 때문이다.
하지만 증강 현실을 사용한 전무후무한 히트작이 나타남으로써 상황은 180도 달라졌다.
아류작들의 등장은 말할 것도 없고, 비슷한 포맷을 차용한 마케팅 앱들도 다수 개발됐다.

이 책은 이 거대한 흐름의 시작이 된 게임의 모습을 유니티에서 구현하게 해주는 내용을
담고 있다. 플레이어의 위치를 추적하는 GPS와 지도를 시작으로, 캐릭터와 입력 방식 구
현, 몬스터 생성과 포획, 증강 현실 요소 적용과 상호작용까지 총 10장에 걸쳐 다양한 정보
와 구현 방법을 설명한다. 책 속의 예제 게임인 Foody GO는 세계 정상급의 요리 실력을
자랑하는 몬스터들이 탈출해 세계를 떠돌고 있는 상황에서 플레이어가 이 몬스터들을 포
획하고 식당들에 배치시켜 돈을 벌어들이는 구조로 진행된다. 테마와 설정이 다를 뿐 〈포
켓몬 고〉와 여러모로 많은 유사점을 가지고 있는 셈이다.

이 책이 독자에게 주는 가장 큰 선물은 본인이 개발하고 싶은 게임이 더 이상 화면 안에 제
한되지 않으며 실세계와 연결되는 증강 현실까지 펼쳐나갈 수 있게 해준다는 점이다. 많
은 인기를 얻고 있는 RPG와 퍼즐 같은 장르의 게임을 개발하는 방법을 설명하는 책은 넘
쳐나지만, 독특한 게임 요소의 개발을 다루는 책은 많지 않다. 게다가 다수가 이미 경험
했음에도 아직 다양한 구현이 이뤄지지 않은 기술을 소개한다면 꽤 매력적일 수밖에 없
다. 나 역시 한 사람의 게이머로서 다양한 방식의 새로운 경험을 주는 게임을 찾길 원한

다. 그리고 이 책이 당신을 새로운 경험을 개발하고 전파하는 전달자로서 거듭나게 하는
계기가 됐으면 한다.

| 차례 |

| 들어가며 |

2016년 초까지 세상 사람들 대부분은 증강 현실과 위치 기반^{location-based} 게임에 대해 거의 모르고 있었다. 하지만 그해 말 〈포켓몬 고〉가 출시되면서 모든 것이 바뀌었다. 하루 아침에 해당 장르는 게임 개발의 차세대 흐름으로 자리 잡았다. 분명 당신은 〈포켓몬 고〉를 이미 해봤을 것이고, 아마도 증강 현실과 위치 기반 장르에 속한 게임에 관심이 많아서 이 책을 읽고 있을 것이다.

이 책은 〈포켓몬 고〉와 같은 위치 기반 AR 게임을 구성하는 요소들을 세부적으로 다룬다. 위치 기반 AR 게임은 개발에 많은 자원이 들며, 매핑과 몬스터 생성 같은 수많은 기능들을 필요로 한다. 하지만 우리가 개발할 게임은 무료로 제공되는 서비스들을 사용하므로 한 푼도 들지 않는다. 라이선스 문제 때문에 이 게임을 상업용으로 출시할 수는 없지만, 대신 개발에 필요한 모든 개념을 알게 해줄 것이다. 또한 유니티^{Unity}라는 훌륭한 툴과 함께 게임 개발에 대한 다양한 개념들을 배울 수 있다.

■ 이 책에서 다루는 내용

1장. 시작하기 위치 기반 AR 게임 장르를 소개하고 우리가 개발할 가상의 게임인 Foody Go를 둘러싼 개념들을 살펴본다. 그러고 나서 필요한 소프트웨어들의 다운로드 과정과 유니티 모바일 개발 환경의 구성에 대해 알아본다.

2장. 플레이어 위치 매핑 먼저 GIS, GPS, 매핑에 관한 기본적인 개념을 알아보고, 이어서 이 개념들이 실시간 지도 생성과 게임 내 플레이어 위치 확인에 어떻게 사용될 수 있는지 살펴본다.

3장. 아바타 만들기 이전 장에서 구현한 내용을 바탕으로, 임시로 만들어 놓은 위치 마커를 애니메이션과 이동이 가능한 캐릭터로 변경해본다. 이렇게 하면 플레이어는 본인의 모바일 기기를 들고 움직일 때 자신의 아바타가 지도 위에서 움직이는 것을 확인할 수 있다.

4장. 포획물 생성하기 Foody Go에서 실험체 몬스터들을 포획하는 개념을 설명한다. 지도 위에 있는 플레이어의 주위에서 몬스터를 생성하는 법을 배운다.

5장. AR에서 포획물 잡기 기기의 카메라에 접근해서 통합된 AR을 구현하고, 볼 던지기 물리, 포획물의 반응, 플레이어 스와이핑^{swiping}, 새로운 게임 신^{scene}을 구현해본다.

6장. 포획물 저장하기 플레이어의 인벤토리^{inventory} 개발에 집중한다. 잡은 Foody 생물들과 다른 유용한 아이템들을 저장하고, 영속되는 저장 공간과 간단한 인벤토리 신을 추가하는 방법을 배운다.

7장. AR 세계 만들기 실시간 데이터 서비스를 기반으로 플레이어 주위에 관심 위치^{location of interest}를 추가하는 방법을 배운다.

8장. AR 세계와 상호작용하기 플레이어가 관심 위치들과 상호작용할 수 있게 만든다. 우리 게임에서 플레이어는 관심 위치에서 잡은 몬스터들을 팔 수 있다.

9장. 게임 마무리하기 게임을 마무리하는 방법은 물론, 더 나아가 독립적인 위치 기반 AR 게임을 만들 수 있는 정보를 다룬다. 이 책에서는 Foody Go 게임의 데모 버전만을 만들기 때문이다.

10장. 문제 해결 개발 과정에서 마주치는 장애 요소들을 해결할 수 있는 팁과 유용한 방법들을 다룬다. 모든 소프트웨어 개발이 그렇듯이 문제는 언제나 일어나기 마련이다.

▌ 준비 사항

이 책에 들어있는 모든 예제를 따라 해보려면, 적어도 유니티 5.4+를 실행할 수 있는 컴퓨터와 유니티 게임을 실행 가능하면서 GPS가 탑재된 iOS나 안드로이드 기기가 있어야 한다.

유니티 시스템의 최소 사양에 대한 추가적인 정보는 https://unity3d.com/unity/system
-requirements에서 찾을 수 있다.

▌ 이 책의 대상 독자

이 책은 〈포켓몬 고〉와 유사한 본인만의 위치 기반 증강 현실 게임을 개발하는 데 관심을 가진 사람들을 위해 알맞다. 독자가 일정 수준 이상의 게임 개발 기술을 갖췄거나 유니티를 이미 경험해봤다고 가정하지는 않지만, C# 언어나 그에 상응하는 언어(C, C++, 자바^{Java}, 자바스크립트^{JavaScript} 등)에 대한 기본 지식은 필요하다.

▌ 편집 규약

이 책에서는 독자의 이해를 돕고자 다루는 정보에 따라 글꼴 스타일을 다르게 적용했다. 이러한 스타일의 예와 의미는 다음과 같다.

텍스트에서 코드 단어는 다음과 같이 표기한다. "다음 라인의 코드는 링크를 읽은 후 BeautifulSoup 함수에 지정한다."

코드 블록은 다음과 같이 표기한다.

```
# 프로젝트로 패키지를 가져옴
from bs4 import BeautifulSoup
from urllib.request import urlopen
import pandas as pd
```

코드 블록에서 유의해야 할 부분이 있다면 다음과 같이 굵은 글꼴로 표기한다.

```
<head>
<script src="d3.js" charset="utf-8"></script>
  <meta charset="utf-8">
  <meta name="viewport" content="width=device-width">
  <title>JS Bin</title>
</head>
```

명령행 입력이나 출력은 다음과 같이 표기한다.

```
C:\Python34\Scripts> pip install -upgrade pip
C:\Python34\Scripts> pip install pandas
```

화면상에 표시되는 메뉴나 버튼은 다음과 같이 표기한다. "새로운 모듈을 다운로드하려면 Files ➤ Settings ➤ Project Name ➤ Project Interpreter로 간다."

 경고나 중요한 노트는 이와 같이 나타낸다.

 팁과 요령은 이와 같이 나타낸다.

▎독자 의견

독자로부터의 피드백은 항상 환영이다. 이 책에 대해 무엇이 좋았는지 또는 좋지 않았는지 소감을 알려주길 바란다. 독자 피드백은 앞으로 더 좋은 책을 발행하는 데 큰 도움이 된다. 일반적인 피드백을 우리에게 보낼 때는 간단하게 feedback@packtpub.com으로 이메일을 보내면 되고, 메시지의 제목에 책 이름을 적으면 된다.

여러분이 전문 지식을 가진 주제가 있고, 책을 내거나 책을 만드는 데 기여하고 싶다면 www.packtpub.com/authors에서 저자 가이드를 참조하길 바란다.

▋ 고객 지원

팩트출판사의 구매자가 된 독자에게 도움이 되는 몇 가지를 제공하고자 한다.

예제 코드 다운로드

이 책에 사용된 예제 코드는 http://www.packtpub.com의 계정을 통해 다운로드할 수 있다. 다른 곳에서 구매한 경우에는 http://www.packtpub.com/support를 방문해 등록하면 파일을 이메일로 직접 받을 수 있다.

코드를 다운로드하려면 다음과 같이 한다.

1. 팩트출판사 웹사이트(http://www.packtpub.com)에서 이메일 주소와 암호를 이용해 로그인하거나 계정을 등록한다.
2. 맨 위에 있는 SUPPORT 탭으로 마우스 포인터를 이동한다.
3. Code Downloads & Errata 항목을 클릭한다.
4. Search 입력란에 책 이름을 입력한다.
5. 코드 파일을 다운로드하려는 책을 선택한다.
6. 드롭다운 메뉴에서 이 책을 구매한 위치를 선택한다.
7. Code Download 항목을 클릭한다.

파일을 다운로드한 후에는 다음과 같은 압축 프로그램을 이용해 파일의 압축을 해제한다.

- 윈도우: WinRAR, 7-Zip
- 맥: Zipeg, iZip, UnRarX

- 리눅스: 7-Zip, PeaZip

이 책의 코드 묶음은 깃허브 https://github.com/PacktPublishing/Augmented-Reality-Game-Development에서도 받을 수 있으며, https://github.com/PacktPublishing/에서는 다른 책들의 코드 묶음과 동영상들을 제공한다. 또한 에이콘출판사의 도서정보 페이지인 http://www.acornpub.co.kr/book/ar-game-develop에서도 예제 코드를 다운로드할 수 있다.

컬러 이미지 다운로드

이 책에서 사용된 스크린샷/다이어그램의 컬러 이미지를 PDF 파일로 제공한다. 컬러 이미지는 출력 결과의 변화를 이해하는 데 큰 도움이 될 것이다. https://www.packtpub.com/sites/default/files/downloads/AugmentedRealityGameDevelopment_ColorImages.pdf에서 확인할 수 있다. 에이콘출판사의 도서정보인 페이지인 http://www.acornpub.co.kr/book/ar-game-develop에서도 컬러 이미지를 다운로드할 수 있다.

정오표

내용을 정확하게 전달하기 위해 최선을 다했지만, 실수가 있을 수 있다. 팩트출판사의 도서에서 문장이든 코드든 간에 문제를 발견해서 알려준다면 매우 감사하게 생각할 것이다. 이와 같은 참여를 통해 다른 독자에게 도움을 주고, 다음 버전의 도서를 더 완성도 높게 만들 수 있다. 오탈자를 발견한다면 http://www.packtpub.com/submit-errata를 방문해 책을 선택하고, 구체적인 내용을 입력해주길 바란다. 보내준 오류 내용이 확인되면 웹사이트에 그 내용이 올라가거나 해당 서적의 정오표 부분에 그 내용이 추가될 것이다. http://www.packtpub.com/support에서 해당 도서명을 선택하면 기존 정오표를 확인할 수 있다. 한국어판은 에이콘출판사 도서정보 페이지 http://www.acornpub.co.kr/book/ar-game-develop에서 찾아볼 수 있다.

저작권 침해

인터넷에서의 저작권 침해는 모든 매체에서 벌어지고 있는 심각한 문제다. 팩트출판사에서는 저작권과 사용권 문제를 아주 심각하게 인식한다. 어떤 형태로든 팩트출판사 서적의 불법 복제물을 인터넷에서 발견한다면 적절한 조치를 취할 수 있도록 해당 주소나 사이트명을 알려주길 부탁한다.

의심되는 불법 복제물의 링크는 copyright@packtpub.com으로 보내주길 바란다. 저자와 더 좋은 책을 위한 팩트출판사의 노력을 배려하는 마음에 깊은 감사의 뜻을 전한다.

질문

이 책과 관련해 질문이 있다면 questions@packtpub.com으로 문의하길 바란다. 최선을 다해 질문에 답하겠다. 한국어판에 관한 질문은 이 책의 옮긴이나 에이콘출판사 편집 팀(editor@acornpub.co.kr)으로 문의해주길 바란다.

01

시작하기

이 장에서는 실세계를 기반으로 하는 어드벤처 게임이란 무엇이고, 어떻게 작동하며, 어떤 요소들이 이런 게임들을 독특하게 만드는지 소개한다. 그리고 나서 이 책 전반에 걸쳐 개발할 실세계real-world 게임에 대해 설명할 것이다. 이 개념들에 대한 설명을 마치고 나면 유니티에서 모바일 개발 환경을 구성하는 방법을 살펴본다.

실세계 어드벤처 게임이나 증강 현실AR 게임에 관련된 용어들을 충분히 이해하고 있다면, 우리의 예제 게임인 Foody GO를 소개하고 게임 디자인과 게임의 개념에 대해 설명하는 절로 건너뛰어도 좋다.

이 장에서는 다음과 같은 주제들을 다룬다.

- 실세계 어드벤처 게임의 정의
- 실세계 어드벤처 게임을 구성하는 주요 요소들에 대한 이해

- 예제 게임 Foody GO의 디자인 소개
- 유니티 설치
- 유니티용 모바일 개발 환경 구성
- 게임 프로젝트 생성

▌ 실세계 어드벤처 게임

실세계 어드벤처 게임real-world adventure game이란 최근 〈포켓몬 고〉의 출시와 함께 엄청난 인기몰이를 한 게임 장르다. 이 책을 읽고 있는 당신은 아마도 이 인기 만점의 게임을 이미 들어봤거나 해봤을 것이다. 많은 사람들이 하루 아침에 유명해졌다고 생각하겠지만, 사실 이런 장르의 게임이 처음 등장한 지는 이미 몇 년이 됐다. 〈포켓몬 고〉의 개발사인 나이앤틱Niantic은 2012년 11월 전 세계 최초의 실세계 어드벤처 게임인 〈인그레스Ingress〉를 출시했다. 이 게임은 출시 당시 어느 정도 주목받기는 했지만, 매우 제한적인 게이머들의 관심을 얻는 데 그쳤다. 게임의 장르 자체가 문제였다기보다는 아마도 다소 어려워 보이는 게임의 테마 때문이었을 것이다.

오늘날 많은 사람들이 〈포켓몬 고〉가 게임계에 큰 소용돌이를 일으킨 주요 원인으로 포켓몬 프랜차이즈와 증강 현실 게임 플랫폼의 결합을 꼽는다. 분명한 것은 〈포켓몬 고〉에 실세계와 상호작용하는 부분이 없었다면 그저 스쳐가는 게임 중 하나였을 것이란 사실이다.

그러면 무엇이 실세계 어드벤처나 위치 기반 증강 현실 게임을 독특하게 만들까?

- 위치 기반location-based: 플레이어는 지도를 통해 가상 오브젝트 및 장소와 상호작용할 수 있다. 플레이어가 실세계에서 움직이면 기기의 GPS가 게임 내 플레이어의 위치를 실시간으로 업데이트하고, 가상 위치로 이동해서 가상 오브젝트 또는 물체를 찾거나 상호작용할 수 있다. 2장, '플레이어의 위치 매핑'에서는 어떻게 기기의 GPS와 지도를 통합할 수 있는지 알아본다.
- 증강 현실AR: 플레이어는 기기의 카메라를 통해 실세계와 상호작용한다. 이 기술

은 실세계를 배경으로 두고, 가상의 공간이나 물체와 상호작용할 수 있게 해준다. 기기의 카메라를 배경으로 이용해 유저의 몰입감을 높이는 방법은 5장, 'AR에서 포획물 잡기'에서 소개한다.

- 어드벤처 게임: 일반적으로 플레이어는 아바타가 돼서 탐험을 하고 퍼즐을 푸는 미션들을 해결해나가며, 궁극적으로 설정상에서 제시하는 목표를 이룬다. 물론 이런 정의는 다양한 모습을 한 타 실세계 장르 게임들까지 광범위하게 포함시키는 느슨한 것이지만, 이 책의 목적을 위해 느슨한 정의를 그대로 사용하겠다. 이 장의 'Foody GO 소개' 절에서는 이 책 전반에 걸쳐 개발할 게임의 디자인과 실세계 어드벤처 게임의 개념을 다룬다.

물론 성공적인 게임을 개발하기 위해서는 이외에도 많은 요소들이 필요하다. 하지만 위치 기반과 증강 현실은 실세계 어드벤처 게임을 정의하는 요소들이다. 눈치 빠른 독자들은 다중 사용자 네트워크 게임플레이나 MMO$^{massively\ multiplayer\ online}$가 빠졌다고 생각할 것이다. MMO 게임플레이는 게임 디자인에 따라 매우 중요하지만, 실세계 어드벤처 장르의 필수 요소는 아니다.

위치 기반

실세계에서 플레이어 위치를 추적한 후 게임 속 가상 세계 위에 덧씌우면 플레이어는 매우 강한 수준의 몰입감을 느끼게 된다. 실제로 많은 실세계 어드벤처 게임들은 게임 시작 전에 플레이어들에게 경고의 메시지를 내보낸다. 실세계 게임을 즐기다가 너무 몰입해서 쉽게 방지할 수 있는 사고를 피하지 못해 다치는 경우가 매우 빈번했기 때문이다.

실세계를 게임의 가상 세계에 매핑^{mapping}하는 작업은 일반적인 모바일 게임 개발과는 다른 도전 과제들을 가지고 있다. 지도 인터페이스^{interface}의 개발은 물론, 가상 아이템으로 세계를 채우는 작업은 고급 GIS 기술을 요한다. 많은 개발자들이 유니티상에서 구현하는 GPS 및 GIS의 개념과 지도 렌더링^{rendering}을 접한 적이 없거나 충분히 경험하지 못했다.

매핑은 실세계 게임 장르의 중심 개념이기 때문에 우리가 제작할 예제 게임에서는 이 부분을 중심에 둘 예정이다. 따라서 지도에 관한 주제만 몇 장에 걸쳐 다룰 것이다. 다음은 매핑과 위치에 관한 장들을 정리해 보여준다.

- 2장, '플레이어 위치 매핑'에서는 GPS와 GIS의 기본에 대해 이야기하고, 3D 유니티 신scene에 지도 텍스처texture를 불러내는 방법을 살펴본다.
- 3장, '아바타 만들기'에서는 플레이어 캐릭터 아바타를 등장시키고, 모바일 기기와 플레이어의 이동을 통해 아바타를 어떻게 조종하는지 보여준다.
- 4장, '포획물 생성하기'에서는 가상 아이템을 지도에 배치하고, 플레이어가 이 아이템들을 어떻게 찾을 수 있는지 설명한다.
- 7장, 'AR 세계 만들기'에서는 실세계를 기반으로 플레이어 주위의 가상 세계를 채워나간다.
- 8장, 'AR 세계와 상호작용하기'에서는 가상 세계의 장소들과 어떻게 상호작용하는지 배운다.

증강 현실

증강 현실AR은 1990년부터 존재했다. 이 용어는 가상 수술 기기, 마이크로소프트 홀로렌즈HoloLens, 스냅챗Snapchat과 같은 모바일 앱까지 넓은 영역의 기술을 의미하고 있다. AR 기술은 최근까지 게임 개발 트렌드와 매우 동떨어져 있었다. 하지만 기술이 발전하고 실세계 어드벤처 장르가 인기를 얻으면서 게임 시장에서 AR은 크게 주목받기 시작했다.

위에서 언급했듯이 AR은 유저에게 덮어씌워진 가상 환경을 제공하는 기술 및 기기를 통칭하는 넓은 의미를 가진다. 하지만 모바일 기기에서의 AR 경험은 일반적으로 기기의 카메라 화면을 배경으로 사용해서 가상 환경을 보여준다. 특별한 AR 게임이나 애플리케이션의 경우에는 형상을 감지하는 복잡한 이미지 처리 알고리즘algorithm을 가진 경우도 있다. 형상이 감지되면 가상 현실 속 그래픽이나 게임 옵션에 연동돼 표시된다. 〈포켓몬 고〉의 경우 AR의 사용을 카메라 배경 화면 정도로 제한했지만, 스냅챗Snapchat은 이미지 처리를 통해 동적인 AR 경험을 제공한다. 방법은 다르지만 게임과 애플리케이션 모두 AR을 통해 더욱 즐거운 경험을 제공해주고 있다.

실세계 어드벤처 장르의 게임을 만드는 이 책의 진행을 위해 우리는 비교적 단순한 AR 경험을 주는 방법을 택하겠다. 다시 말해, 모바일 기기의 카메라를 배경 화면으로 사용한다는 뜻이다. 게임의 느낌은 같은 장르에 속해 있는 다른 인기 게임들과 비슷할 것이다. 우리가 택한 AR의 접근은 단순할지 몰라도, 몇 개 장에 걸쳐 여러 가지 세부적인 부분들과 팁을 다룰 것이다. 다음은 AR 요소들을 다룰 장들에 대한 짧은 설명이다.

- 5장, 'AR에서 포획물 잡기'에서는 모바일 기기의 카메라를 게임의 배경 화면으로 이용하는 방법을 배운다.
- 9장, '게임 마무리하기'에서는 AR 게임플레이를 향상시킬 아이디어들을 논해 본다.
- 10장, '문제 해결'에서는 의도한 대로 작동하지 않을 경우를 다뤄본다. 이 장은 잠 재적인 문제들과 그것들을 해결할 수 있는 팁들을 다룬다.

어드벤처 게임

일반적으로 어드벤처 게임이란 퀘스트를 통해 구성된 스토리를 탐험하고 마주치는 퍼즐을 풀어가며 게임의 엔딩을 보는 게임을 말한다. 하지만 최근 실세계 어드벤처 게임들은 퍼즐 풀기와 퀘스트보다 탐험에 중점을 둔다. 그래서 요즘 실세계 어드벤처 게임들은 예전 어드벤처 게임들보다 롤플레잉 게임RPG, Role-Playing Game에 더 가깝다. 향후에는 고전적인 형태의 어드벤처 게임에 좀 더 가까운 실세계 게임이 나오거나 실시간 전략, 슈터shooter, 시뮬레이션, 교육, 스포츠, 퍼즐 등 다른 장르와의 결합도 기대해볼 수 있겠다.

위에서 이야기한 개념들이 어떻게 하나로 통합될 수 있는지 보여주기 위해 이 책 전반에 걸쳐 예제 게임을 하나 만들 것이다. 예제 게임은 실세계 어드벤처 장르에 속한 다른 인기 게임들과 비슷한 스타일을 가지고 있다. 이 게임에서는 다른 게임들이 공통적으로 가지고 있는 요소인 아바타, 캐릭터 인벤토리, 파티클 효과 등을 구현할 것이다. 다음은 이것들을 다룰 장들에 대한 간략한 설명이다.

- 3장, '아바타 만들기'에서는 3D로 리그^{rig}돼 있고 애니메이션이 들어간 캐릭터를 지도에 추가한다.
- 4장, '포획물 생성하기'에서는 GIS와 지도에 대한 다양한 개념을 논의하고, 오브젝트 애니메이션에 대한 짧은 절을 준비했다.
- 5장, 'AR에서 포획물 잡기'에서는 AR은 물론 텍스처, 리지드바디^{rigidbody} 물리, 플레이어 입력, AI, GUI 메뉴, 파티클 효과 등과 같은 여러 가지 게임 개념을 다룬다.
- 6장, '포획물 저장하기'에서는 모바일 기기에서 영속적으로 유지되는 캐릭터 인벤토리와 GUI 개발에 대해 좀 더 논의한다.
- 8장, 'AR 세계와 상호작용하기'에서는 추가적인 GUI 요소들과 파티클 효과, 그리고 비주얼 효과 셰이더^{shader}에 대해 배운다.
- 9장, '게임 마무리하기'에서는 예제 게임의 수준을 좀 더 높일 수 있는 부분들을 살펴보고 다른 실세계 게임에 대한 아이디어들을 논의해본다.

Foody GO 소개

새로운 것을 배우고 관련 개념을 이해하는 데 가장 좋은 방법은 역시 예제를 통해 학습하는 것이다. 우리가 이 책 전반에 걸쳐 예제로 개발할 실세계 어드벤처 게임은 Foody GO다. 음식을 주제로 삼은 이 게임에서 플레이어는 실험체 요리 몬스터들을 찾아내 포획한다. 포획된 몬스터들은 주위 음식점으로 데려가 아이템, 파워, 명예 따위를 얻기 위해 판매한다.

예제 게임은 위치 기반 증강 현실 요소에 초점을 맞추겠지만 다음과 같은 기술적 요소들도 구현할 것이다.

- 플레이어 매핑
- 카메라를 통한 증강 현실

- 리그되고 애니메이션된 3D 아바타
- 애니메이션된 오브젝트
- 간단한 AI
- 파티클 효과
- GUI 메뉴와 컨트롤
- 영속적으로 보존되는 데이터베이스 저장소
- 비주얼 셰이더 효과

위에 언급된 부분들은 저마다 책 한 권이 나올 만한 분량의 주제이므로, 여기서는 깊이 다루지 않을 것이다. 하지만 실세계 어드벤처 게임을 개발하면서 이러한 요소들이 어떻게 같이 맞물리는지 아는 것은 매우 중요하다.

소스 코드

이 책에서 다루는 모든 소스 코드는 홈페이지에서 다운로드할 수 있다. 소스 코드는 각 장별로 나뉘어 있으며, 프로젝트의 진행 정도에 맞춰 제공된다. 각 장마다 프로젝트의 시작 모습과 끝 모습도 제공된다. 이런 구성 덕분에 좀 더 수준 높은 독자라면 일부 구간을 건너뛸 수도 있다. 초보자들은 고급 내용을 다루는 이 책의 후반부를 문제없이 이해할 수 있도록 모든 예제를 차례대로 거쳐가는 것이 바람직하다.

▌ 유니티로 모바일 개발 준비하기

이제 모든 배경을 설명하고 앞으로 다룰 내용을 모두 소개했으니 유니티를 통한 모바일 개발에 대해 알아보자. 유니티로 안드로이드나 iOS용 게임을 만들어본 경험이 있다면 2장, '플레이어 위치 매핑'으로 건너뛰길 바란다.

다음 설치 가이드는 크로스 플랫폼^{cross-platform} 환경을 지원하므로 윈도우, 리눅스, 맥에 상관없이 똑같이 적용된다. 간결한 구성을 위해 스크린샷은 윈도우 환경을 사용했다.

유니티 다운로드 및 설치

유니티를 설치해본 적은 있지만 모바일 개발 경험이 없다면 이 절을 주의 깊게 따라 해보길 바란다. 절대 놓치지 말아야 할 몇 가지 단계들이 있기 때문이다.

유니티를 설치하기 위해 다음 단계를 진행한다.

1. 브라우저를 열고 https://unity3d.com/로 간다.

2. 사이트를 둘러보고 나서 안정된stable 최신 버전의 유니티 설치 파일을 다운로드한다. 이전에 유니티를 다운로드해본 적이 없다면 새로운 계정을 만들어야 한다.

3. 유니티 설치 파일을 실행한다. Next를 눌러 사용 동의서에 동의한 후 다시 Next를 클릭한다.

4. 다음 스크린샷과 같이 아키텍처architecture를 물어보면 반드시 64 bit를 선택한다.

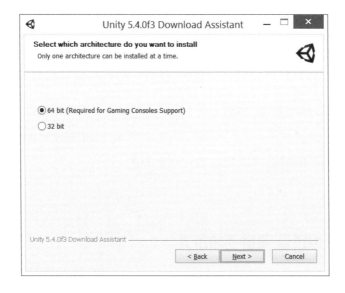

5. 컴포넌트 선택 창에서는 원하는 모바일 플랫폼(안드로이드 혹은 iOS)을 선택한다. 많은 유저들이 모든 기능을 전부 선택하고 설치하지만, 필요한 것만 선택해서 설치하는 것이 좋다. 모든 유니티 기능을 설치하려면 약 14GB의 공간이 필요하고, 한 가지 이상의 유니티 버전을 설치할 경우 필요한 공간은 매우 빠르게 늘어난다.

다음 스크린샷에서는 안드로이드와 iOS를 모두 선택했다(꼭 필요한 플랫폼만 설치하자).

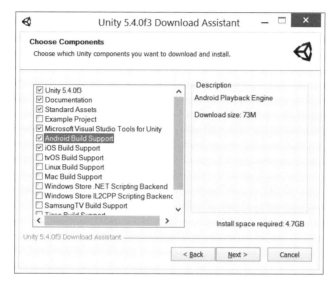

필요한 컴포넌트만 선택한다.

6. 유니티를 설치할 기본 경로를 선택한 후 Next를 클릭해서 설치한다.

모든 컴포넌트를 설치하지 않아도 설치 과정은 몇 분 이상 걸릴 것이다. 마실 것을 가져와서 끝날 때까지 기다리자.

안드로이드 개발 환경 구성하기

게임을 테스트할 기기가 안드로이드라면 이 절을 보고 준비한다. 안드로이드 개발을 이미 경험해본 개발자라면 이 절을 대략 훑어보거나 '유니티 시작하기' 절로 바로 건너뛰어도 좋다.

> 64비트든, 32비트든 상관없이 언제나 같은 아키텍처 버전을 설치한다.

안드로이드 SDK 설치하기

안드로이드 SDK를 개발용 컴퓨터에 설치하려면 다음 단계를 따른다. 이미 SDK가 설치돼 있더라도 다음 단계를 읽어보고 올바른 경로에 올바른 컴포넌트들이 설치돼 있는지 확인하자.

1. JDK^{Java Development Kit}가 아직 설치돼 있지 않다면 http://www.oracle.com/technetwork/java/javase/downloads/index.html에서 다운로드하고 설치한다.

 JDK와 SDK를 설치한 경로는 언제나 메모해두자.

2. 최신버전의 AndroidStudio를 https://developer.android.com/studio/index.html에서 다운로드한다.

3. Android Studio의 다운로드가 끝나면 https://developer.android.com/studio/index.html에 나와 있는 설명에 따라 설치를 시작한다.

4. Android Studio를 설치할 때는 다음에 보이는 것처럼 **Android SDK**를 반드시 함께 설치한다.

안드로이드 SDK 컴포넌트를 설치한다.

5. 설치 경로는 기억하기 쉽고 접근이 용이한 곳으로 변경한다. 다음 스크린샷은
   Android/AndroidStudio와 Android/AndroidSDK를 예제로 사용했다.

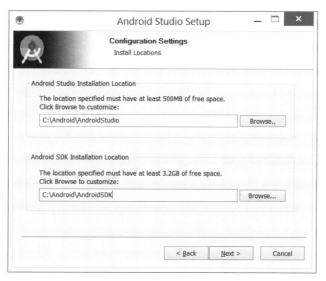

나중에 찾기 쉬운 위치로 설치 경로를 설정한다.

6. 설치가 끝나면 Android Studio를 실행한다. 메뉴에서 **Tools ➤ Android ➤ AndroidSDK**를 선택해 **Android SDK Manager**를 실행한다. 다음 스크린샷을 보면, 가지고 있는 기기에 맞게 Android 5, API Level 21만 선택돼 있다.

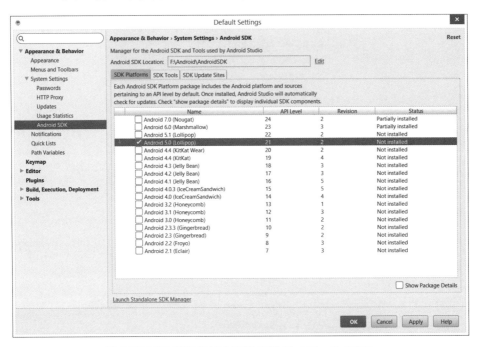

안드로이드 SDK의 위치를 설정하고 자신의 기기에 맞는 API level을 선택한다.

7. Android SDK 패널에서 위치 경로^{location path}를 5 단계에서 사용한 경로와 같게 설정한다. 그러고 나서 자신의 안드로이드 기기에 맞는 Android API Level을 선택한 후 **Apply**를 클릭한다. 자신의 기기 버전은 **Settings ➤ About phone ➤ Android version**에서 확인할 수 있다. API 설치는 몇 분 정도 걸릴 수 있으므로, 마실 것을 하나 더 가져오기에 딱 좋은 시간이다.

8. API 설치가 끝나면 Android Studio를 닫는다.

안드로이드 기기 연결하기

이 책의 예제를 따라 하면서 최상의 결과를 얻기 위해서는 실제 모바일 기기를 컴퓨터에 연결하고 테스트해봐야 한다. 안드로이드 에뮬레이터^{emulator}에서 GPS와 카메라를 테스트할 수도 있지만, 이 책에서 다룰 주제는 아니다. 기기를 연결하려면 다음 단계를 진행한다.

1. 자신의 안드로이드 기기에 맞는 드라이버를 설치하기 위해 https://developer.android.com/studio/run/oem-usb.html#InstallingDriver를 읽어본다.
2. 안드로이드 기기의 USB debugging을 활성화한다.
    * 안드로이드 4.2 이상: 개발자 옵션은 기본적으로 숨겨져 있다. 보이게 하려면 Settings > About phone으로 가서 Build number를 일곱 번 탭한다. 일곱 번째 탭이 끝나면 개발자 옵션이 활성화됐다는 메시지가 나올 것이다. 이전 화면으로 돌아가서 하단에 있는 Developer 옵션을 선택하고 USB debugging을 켠다.
    * 이전 버전의 안드로이드인 경우 Settings > Applications > Development로 가서 USB debugging을 켠다.
3. 컴퓨터에 기기를 연결한다. 기기에 USB debugging을 허락할 것인지 묻는다면 Ok를 선택하고, 드라이버의 연결을 위해 몇 초 기다린다.
4. 컴퓨터의 명령이나 콘솔 창을 열고 위에서 Android SDK를 설치했던 Android/AndroidSDK 폴더로 간다.
5. 다음 명령행^{command-line} 명령을 실행한다.

```
cd platform-tools
adb devices
```

6. 자신의 기기가 리스트에 보일 것이다. 만일 자신의 기기가 보이지 않을 경우 10장, '문제 해결'을 읽어보자. 다음 콘솔 창은 실행한 명령과 출력 결과 예제다.

```
F:\Android\AndroidSDK\platform-tools>cd ..

F:\Android\AndroidSDK>cd platform-tools

F:\Android\AndroidSDK\platform-tools>adb devices
List of devices attached
BH90B2U116      device
```

이로써 대부분의 안드로이드 기기 설정을 마쳤다. 유니티에서 설정해야 할 것들이 몇 개 남아있긴 하지만, 다음 절의 프로젝트 구성에서 다룰 것이다.

iOS 개발 환경 구성하기

이 책의 내용을 좀 더 간결하게 구성하고, 독립적인 개발 플랫폼을 가져갈 수 있도록 iOS 개발 환경 구성을 단계별로 설명하지는 않겠다. 하지만 유니티 사이트에 iOS 설정에 관한 훌륭한 가이드(https://unity3d.com/learn/tutorials/topics/mobile-touch/building-your-unity-game-ios-device-testing)가 있으니 읽어보길 바란다.

iOS 설정을 마쳤다면, 책의 내용으로 돌아와서 예제 프로젝트 구성을 시작해보자.

▌유니티 시작하기

유니티는 게임 개발을 배우기에 좋을 뿐만 아니라 상용 게임을 출시하기에도 좋은 플랫폼이다. 안드로이드와 iOS 앱스토어에 있는 많은 인기 게임들이 유니티 엔진으로 만들어졌다. 왜 유니티가 게임을 만드는 데 그렇게 좋은 플랫폼일까? 유니티가 게임 개발 플랫폼으로서 훌륭한 점들을 다음 리스트에 정리해봤다.

- 무료로 시작할 수 있다: 게임을 구성할 수 있는 많은 양의 무료 에셋[asset]과 코드가 존재한다. 이 책에서도 무료 에셋 몇 가지를 둘러볼 예정이다.
- 사용하기 매우 쉽다: 유니티에서는 코드를 한 줄도 쓰지 않고 게임을 완성할 수 있다. 하지만 고급 기능 구현을 위해 이 책에서는 스크립팅과 코드 작성 방법을

다룰 것이다.

- 크로스 플랫폼이다: 유니티를 사용하면 자신이 원하는 플랫폼이 무엇이든 상관 없이 개발할 수 있다. 모바일과 같은 플랫폼에서는 제한 사항들이 있긴 하지만 그 것들은 추후에 다루겠다.

- 훌륭한 커뮤니티: 자신들의 경험을 나누고 타인을 돕길 바라는 골수 개발자들이 무척 많다. 커뮤니티에서 얻을 수 있는 뛰어난 자원들도 몇 가지 보여줄 것이다.

- 에셋 스토어^{Asset Store}: 유니티 에셋 스토어는 생애 첫 번째 게임을 만들든, 일곱 번째 상용 타이틀을 만들든 빠져서는 안 되는 필수 툴이다. 좋은 구매는 무엇인지 설명하고, 무엇을 피해야 하는지도 알려주겠다.

게임 프로젝트 생성하기

우리의 예제 프로젝트인 Foody GO를 생성해보자. 동시에 빌드를 만들고 자신의 모바일 기기에 배포하는 방법도 진행해보자.

1. 유니티를 실행하고 FoodyGO라는 새로운 프로젝트를 시작한다. 3D가 활성화 돼 있고 유니티 애널리틱스^{Unity Analytics}가 비활성화돼 있는지 확인한다. 프로젝트 는 찾기 쉬운 폴더에 저장한다. 다음 스크린샷에서는 Games라는 폴더에 저장 하고 있다.

2. Create project 버튼에 클릭한 후 유니티가 열리기를 기다린다.

3. Hierarchy 창(좌측 상단)을 보면 신scene의 이름이 Untitled인 것을 알 수 있다. 그 바로 밑에 Main Camera와 Directional Light가 있다. 다음 스크린샷이 그 모습을 보여준다.

4. 가장 먼저 할 일은 신의 이름을 변경하고 저장하는 것이다. File > Save Scene As…로 가자.

5. 저장 창이 열리고 신을 저장할 위치를 선택할 수 있다. 기본으로 제공되는 Assets 폴더를 선택하고 신의 이름을 Splash로 한다. 그리고 Save를 클릭한다.

6. 이제 신의 타이틀이 Splash로 바뀌어 있다. 프로젝트의 Assets 폴더에 Splash 신 오브젝트가 새로 생성된 것을 눈여겨보자.

7. 모바일 게임 개발에 맞게 유니티 에디터의 레이아웃^{layout}을 변경해보자. 메뉴로 가서 Window ▶ Layouts ▶ Tall을 선택한다. 메인 창의 Game 탭을 선택하고 마우스로 클릭한 후 탭을 끌어당겨서 떼어낸다. 그리고 창 크기를 조절해서 신^{scene}과 게임^{game} 창이 비슷한 넓이가 되도록 만든다.

8. 메뉴에서 Window ▶ Layouts ▶ Save Layout을 선택해 레이아웃을 저장한다. 새로운 레이아웃의 이름은 Tall_SidebySide로 입력하고 Save를 클릭한다. 이렇게 하면 향후에 빠르게 이 레이아웃으로 전환할 수 있다.

9. Hierarchy 창이나 Scene 창에서 Main Camera를 더블 클릭해 선택한다. Scene 창이 Main Camera를 가운데 두고, Inspector 창이 관련된 속성들을 보여주고 있음을 눈여겨보자. 이제 유니티 에디터는 다음과 같은 모습이 됐을 것이다.

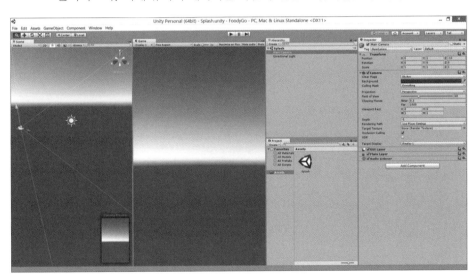

모바일 개발을 위한 에디터 레이아웃

10. 더 진행하기 전에 유니티에 있는 주요 창들에 대해 알아보자.

- Scene 창: 신에 있는 게임 오브젝트들을 눈으로 확인하고 상호작용할 수 있게 한다.

- Game 창: 메인 카메라를 통해 플레이어가 바라볼 신의 모습을 보여준다.

- Hierarchy 창: 신에 있는 게임 오브젝트들을 트리 뷰^{tree view}로 보여준다. 대부분의 경우 이 창에서 아이템을 선택하거나 추가한다.
- Project 창: 프로젝트에 있는 에셋들을 빠르게 확인하고 접근할 수 있게 해준다. 지금은 들어있는 것이 몇 개 없지만 이후 장들을 진행하면서 새로운 에셋들을 추가할 것이다.
- Inspector 창: 게임 오브젝트의 설정들을 확인하고 수정할 수 있게 해준다.

11. 유니티 에디터 중앙 상단에 있는 Play 버튼을 클릭한다. 게임이 실행되지만 현재는 카메라와 라이트밖에 없으므로 아무 일도 일어나지 않는다. 간단한 Splash 스크린을 추가해보자.

12. Hierarchy 창에서 신을 선택한다. 메뉴에서 Game Object > UI > Panel을 선택하고 Canvas와 Panel을 신에 추가한다.

13. Hierarchy 창에서 Panel 오브젝트를 더블 클릭한다. Scene 창이 패널^{panel}에 포커스될 것이다. Scene 창에서 상단에 있는 버튼을 클릭해 뷰를 2D로 전환한다. 다음과 같은 모습이 될 것이다.

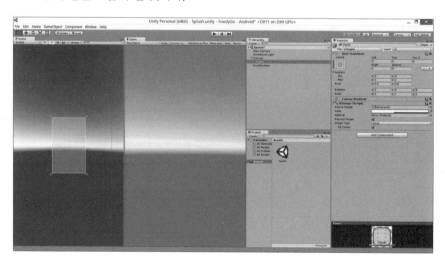

UI에 포커스된 Scene 창이 있는 에디터

14. 신 창에 있는 패널은 2D UI 요소로서 플레이어에게 보여줄 문자나 여러 가지 콘텐츠를 출력할 수 있다. 기본적으로 패널은 신에 추가될 때 카메라의 중심에 자리 잡는다. 그래서 Game 창 전체를 커버하는 반투명한 패널이 보이는 것이다. 스플래시 스크린에 반투명 배경을 원하지 않으므로 색깔을 변경해보자.

15. Hierarchy 창에서 Panel을 선택한다. 그런 후 Inspector 창에서 Color 속성 옆에 있는 하얀 박스를 클릭해 Color 설정을 연다. 다음 창이 보일 것이다.

16. Hex Color란에 FFFFFFFF를 입력하고 창을 닫는다. 이제 Game 창의 배경이 불투명한 하얀색이 됐다.

17. 메뉴에서 Game Object ➤ UI ➤ Text를 선택한다. Inspector 창에서 Text의 속성을 다음과 같이 게임 제목에 맞게 설정한다.

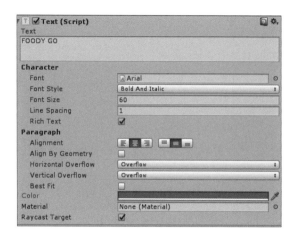

18. Play 버튼을 눌러 게임을 실행한다. 별일은 일어나지 않겠지만 이제 우리 게임에 스플래시 스크린이 생겼다. 점점 게임을 채워 나갈 것이므로 큰 걱정은 하지 말자. 지금은 이 게임을 자신의 기기에 배포하는 것에 집중하자.

게임을 빌드하고 배포하기

이제 우리 게임의 기반과 간단한 스플래시 스크린이 만들어졌으니 자신의 기기에 배포해보자. 유니티 에디터가 아닌 외부에서 자신의 게임이 돌아가는 모습을 보는 것만큼 게임개발의 진행을 피부로 느끼게 해주는 것은 없다. 자신의 기기에 따라 다음 절을 읽고 빌드를 만들어 배포해보자.

안드로이드로 빌드하고 배포하기

안드로이드 개발 환경의 설치 과정을 다룬 이전 절들을 따라 했다면 안드로이드로 배포하는 것은 간단한 일이다. 배포 중에 문제가 생기면 10장, '문제 해결'을 읽어보자. 안드로이드 기기에 빌드하고 배포하기 위해 다음 단계를 진행한다.

1. 메뉴에서 Edit > Preferences를 선택한다. Preferences 창이 열릴 것이다.
2. External Tools 탭을 선택한다. Android SDK Path와 Java JDK Path의 경로를 설

치할 때 적어놓은 경로로 변경하거나 새로이 설정한다. 끝나면 창을 닫는다. 다음 스크린샷 예제는 경로 설정을 어느 곳에 하는지 보여준다.

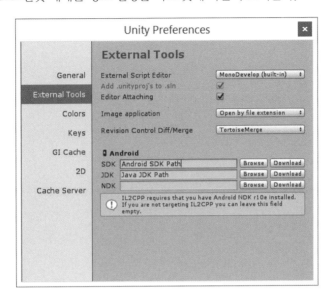

3. 메뉴에서 Edit ➤ Project Settings ➤ Player를 선택한다. Android Settings 탭을 선택하고 패널 하단에 있는 Other Settings를 클릭한다. 다음 스크린샷처럼 Bundle Identifier를 com.packt.FoodyGO로 설정한다.

4. 자신의 안드로이드 기기가 USB로 연결돼 있는지 확인한다. 무슨 뜻인지 잘 모른다면, 이전에 다룬 '안드로이드 기기 연결하기' 절을 다시 한 번 보자.

5. 메뉴에서 File ➤ Build Settings를 선택해 Build Settings를 연다. Build Settings 창에서 Add Open Scenes 버튼을 클릭해 Splash 신을 추가한다. 빌드 타입 리스트에서 안드로이드 빌드를 선택했는지 반드시 확인한다. 모든 준비가 끝났으면 Build and Run 버튼을 클릭한다. 다음은 Build Settings 창의 모습이다.

6. 파일을 저장하는 창이 프로젝트의 루트root 폴더를 보여줄 것이다. 창이 열린 상태에서 Build라는 폴더를 생성한다. 새로 만든 Build 폴더를 열고 com.packt. FoodyGO로 저장한다. 이 이름은 이전에 빌드 확인자build identifier로 사용했던 이름과 일치해야 한다. Save를 클릭해 빌드를 시작하자.

7. 프로젝트의 첫 번째 빌드이므로 유니티가 모든 에셋과 모듈들을 다시 가져와야 하고, 몇 분 이상 걸릴 수 있다. 이후 빌드는 더 적은 시간이 걸리겠지만 출력되는 플랫폼을 변경하면 모든 요소들을 다시 가져온다.

8. 빌드가 끝나면 자신의 기기에서 실행한다. 유니티 스크린이 나온 후 스플래시 스크린이 나올 것이다. 축하한다. 자신의 기기에 게임을 배포하는 데 성공했다.

iOS에 빌드하고 배포하기

이전 절인 'iOS 개발 환경 구성하기'의 내용을 따라 했다면 자신의 기기에 빌드하고 배포할 준비는 이미 마친 것이며, 해당 페이지에 있는 빌드하고 배포하는 단계를 그대로 따라하면 된다. 이 장을 위한 예제 프로젝트를 다운로드하고 자신의 iOS 기기에 배포해보자.

▌ 요약

이 장에서는 실세계 어드벤처 장르 게임이 무엇인지 소개하고 왜 인기를 얻게 됐는지 설명했다. 그러고 나서 이 장르에 필요한 주요 부분들을 좀 더 자세히 들여다보고, 이 책에서 그 부분들을 어떻게 다룰 것인지 알아봤다. 그리고 우리가 만들 예제 실세계 어드벤처 게임인 Foody GO를 소개했다. 그런 다음 바로 유니티를 설치한 것은 물론, 자신의 모바일 기기에 빌드, 배포, 테스트를 하기 위한 필수 요소들을 설치했다. 마지막으로 Foody GO 게임 프로젝트를 생성하고 간단한 스플래시 스크린을 추가했다.

다음 장에서는 Foody GO 게임 프로젝트를 계속 진행하면서 지도를 추가해본다. 하지만 지도를 추가하기에 앞서 먼저 GPS와 GIS의 기본부터 살펴볼 것이다.

02

플레이어 위치 매핑

많은 실세계 게임의 중심은 위치 기반 지도다. 실세계의 플레이어 위치와 가상 세계가 합쳐지면서 게임의 가상 요소들을 실세계에 반영한다. 플레이어는 주변 세상을 새로운 시각과 모험을 즐기는 마음가짐으로 탐험할 수 있다.

이 장에서는 유니티에 지도를 통합하는 여정을 위한 첫걸음을 뗀다. 하지만 유니티로 작업하기 전에 GIS와 GPS의 기본 개념을 알아볼 것이다. 간단한 용어들을 정의하고 기본을 이해함으로써 추후에 등장할 좀 더 복잡한 주제들을 다룰 기반을 마련할 수 있다. 그런 후 유니티를 사용해 Foody GO 프로젝트에 위치 기반 지도, 기본 캐릭터, 자유롭게 움직이는 카메라를 추가할 예정이다. 이 장에서 다루는 개념들은 고급 수준이지만, 간결한 구성을 위해 아직까지는 코드에 직접 손대지 않을 것이다. 혹 GIS를 이미 이해하고 있다면, 자유롭게 코드를 들여다봐도 좋다.

이 장에서는 다음과 같은 주제들을 다룬다.

- GIS 용어들과 핵심 개념들
- GPS 용어들과 핵심 개념들
- 구글 맵스^{Google Maps}
- 에셋 가져오기
- 서비스 구성
- CUDLR을 통한 디버깅

GIS 핵심 개념

GIS는 geographic information system의 약자로서 지도의 역할을 하는 지리적 데이터가 수집, 저장, 처리, 분석, 조종되는 시스템이다. 이 정의는 너무 광범위하지만, 근래에 GIS의 정의는 소프트웨어 애플리케이션, 하드웨어, 툴, 과학, 서비스 모두를 아우르는 개념으로 성장해왔다. 예를 들어 구글 맵스는 근대 GIS 활용의 가장 좋은 예제라고 할 수 있다. 이 책에서는 그중 GIS를 지리적 데이터와 매핑을 변환하는 과학적인 수단으로 사용할 것이다.

매핑

지도 제작자들은 1,000년이 넘는 시간 동안 지도를 만들어왔다. 하지만 근래에 들어서야 컴퓨터의 발전과 함께 GIS를 활용해 효율적으로 동적인 지도를 만들 수 있게 됐다. 손으로 그린 전통적인 지도와는 다르게 동적으로 그려진 지도의 경우 층^{layer}으로 구성된 영역 데이터가 길, 주요 장소, 공원, 경계선, 지형, 물 등을 구성하고 있다. 구글 맵스의 사용자들은 자신이 볼 수 있는 층을 개별적으로 선택할 수는 없지만, 그 안에 분명히 존재하고 있다. 다음 그림은 도로 지도를 구성하는 일반적인 층들을 보여준다.

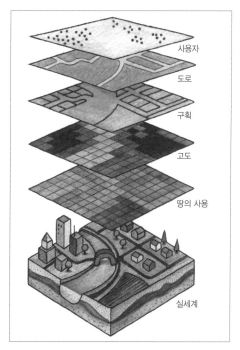

사용자

도로

구획

고도

땅의 사용

실세계

출처: http://bit.ly/2iri2vr

구글 맵스, 빙^{Bing}과 같은 GIS 제공자들은 흔히 지도를 여러 개의 줌 단계로 그려낸 후 그려진 지도를 정적인 이미지 타일로 잘라낸다. GIS 서버는 이 타일들을 사용자에게 보여준다. 이 방식은 성능 면에서 효과적이지만, 도형이나 라인, 주요 지점 추가를 제외한 커스터마이징^{customizing}과 스타일 변경 등의 기능은 제한적이다. 이런 매핑 방식을 보통 정적 매핑^{static mapping}이라 부른다. 이 책에서는 동적 지도를 제공하는 Google Maps API를 사용할 것이다.

동적 지도는 개발자, 혹은 제공자로 하여금 데이터의 스타일과 기호화를 조절할 수 있는 옵션을 제공한다. 예를 들어 특정 지도에서 공원이 초록색이 아닌 파란색으로 보이길 원한다면 변경이 가능하고, 이런 요소들이 동적 지도가 제공하는 유연성이다. 이 장 후반에서 Google Maps API를 추가하면서 사용자 스타일과 기호화 옵션들을 다룰 예정이다.

GIS 매핑의 기본을 이해했으니 이제 용어와 개념을 파고들어보자. 다음은 지도를 제작하거나 설명할 때 쓰이는 용어들이다.

- 지도 스케일^{map scale}: 지리적 지도는 자신의 동네부터 전 세계까지 모두 보여줄 수 있다. 일반적으로 지도가 담고 있는 범위를 나타내기 위해 문자나 그림을 사용한다.

- 줌 레벨^{zoom level}: 줌 레벨은 지도 스케일과 반대의 관계를 이루는 개념이다. 줌 레벨의 시작인 1은 전 세계를 보는 글로벌 뷰^{global view}, 줌 레벨 17은 동네를 보여주는 지도를 말한다. 우리 게임에서는 주위 랜드마크를 쉽게 인지할 수 있는 줌 레벨 17이나 18 정도의 작은 스케일을 가진 지도를 사용할 것이다.

- 좌표 시스템^{coordinate system}: 우리 역사를 보면, 주요 지점들을 표시하기 위해 다양한 좌표 시스템이 사용돼왔다. 많은 사람들이 위도와 경도를 사용하는 좌표 시스템은 알고 있지만, 다른 타입의 좌표 시스템이 있다는 것을 모르는 경우가 많다. 우리가 표준이라 알고 있는 위도와 경도도 많은 변형들이 있다. 이 책에서는 구글 맵스를 사용하므로 우리는 WGS 84 좌표를 사용할 것이다. 만일 본인이 다른 GIS를 사용해서 데이터를 가져오려고 할 경우 차이가 생기기 때문에 변환이 필요할 수 있다.

다음 그림은 WGS 84의 주요 라인들을 보여준다.

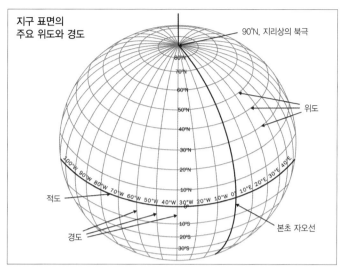

출처: http://bit.ly/2iOoPNG

본초 자오선 왼쪽에 있는 경도는 음수로 측정한다. 경도의 남쪽에 있는 위도도 음수로 측
정한다.

- 지도 투영^{map projection} : 지도를 그릴 때 가장 근본적인 문제 중 하나는 3D로 구성
  돼 있는 세계를 2D로 표현하는 것이다. 초기 지도 제작자들은 이 문제를 해결하
  기 위해 구체에서 나온 빛을 원통형의 종이에 투영한 후 윤곽선을 따라 그리는 방
  법을 사용했다. 그런 후 종이를 펴면 2D로 된 지구의 모습이 생기는 것이다. 현재
  도 이와 유사한 방법을 사용해서 지도를 그리고 있다. 양극으로 갈수록 지도가 일
  그러지는 문제가 있지만, 일반적인 지도로서는 널리 사용되고 있다. 필요한 용도
  에 따라 지도를 투영하는 다양한 방법들도 존재한다. 양극의 일그러짐을 완화한
  겔 피터스^{Gall-Peters}와 같은 좀 더 발전된 투영 방식도 개발됐다. 하지만 우리는 구
  글 맵스의 기준을 따라 구글 웹 메르카토르^{Google Web Mercator}, 줄여서 웹 메르카토
  르를 사용할 것이다. 다음 그림은 웹 메르카토르 투영 방식(왼쪽)과 겔 피터스 투
  영 방식(오른쪽)의 세계 지도를 비교한 것이다.

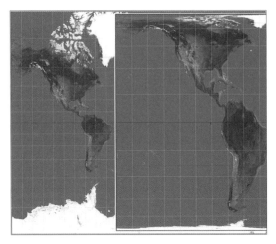

웹 메르카토르(왼쪽)와 겔 피터스(오른쪽) 투영 방식

▌ GPS 핵심 개념

GPS는 Global Positioning System의 약자로, 매 시간마다 지구를 두 바퀴씩 공전하는 24개에서 32개의 인공위성 네트워크를 말한다. 공전하는 인공위성들은 지리적 신호를 시간 정보와 함께 송출하며, 인공위성을 볼 수 있는 위치에 있는 지구상의 GPS 기기들이 이를 감지한다. 기기가 인공위성으로부터 받아들이는 신호의 개수가 많을수록 위치의 결과는 더 정확해진다. GPS 삼각 측량과 정확도에 대해서는 4장, '포획물 생성하기'에서 더 자세히 다룬다.

다음 그림은 인공위성 네트워크에 속한 위성들 중 GPS가 볼 수 있는 위성으로부터 신호를 받는 모습이다.

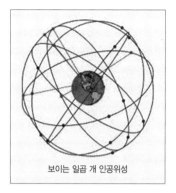

보이는 일곱 개 인공위성

보이는 인공위성을 추적하는 GPS 기기

다음은 GPS를 논의하거나 사용할 때 나올 수 있는 용어들이다.

- 데이텀^{datum}: GPS가 인공위성으로부터 받은 신호를 사용 가능한 좌표로 변환할 때 사용하는 좌표 변환 시스템을 칭하는 용어다. 모든 GPS 기기는 WGS 84를 표준으로 삼고 있으며, 우리가 사용할 지도도 WGS 84를 사용한다. 전문 GPS 기기는 사용자의 필요에 맞게 여러 가지 다른 데이터 유형도 지원한다.

- 위도/경도^{latitude/longitude}: 기본적으로 GPS 기기는 WGS 84 데이텀 형식으로 위도와 경도 좌표를 출력한다. 우리의 경우, 기기의 위치를 표시하기 위해 별도의 수학적인 변환이 필요 없으므로 편리하다.

- 고도^{altitude}: 기기의 위치가 해수면에서 얼마나 떨어져 있는지를 의미한다. 우리가 게임을 실행할 대부분의 모바일 GPS 기기는 고도를 지원하지 않는다. 따라서 게임에서도 고도를 지원하지 않겠지만, 미래에는 지원됐으면 하는 바람이 있다.

- 정확도^{accuracy}: 기기가 위치를 판단할 때 생기는 오차의 범위를 나타낸다. 신호를 받아들이는 인공위성의 숫자가 많을수록 위치의 계산이 더 정확해진다. GPS 기기는 물론, 일반인들에게 제공되는 GPS 네트워크는 정확도의 한계를 가지고 있다. 현대의 스마트폰은 보통 5~8미터의 정확도를 보이지만, 구형 스마트폰의 경우 최대 75미터까지 정확도 차이가 날 수 있다. 이 책 후반에서 플레이어와 가상 오브젝트의 상호작용을 다룰 때 GPS 정확도에 대해 좀 더 알아본다.

구글 맵스

이전에 언급한 바와 같이 우리가 사용할 지도 서비스는 구글 맵스Google Maps다. 이 게임은 구글 맵스의 고정 지도static map를 사용하므로, API 개발자 키developer key나 사용처에 대해 걱정하지 않아도 된다.

고정 지도 API를 사용하려면 일반적인 REST 서비스를 호출하는 방식과 유사하게 URL 안에 여러 개의 쿼리 문자열 파라미터query string parameter를 담은 **GET** 요청을 호출한다. 그러면 Google Maps API는 요청에 따라 하나의 이미지를 보내온다. 다음은 Google Maps API 고정 지도 REST 서비스를 호출하는 예제다.

https://maps.googleapis.com/maps/api/staticmap?center=37.62761,−122.42588 &zoom=17&format=png&sensor=false&size=640x480&maptype=roadmap

이 호출은 다음 지도 이미지를 생성한다.

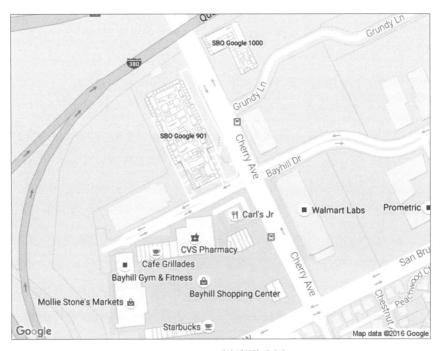

Google Maps API에서 생성된 이미지

그냥 넘어가지 말고 반드시 위 링크를 클릭하거나, URL을 브라우저에 복사한 후 붙여 넣어 테스트해보자. 이제 URL을 부분별로 분리해서 지도를 요청할 때 어떤 요소들이 필요한지 알아보자.

- https://maps.googleapis.com/maps/api/staticmap: 구글 맵스 서비스의 기본 URL이다. 파라미터 없이 이 URL을 호출하면 에러가 발생한다. 이제 각 파라미터와 쿼리 구문^{query syntax}을 자세히 들여다보자.

- ?: 물음표는 쿼리 파라미터의 시작을 알린다.

- * center=37.62761,-122.42588: 요청한 지도의 중심점을 위도와 경도 좌표로 나타낸다.

- &: 앰퍼샌드^{ampersand} 심볼은 새로운 쿼리 파라미터의 시작을 말한다.

- zoom=17: 지도가 그려지는 줌 레벨 혹은 스케일을 말한다. GIS 핵심 개념을 다룰 때 언급했던 것처럼 줌 레벨이 높을수록 지도 스케일은 작아진다.

- format=png: 그려지는 이미지의 타입을 의미한다. 우리가 원하는 포맷은 PNG다.

- sensor=false: 위치를 GPS로 구한 것이 아니라는 의미다. 추후에 모바일 기기의 GPS를 사용하게 되면 true로 설정할 것이다.

- size=640x480: 이미지의 사이즈를 의미한다.

- maptype=roadmap: 지도의 타입이다. 요청할 수 있는 지도는 다음과 같이 모두 네 가지가 있다.
  - roadmap: 길, 대중교통, 영역 정보, 물, 주요 지점들을 보여주는 지도
  - satellite: 인공위성 사진을 보여주는 지도
  - terrain: roadmap과 고도를 같이 보여주는 지도
  - hybrid: roadmap과 satellite 지도를 같이 보여주는 지도

다행스럽게도 이 장에 같이 제공되는 스크립트가 위 URL을 생성해주기 때문에 사용자가 직접 생성할 필요는 없다. 하지만 지도 요청이 이뤄지는 방식을 알면 게임을 수정하거나 문제가 생겼을 때 큰 도움이 된다.

매핑을 다룰 때 GIS 지도는 언제나 레이어^{layer}로 구성됐음을 기억할 것이다. 구글 맵스의 좋은 점은 요청 과정에서 맵 레이어의 스타일을 동적으로 변경할 수 있다는 것이다. 이 기능을 사용하면 게임에 어울리는 비주얼과 느낌을 만들어낼 수 있다. 잠시 시간을 할애해서 구글 맵스의 스타일 위자드^{style wizard}(https://googlemaps.github.io/js-samples/styledmaps/wizard/)를 가지고 놀아보자.

우리 게임은 좀 더 어두운 분위기를 자아내기 위해 몇 가지 간단한 스타일을 적용했다. 다음 스크린샷은 구글 맵스 스타일 위자드에서 적용한 스타일을 보여준다.

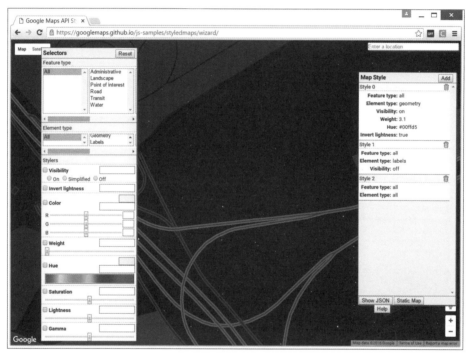

스타일 위자드에서 정의한 게임 스타일

당장은 위자드에서 스타일을 뽑아 지도에 적용시키는 방식을 다루지 않겠다. 게임 수정 작업은 9장, '게임 마무리하기'에서 진행할 것이다. 궁금한 독자들은 스타일 위자드 왼쪽 패널에 있는 Static Map 버튼을 눌러서 스타일 파라미터들이 어떻게 구성되는지 볼 수 있다.

지도 추가하기

이제 기본적인 GIS와 GPS의 개념을 살펴보고 매핑에 대한 소개를 마쳤으니 유니티로 돌아가서 게임에 지도를 추가해보자. 지도를 구성하면서 이전에 언급했던 GIS 용어들을 다시 보게 될 것이다. 이전 장의 마지막 부분에서 다시 시작해보자.

맵 타일 생성하기

다음 설명을 따라 게임에 지도를 추가해보자.

1. 유니티를 열고 이전 장에서 만든 FoodyGO 프로젝트를 불러오자. 만일 이전 장을 건너뛰고 바로 건너왔다면 다운로드한 소스 코드에서 프로젝트를 불러와도 된다. Chapter_2_Start 폴더를 열어 유니티로 프로젝트를 불러온다.

2. 유니티가 열리면 Splash 스크린이 보일 것이다. 만일 보이지 않는다고 해도 새로운 신scene을 만들 예정이므로 문제없다. 메뉴로 가서 File > New Scene을 선택한다.

3. Main Camera와 Directional Light만 있는 새로운 신이 생성될 것이다. 잊어버리기 전에 새로 만든 신을 저장하자. 메뉴에서 File > Save Scene as…를 선택한 후 Save Scene 창에서 파일 이름으로 Map을 입력하고 Save를 클릭한다.

4. Hierarchy 창에서 Map 신을 선택한다. 메뉴에서 GameObject > Create Empty를 선택해 신에 새로운 빈 GameObject를 생성한다. 새로운 게임 오브젝트를 선택하고 Inspector 창에 나오는 속성들을 둘러본다.

5. Inspector 창의 이름 필드에서 GameObject라는 이름을 Map_Tiles로 변경한다. Transform 컴포넌트에 있는 기어 아이콘을 클릭하면 드롭다운 메뉴에 나오는 Reset Position을 클릭해서 오브젝트의 트랜스폼 위치transform position를 리셋한다.

다음 스크린샷은 드롭다운 메뉴의 선택지들을 보여준다.

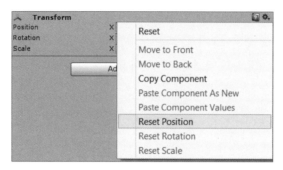

게임 오브젝트의 위치를 리셋한다.

1. GIS 수학적 변환을 단순화하기 위해 대부분 게임 오브젝트들의 위치를 영점^{zero}
    이나 영점에 가깝게 리셋시킬 것이다. 현재 Map_Tiles 게임 오브젝트는 다음 스크
    린샷과 같은 트랜스폼을 가지고 있을 것이다.

영점 트랜스폼의 게임 오브젝트

2. Map_Tiles 게임 오브젝트가 선택된 상태에서 오른 클릭(맥에서는 command + 클릭)
    을 해서 연관 메뉴를 열고 3D Object ➤ Plane을 선택한다. 다음 스크린샷은 연관
    메뉴에서 플레인^{plane}을 선택하는 방법을 보여준다.

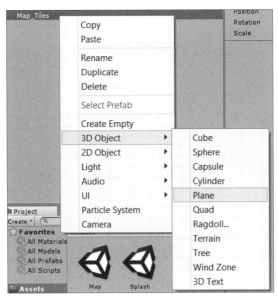

게임 오브젝트의 연관 메뉴

3. 플레인 게임 오브젝트를 선택하고 Inspector 창에서 Map_Tile로 이름을 변경한다. 오브젝트의 트랜스폼이 영점에 있는지 확인한다.

4. Hierarchy 창의 Map_Tile 플레인을 더블 클릭해서 Scene 창의 중심에 오브젝트가 위치하게 한다. 만일 오브젝트가 보이지 않으면 Scene 창의 2D 버튼이 꺼져 있는지 확인한다.

5. Inspector 창에서 Transform 컴포넌트에 있는 X와 Z의 스케일^{scale}을 10으로 변경한다. 스케일을 변경할 때 플레인의 크기가 변하는 것을 눈여겨보자.

6. 이제 Map_Tile 오브젝트에 스크립트를 첨부해서 지도를 그릴 수 있게 해보자. 아직은 새로운 스크립트를 직접 생성하는 것을 피하고, 가져올^{import} 에셋에 들어있는 스크립트를 첨부해보자. 물론 책 후반부에서는 새로운 스크립트를 직접 생성할 것이다. 우리가 필요한 스크립트는 다운로드한 코드 안에 있는 Chapter_2_Assets 폴더에서 찾을 수 있다. 메뉴에서 Assets ➤ Import Package ➤ Custom Package…를 선택해서 Import package 창을 연다.

7. 다운로드한 소스 코드의 Chapter_2_Assets 폴더로 가서 Chapter2.unity
   package를 선택하고 Open을 클릭해 가져온다.

8. 에셋을 가져오는 진행 상황을 보여주는 창이 나오고 나면 Import Unity Package
   창이 뜬다. 창에 있는 모든 아이템들이 선택돼 있고 가져올 수 있는지 확인한 후
   Import를 클릭한다. 가져올 스크립트가 들어있는 Import Unity Package 창이 열
   릴 것이다.

가져올 이 장의 에셋들

9. 에셋을 가져온 후 Project 창을 보면 Assets 안에 새로운 폴더가 생긴 것을 볼 수
   있다. 이 폴더의 내용을 자유롭게 둘러보고, 프로젝트 에셋들이 어떻게 정리돼
   있는지 숙지해두자. 우리가 가져온 그대로 폴더 구조가 구성돼 있는 것도 눈여
   겨보자.

10. Hierarchy 창에 있는 Map_Tile 오브젝트를 선택한다. Inspector 창 하단에 있는
    Add Component 버튼을 클릭한다. 컴포넌트 리스트를 보여주는 연관 메뉴가 열
    릴 것이다. Mapping ➤ Google Tile Map을 선택한다. Map_Tile 게임 오브젝트에 구
    글 매핑 스크립트가 첨부될 것이다.

유니티 에셋 스토어Unity Asset Store에서 무료로 제공하는 Google Maps for Unity에서 영감을 받아 Google Tile Map 코드를 만들었다. 게임에 사용할 수 있는 고급 버전을 만들기 위해 여러 부분을 변경했다.

11. Inspector 창에서 Google Map Tile 스크립트를 다음과 같이 수정한다.

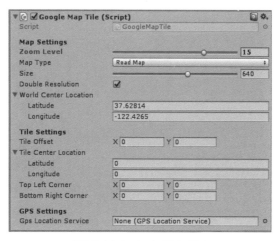

위와 똑같이 컴포넌트의 값을 수정한다.

12. 이 장 앞부분에서 설명했던 내용을 바탕으로 위 매핑 파라미터의 의미를 어느 정도 이해했길 바란다. 일단 지금은 Zoom Level을 15로 설정해서 지도가 어떻게 작동하는지 테스트해보자. 좌표는 샌프란시스코에 있는 구글 본사의 위치다. 물론 추후에는 기기의 GPS를 연결해서 유저의 좌표를 사용할 예정이다.

13. Play 버튼을 누른다. 몇 초가 지나면 다음과 비슷한 화면이 나올 것이다.

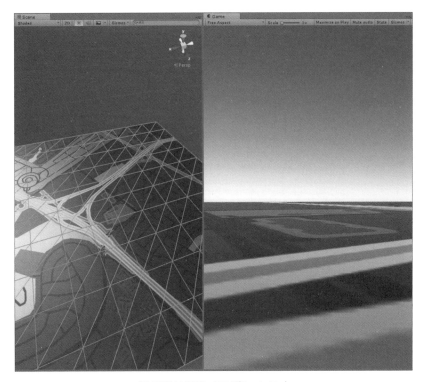

유니티에서 실행되는 구글 맵(Google Map)

14. 본인의 모바일 기기에서 게임을 테스트하고 싶다면, 배포를 위해 이전에 진행했 던 단계들을 다시 하면 된다. 게임을 배포하는 방법이 정확히 기억나지 않는다면 1장, '시작하기'를 참조하자.

본인 기기에 이미 게임을 배포해봤다고 가정한 후, 배포 단계를 다음과 같이 요약했다.

1. 유니티 개발 컴퓨터와 본인의 기기가 USB 케이블로 연결돼 있는지 확인한다.

2. File ➤ Save Scene을 선택해 신을 저장한다.

3. File ➤ Save Project를 선택해 프로젝트를 저장한다. 게임을 빌드하기 전에 게임 을 저장하는 습관을 들이자. 유니티 빌드 과정이 에디터를 크래시crash시키는 일 이 간혹 일어난다.

4. 메뉴에서 File ❯ Build Settings…를 선택해서 Build Settings 창을 연다.

5. 지금은 불필요하니 Splash 신의 체크를 해제한다. Add Open Scenes 버튼을 클릭해서 빌드에 Map 신을 추가한다.

6. 본인에게 맞는 배포 플랫폼(안드로이드 혹은 iOS)을 선택한다.

7. Build and Run 버튼을 클릭해서 빌드와 배포 과정을 시작한다.

8. 알림이 나오면 이전에 선택했던 것과 같은 위치에 배포 파일을 저장하고 덮어쓴다.

9. 게임이 빌드될 때까지 기다린 후 기기에 배포한다.

10. 본인의 기기에 게임이 불려왔으면, 지도를 확인하고 기기를 돌려보자. 지금은 게임에서 되는 것이 거의 없지만, 지도가 정상적으로 작동하고 있는 것은 알 수 있다.

처음 눈에 띄는 부분 중 하나는 지도 이미지가 더 밝게 보인다는 것이다. 라이팅 처리와 플레인plane의 기본 머티리얼 때문인데, 다행히도 이 스타일은 우리가 원하는 모습이기 때문에 좀 더 밝아진 상태 그대로 두기로 한다.

두 번째로 눈에 띄는 부분은 지도가 스타일 위자드의 서버에서 그려졌던 이미지보다 픽셀이 두드러져 보인다는 점이다. 이 현상은 플레인 위에 그려진 지도 이미지가 늘려져 있기 때문이다. 상식적인 해결책은 이미지의 사이즈와 해상도를 높이는 것이지만, 불행하게도 구글 맵스에 요청할 수 있는 최대 이미지 사이즈는 약 1200×1200픽셀이며, 이미 우리는 두 배의 해상도로 사용하고 있다. 따라서 더 깔끔하고 깨끗하게 보이는 지도를 위해 다른 방법을 찾아야 한다. 다음 절에서는 픽셀화 문제를 해결해본다.

타일 깔기

지도의 세부적인 묘사들과 가는 선들 때문에 우리 지도는 최대한 높은 해상도를 사용해서 그려지길 원한다. 하지만 높은 해상도의 이미지는 많은 자원을 사용하고 에러가 많이 나곤 한다. 다행히도 다른 사람들이 여러 개의 이미지, 혹은 이미지 타일들을 조합하는 방법으로 해상도 문제를 해결한 여러 예제들이 있다.

우리도 같은 방법을 사용해서 우리 지도를 하나의 타일이 아니라 다음과 같은 3×3 타일 그리드grid로 확장해보자.

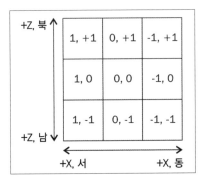

3x3 그리드 지도 타일 레이아웃

도표를 보면 x축과 타일 오프셋offset이 반대 방향의 관계임을 알 수 있다. 다시 말해, X 방향의 타일 오프셋은 3D 공간에서 x축으로 반대의 방향이라는 것이다. z축과 Y 타일 오프셋은 정방향의 관계다. Y 타일 오프셋이 1이라면, z축도 양수가 된다. 플레이어는 땅과 가까이 있기 때문에 3×3 그리드만 있어도 충분하다. 만일 좀 더 높은 위치의 카메라를 놓고 싶거나, 지평선을 좀 더 멀리 보여주고 싶다면 타일 레이아웃을 5×5, 7×7, 9×9 등 원하는 만큼 확장시킨다.

이제 우리 지도를 하나의 타일에서 3×3 그리드 타일로 확장시켜보자. 다음 설명을 따라 유니티에서 지도 타일 레이아웃을 구성해보자.

1. Hierarchy 창에서 Map_Tile 게임 오브젝트를 선택한다. Inspector 창에서 오브젝트 속성들을 다음과 같은 값으로 설정한다.

   - Transform, Scale, X: 3
   - Transform, Scale, Z: 3
   - Google Map Tile, Zoom Level: 17

2. FoodyGo 폴더 안에서 오른 클릭(맥에서는 command + 클릭)을 하고 연관 메뉴를
   연다. **Create ➤ New Folder**를 선택해서 새로운 폴더를 생성한다. 생성된 폴더의
   이름을 Prefabs로 변경한다.

3. 이제 Map_Tile 오브젝트를 프리팹^{prefab}으로 만들어보자. 프리팹은 게임 오브젝
   트의 복제, 혹은 템플렛^{template}으로 이해하면 된다. 프리팹을 만들기 위해서는
   Map_Tile 게임 오브젝트를 선택하고 새로 생성한 Prefabs 폴더로 끌어다 놓는다.
   프리팹 폴더 안에 Map_Tile이라는 새로운 프리팹이 생성된 것을 볼 수 있다. 프
   리샙이 만들어지고 나면 Hierarchy 창에 있는 Map_Tile 게임 오브젝트가 파란색
   으로 변한 것을 볼 수 있다. 파란색은 해당 게임 오브젝트가 프리팹과 연결돼 있
   다는 뜻이다.

4. Hierarchy 창으로 돌아가서 Map_Tile 오브젝트를 선택하고 이름을 Map_Tile_0_0
   으로 변경한다. 이 오브젝트가 중앙(0, 0) 타일임을 의미하기 위해서다.

5. Hierarchy에서 Map_Tile_0_0 게임 오브젝트를 선택하고, **Ctrl + D**(맥에서는 command
   + D)를 눌러 지도 타일을 복제한다. 여덟 번 반복해서 다음과 같이 여덟 개의 추
   가 지도 타일을 만든다.

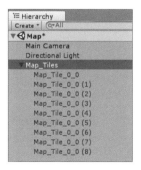

Map_Tiles 게임 오브젝트는 복제된 지도 타일들의 부모다.

6. 복제된 지도 타일들의 이름과 속성들을 Inspector 창에서 다음 표와 같이 변경
   한다.

게임 오브젝트	속성
Map_Tile_0_0 (1)	Name: Map_Tile_0_1 Transform.Position.X: 0 Transform.Position.Z: 30 GoogleMapTile.TileOffset.X: 0 GoogleMapTile.TileOffset.Y: 1
Map_Tile_0_0 (2)	Name: Map_Tile_0_−1 Transform.Position.X: 0 Transform.Position.Z: −30 GoogleMapTile.TileOffset.X: 0 GoogleMapTile.TileOffset.Y: −1
Map_Tile_0_0 (3)	Name: Map_Tile_1_0 Transform.Position.X: −30 Transform.Position.Z: 0 GoogleMapTile.TileOffset.X: 1 GoogleMapTile.TileOffset.Y: 0
Map_Tile_0_0 (4)	Name: Map_Tile_−1_0 Transform.Position.X: 30 Transform.Position.Z: 0 GoogleMapTile.TileOffset.X: −1 GoogleMapTile.TileOffset.Y: 0
Map_Tile_0_0 (5)	Name: Map_Tile_1_1 Transform.Position.X: −30 Transform.Position.Z: 30 GoogleMapTile.TileOffset.X: 1 GoogleMapTile.TileOffset.Y: 1
Map_Tile_0_0 (6)	Name: Map_Tile_−1_−1 Transform.Position.X: 30 Transform.Position.Z: −30 GoogleMapTile.TileOffset.X: −1 GoogleMapTile.TileOffset.Y: −1
Map_Tile_0_0 (7)	Name: Map_Tile_−1_1 Transform.Position.X: 30 Transform.Position.Z: 30 GoogleMapTile.TileOffset.X: −1 GoogleMapTile.TileOffset.Y: 1
Map_Tile_0_0 (8)	Name: Map_Tile_1_−1 Transform.Position.X: −30 Transform.Position.Z: −30 GoogleMapTile.TileOffset.X: 1 GoogleMapTile.TileOffset.Y: −1

7. Play 버튼을 눌러 게임을 실행시킨다. 게임이 실행되는 중에 Hierarchy 창에서 Map_Tile_0_0을 선택하고 F를 눌러 오브젝트를 Scene 창의 중앙에 위치시킨다. 지도의 픽셀화가 확연히 줄어든 것을 볼 수 있으며, 다음 스크린샷과 비슷한 모습일 것이다.

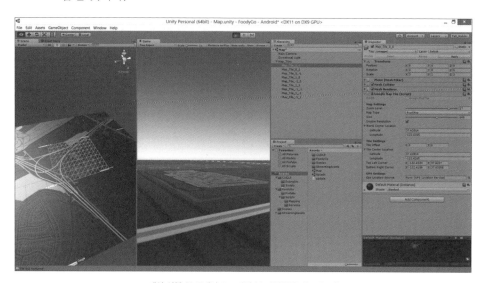

게임 실행 중 플레이 모드에서 본 타일화된 지도의 모습

코드 이해하기

이제 멋진 지도가 게임에 들어갔다. 물론 구성하는 과정이 조금 반복적이긴 하지만, 신중하게 진행했다면 그리 오래 걸리지 않았을 것이다. 타일을 배치하기 위해 많은 수학적 계산을 예상하고 있었다면, 다행히도 GoogleMapTile 스크립트에서 다 처리하고 있다. 이제는 유니티에서 잠시 벗어나 모노디벨롭MonoDevelop에서 GoogleMapTile 스크립트를 들여다보자.

유니티의 Hierarchy 창에서 Map_Tile_0_0을 선택한다. Inspector 창의 Google Map Tile 스크립트 컴포넌트에서 기어 아이콘을 클릭해 연관 메뉴를 연다. 메뉴에서 Edit Script를 선택한다. 몇 초 후에 모노디벨롭이 열릴 것이다.

모노디벨롭에서 GoogleMapTile 스크립트가 열린 것을 볼 수 있다. 이 책의 시작 부분에서 언급한 것처럼, 독자는 C#에 대한 기본 지식이 있어야 하므로 스크립트의 내용이 필요 이상으로 복잡하게 느껴지지 않아야 한다. 만일 유니티 스크립팅이 처음이라도 큰 문제는 없으며, 추후에 스크립트 작성에 대해 좀 더 깊게 다룰 것이다. 일단 지금은 지도의 타일화를 작동하게 하는 코드의 특정 부분들에 집중해보자.

IEnumerator _RefreshMapTile() 함수가 나올 때까지 밑으로 내려보자. 다음은 우리가 눈여겨볼 메소드의 초반 부분이다.

```
IEnumerator _RefreshMapTile()
  {
    // 타일 중앙의 위도와 경도를 찾는다
    tileCenterLocation.Latitude = GoogleMapUtils.adjustLatByPixels(worldCenterLocation.Latitude, (int)(size * 1 * TileOffset.y), zoomLevel);
    tileCenterLocation.Longitude = GoogleMapUtils.adjustLonByPixels(worldCenterLocation.Longitude, (int)(size * 1 * TileOffset.x), zoomLevel);
```

주석의 문장처럼 위 두 라인의 코드는 타일 중앙의 위도^{latitude}와 경도^{longitude} 지도 좌표를 찾는다. 위도는 타일 이미지 사이즈^{size}를 TileOffsett.y를 곱해서 얻고, 경도는 TileOffset.x를 곱해서 얻는다. 곱셈의 결과와 zoomLevel은 GoogleMapUtils 헬퍼 함수로 전달돼, 조절된 타일의 위도 혹은 경도를 계산한다. 간단해 보이지 않는가? 물론 중요한 부분은 GoogleMapUtils 함수들이 처리하며, 이 함수들은 거리 변환을 위한 기본 GIS 수학 함수들이다. 궁금하다면 GoogleMapUtils 코드를 둘러보자. 하지만 지금은 _RefreshMapTile 메소드를 계속해서 다뤄본다.

다음 코드가 나올 때까지 계속 스크롤을 내려보자.

```
// 맵 타일을 요청하기 위한 쿼리 스트링 파라미터를 구성한다
queryString += "center=" + WWW.UnEscapeURL (string.Format ("{0},{1}",
tileCenterLocation.Latitude, tileCenterLocation.Longitude));
queryString += "&zoom=" + zoomLevel.ToString ();
queryString += "&size=" + WWW.UnEscapeURL (string.Format ("{0}x{0}", size));
queryString += "&scale=" + (doubleResolution ? "2" : "1");
queryString += "&maptype=" + mapType.ToString ().ToLower ();
queryString += "&format=" + "png";

// 맵 스타일을 추가한다
queryString += "&style=element:geometry|invert_lightness:true|weight:3.1|hue:0x00
ffd5";
queryString += "&style=element:labels|visibility:off";
```

주석의 설명처럼 코드의 이 부분은 Google Maps API에 지도 이미지를 요청할 때 필요한 쿼리 파라미터^{query parameter}를 구성한다. 이 파라미터는 URL 형태로 전달되므로 특수 캐릭터들의 인코딩^{encoding}을 확실히 해야 하며, WWW.UnEscapeURL 호출이 그 역할을 담당한다. 하단을 보면 몇 가지 스타일 추가도 볼 수 있다. 9장, '게임 마무리하기'에서는 구글 맵스 스타일 위자드^{Google Maps Style Wizard}를 사용해 자신이 원하는 스타일을 쉽게 추가할 수 있는 방법을 알아볼 예정이다.

마지막으로 _RefreshMapTile 메소드의 하단으로 스크롤하자. 다음은 코드의 일부분이다.

```
// 마지막으로, 이미지를 요청한다
var req = new WWW(GOOGLE_MAPS_URL + "?" + queryString);
// 서비스가 응답할 때까지 기다린다
yield return req;
// 이전 텍스처를 제거한다
Destroy(GetComponent<Renderer>().material.mainTexture);
// 에러를 체크한다
if (req.error != null)
```

```
{
  print(string.Format("Error loading tile {0}x{1}: exception={2}", TileOffset.x,
TileOffset.y, req.error));
}
  else
  {
    // 에러가 없으면 이미지를 그린다
    // 이미지가 불려오면 타일 텍스처로 지정한다
    GetComponent<Renderer>().material.mainTexture = req.texture;
      print(string.Format("Tile {0}x{1} textured", TileOffset.x, TileOffset.y));
        }
```

첫 라인에서는 WWW 클래스를 이용해 이전에 만든 queryString과 GOOGLE_MAPS_URL을 연결해 요청을 구성한다. WWW 클래스는 유니티 헬퍼 클래스로서 URL로 모든 것을 호출할 수 있게 해준다. 책의 후반부에서는 이 클래스를 이용해 다른 서비스 요청도 만들 예정이다.

다음 줄 yield return req;는 유니티로 하여금 해당 요청을 반응이 올 때까지 지속하도록 한다. 이 메소드가 코루틴coroutine이기 때문에 가능한 방법이다. 코루틴은 IEnumerator를 반환하는 메소드로서 스레드 블로킹thread blocking을 예방하는 매끄러운 방법이다. C# 비동기 프로그래밍을 고전적인 방법으로 해본 경험이 있다면 코루틴에게 매우 감사한 마음이 들 것이다. 스크립트 작성에 본격적으로 뛰어들게 되면 코루틴에 대해 좀 더 자세히 설명한다.

이어서 오브젝트의 현재 텍스처에 Destroy를 호출한다. Destroy는 MonoBehaviour 클래스에 속해 있는 퍼블릭 메소드로서 오브젝트와 오브젝트에 첨부돼 있는 모든 컴포넌트들을 안전하게 제거할 수 있게 해준다. C# Windows를 이용해봤거나 웹 개발 경험이 있는 사람이라면 이 단계가 어색하게 느껴질 수도 있겠다. 게임이 실행되고 있는 동안 메모리 관리가 빠르게 감당하기 어려워질 수 있으므로 이 부분을 항상 염두에 둬야 할 것이다. 이 예제의 경우 해당 코드를 삭제하면 텍스처 메모리 누수texture memory leak 때문에 게임이 크래시crash될 확률이 매우 높다.

Destroy 호출 후에는 에러 체크를 통해 이미지 타일을 요청할 때 에러가 발생하지 않았는지 확인한다. 에러가 발생했다면 에러 메시지를 출력한다. 그렇지 않으면 현재 텍스처를 새로 다운로드한 이미지로 변경한다. 그런 후 print를 사용해서 Console 창에 디버그 메시지debug message를 출력한다. Print 메소드는 Debug.log를 호출하는 것과 똑같이 작동하지만 MonoBehaviour 클래스에서만 사용할 수 있다.

마지막으로 언제 _RefreshMapTile 메소드가 호출되는지 코드를 통해 이해해보자. 다음과 같이 Update 메소드가 보일 때까지 스크롤을 올려보자.

```
// Update is called once per frame
  void Update ()
  {
    // 새로운 위치가 얻어졌는지 확인한다
    if (gpsLocationService != null && gpsLocationService.IsServiceStarted &&
lastGPSUpdate < gpsLocationService.Timestamp)
    {
      lastGPSUpdate = gpsLocationService.Timestamp;
      worldCenterLocation.Latitude = gpsLocationService.Latitude;
      worldCenterLocation.Longitude = gpsLocationService.Longitude;
      print("GoogleMapTile refreshing map texture");
      RefreshMapTile();
    }
  }
```

Update는 특별한 유니티 메소드로서 MonoBehaviour 클래스에서 나온 것이다. 주석에서 설명한 것처럼 Update 메소드는 매 프레임frame마다 호출된다. 당연한 말이지만 요청의 답이 그렇게 빨리 돌아올 리 없으므로 매 프레임마다 지도를 새로 고칠 필요는 없다. 대신에 위치 서비스가 시작됐고, 사용하고 있는지 확인한다. 그런 후 타임스탬프timestamp 변수를 체크해서 위치 서비스가 움직임을 감지했는지 확인한다. 위 세 개의 테스트를 통과했으면 타임스탬프를 업데이트하고, 세계의 새로운 중앙점을 얻고, 메시지를 출력하고, 마지막으로 RefreshMapTile을 호출한다. RefreshMapTile은 StartCoroutine(_RefreshMapTile)

을 호출해서 타일의 새로 고침을 시작한다.

아직 GPS 서비스를 연결하지 않았기에 이 모든 작업이 어색하게 느껴질 수 있다. 하지만 곧 진행할 것이므로 걱정할 필요는 없다. 일단은 지도 타일이 얼마나 자주 새로 그려지는지 이해하는 것만으로도 큰 도움이 된다.

이 절에서는 단일 이미지가 아닌 이미지 타일을 그려서 게임의 지도 해상도를 높였다. 우리의 목적에 부합하기 위해 각 이미지 타일도 이미 꽤 큰 타일 사이즈이긴 하다. 하지만 카메라가 높은 곳에서 플레이어를 내려다보고 있으므로 큰 문제가 되지는 않는다. 위 작업을 보면 알겠지만 타일 지도를 생성하는 것은 사이즈에 상관없이 그다지 어려운 일이 아니다. 혹시 더 큰 사이즈의 지도를 만들고 싶다면, 많은 지도 타일을 다운로드하는 과정이 플레이어의 데이터 소모를 크게 늘릴 수 있다는 점을 염두에 두자.

서비스 구성하기

서비스^{service}라는 용어는 애플리케이션이나 필요에 따라 매우 넓은 의미를 가진다. 우리의 경우 서비스는 게임 오브젝트가 사용하는 스스로 관리되고 실행되는 코드라고 정의하자. 서비스는 오브젝트, 혹은 오브젝트들의 형태로 실행되기 때문에 라이브러리^{library}나, GoogleMapUtils와 같은 글로벌 스태틱 클래스^{global static class}와는 다르다. 경우에 따라 싱글톤 패턴^{singleton pattern}을 사용해서 서비스를 구현하고자 할 수도 있지만, 이 책에서는 최대한 단순한 코드를 사용하는 것이 목적이므로 게임 오브젝트를 사용해서 서비스를 생성하고 사용해본다.

이 장에서는 두 개의 서비스를 구성할 것이다. 플레이어의 위치를 구하기 위한 GPS 위치 서비스^{GPS Location Service}와 디버깅을 위한 CUDLR이다. 먼저 CUDLR 서비스로 시작해보자. 이는 위치 서비스를 구성할 때 발생할지도 모를 문제를 디버깅할 때 도움이 된다.

CUDLR 구성하기

CUDLR은 Console for Unity Debugging and Logging Remotely의 약자로, 유니티 에셋 스토어Unity Asset Store에서 무료로 제공되는 에셋이다. 게임이 실행될 때 기기의 행동을 주시하고, 원격으로 간단한 콘솔 명령을 실행하기 위해 CUDLR을 사용할 것이다. 다음 장에서는 또 다른 강력한 진단 툴인 유니티 리모트Unity Remote를 다뤄보겠지만, 유니티의 주장과는 달리 종종 위치 서비스를 접근하는 데 실패하는 경우가 있다. 게임 개발을 진행하다 보면, 게임을 원격으로 모니터링하고 조종할 수 있는 방법은 언제나 도움이 된다.

 CUDLR을 사용하기 위해서는 본인의 기기와 개발 컴퓨터가 같은 로컬 와이파이(Wi-Fi) 네트워크상에 있어야 한다. 만일 모바일 기기가 로컬 와이파이 네트워크에 접속할 수 없다면 이 절을 건너뛴다.

다음 단계를 진행해서 CUDLR을 설치하자.

1. 메뉴에서 Window ➤ Asset Store로 가서 에셋 스토어를 연다. 창이 열리면 Search 란에 cudlr을 입력하고 Enter를 누른다. 몇 초가 지나면 에셋 리스트가 나올 것이다.

2. CUDLR을 위한 이미지나 링크를 클릭하면 에셋 페이지가 나온다. 페이지가 열리면 Import 버튼을 클릭해서 에셋을 프로젝트로 가져온다.

3. 에셋이 매우 작은 편이라 다운로드는 빠르게 이뤄질 것이다. 다운로드가 끝나면 Import Unity Package 창이 열린다. 다음 스크린샷에서 보는 것처럼 모든 부분들이 선택돼 있는지 확인한다.

CUDLR 에셋 가져오기

4. 이 에셋들을 프로젝트에 처음 가져오기 때문에 모든 부분들을 다 설치한다. 이후 개발에서는 에셋들 중 Examples 폴더와 같이 필요 없는 부분을 언제든지 제거할 수 있다. 가져올 준비가 끝났으면 창에 있는 Import 버튼을 클릭하고 가져오기가 끝나길 기다린다.

5. 메뉴에서 GameObject ➤ Create Empty로 가서 부모 서비스 오브젝트 역할을 할 오브젝트를 신에 생성한다. Hierarchy 창에 새로운 빈 게임 오브젝트가 생길 것이다. 새로운 오브젝트의 이름을 Services로 변경한다.

6. Hierarchy 창에 있는 Services 오브젝트에 오른 클릭(맥에서는 Ctrl + 클릭)을 해서 연관 메뉴를 연다. 연관 메뉴에서 Create Empty를 선택한다. Services 오브젝트의 자식 오브젝트인 빈 게임 오브젝트가 GameObject라는 이름으로 생성될 것이다. 이 과정을 반복해서 빈 게임 오브젝트를 하나 더 생성한다.

7. 첫 번째 빈 GameObject를 선택하고 CUDLR로 이름을 변경한다. 그런 후 두 번째를 GPS로 이름을 변경한다. GPS 서비스는 나중에 추가할 예정이지만 이왕 작업 중이니 미리 만들어놓자.

8. Project 창에서 Assets/CUDLR/Scripts 폴더를 연다. Project 창에 있는 서버 스크립트^{server script}를 끌어 Hierarchy 창에 있는 **CUDLR** 게임 오브젝트에 놓는다. 이렇게 하면 CUDLR 서버 컴포넌트가 게임 오브젝트에 추가된다. 이제 CUDLR이 준비됐다.

CUDLR로 디버깅하기

CUDLR이 훌륭한 툴인 이유는 게임의 일부분을 웹 서버로 만들어주기 때문이다. 이제 백도어^{backdoor}를 심어놓은 것처럼 우리 게임을 살펴보고 통신할 수 있다. 또한 CUDLR은 네트워크에 있는 어느 컴퓨터에서도 접근할 수 있으므로, 게임을 제어하기 위해 직접 연결할 필요도 없고 유니티 프로그램을 별도로 실행할 필요도 없다. 물론 게임이 로컬 웹 서버 역할을 하는 것은 게임은 물론 플레이어의 기기에도 보안상 문제가 될 수 있다. 따라서 게임을 출시하기 전에는 CUDLR 서비스 게임 오브젝트를 삭제해서 비활성화활 것이다.

다음 설명을 따라 게임에서 실행되는 CUDLR 서비스에 연결해보자.

1. 모바일 기기를 열고 IP 주소를 찾아 적어놓거나 기억해둔다. 다음 단계를 따라 안드로이드나 iOS의 IP 주소를 찾는다.
   - 안드로이드: Settings ❯ About phone ❯ Status로 가서 IP Address 부분까지 내려간다.
   - iOS: WiFi를 선택해 현재 연결 가능한 무선 네트워크 리스트를 연다. 현재 연결돼 있는 무선 네트워크를 찾은 후 네트워크 이름 오른쪽에 있는 하얀색 화살표가 그려진 파란색 원을 탭한다. DHCP 탭 아래에 있는 첫 번째 필드가 IP Address일 것이다.
2. 이 장에서 배운 방법을 사용해 게임을 빌드하고 모바일 기기에 배포한다. 본인의 기기에서 게임이 실행되고 있는지 확인한다.
3. 기기와 컴퓨터를 연결하고 있는 USB 케이블의 연결을 해제한다.
4. 웹 브라우저를 연다. 크롬^{Chrome}을 추천한다. 다음 URL을 주소창에 입력한다.

http://[Device IP Address]:55055/

5. 브라우저에 다음 스크린샷과 매우 비슷한 CUDLR 콘솔 창이 보일 것이다.

CUDLR 서비스 콘솔을 보여주는 브라우저

6. 타일 맵을 불러오면서 생긴 아홉 개의 요청 콜과 아홉 개의 응답 콜이 기록돼 있다. 이제는 이 요청들을 읽고 어떤 의미인지 이해할 수 있을 것이다.

7. 콘솔이 할 수 있는 것들은 또 무엇이 있을까? 콘솔 아래의 텍스트 박스에 help를 입력해보자. 실행 가능한 명령들의 리스트가 나올 것이다. 지금은 몇 개의 명령밖에 없지만 추후에 좀 더 추가할 예정이다. 만일 콘솔이 반응하지 않는다면 페이지를 새로 고치거나, 모바일 기기에서 게임이 실행되고 있는지 확인한다.

만일 CUDLR을 실행하거나 연결하는 데 문제가 생긴다면 10장, '문제 해결'을 읽어보길 바란다. 이전에도 언급했듯이 유니티로 개발하면서 디버깅과 문제를 진단할 수 있는 다른 방법도 알아볼 것이다. 하지만 온전히 원격으로 실행할 수 있는 CUDLR이 실제 움직임과 GPS 추적을 게임에서 테스트해볼 수 있는 가장 좋은 방법이다. GPS 이야기가 나왔으니 이제 이 장의 마지막 절로 들어가서 모든 부분을 하나로 모아보자.

GPS 서비스 설정하기

현실 위치 기반 지도를 생성하기 위해 필요한 마지막 조각은 기기의 위치가 어디인지 알아내는 것이다. 물론 가장 좋은 방법은 이전에 언급했듯이 기기에 내장돼 있는 GPS를 사용해 기기가 있는 위도와 경도 좌표를 얻는 것이다. 지도 타일에서 했던 방식으로 스크립트를 가져와 서비스를 구성함으로써 추가적인 스크립트 제작 없이 단시간에 실행 가능하게 만들어보자.

시작하기 전에 다음 사항을 체크해서 본인 기기의 위치 서비스가 활성화돼 있는지 확인하자.

- 안드로이드: Settings ❯ Location으로 가서 서비스가 켜져 있는지 확인한다.
- iOS: 다음 설명을 따른다.
  1. Privacy ❯ Location Services를 탭한다.
  2. 아래로 스크롤하고 FoodyGO를 탭한다.
  3. 위치 접근을 Never로 할지 While Using the App으로 할지 결정한다.

이제 다음 설명에 따라 GPS 서비스 코드를 설치하고 게임을 테스트한다.

1. Hierarchy 창의 Services 아래에 있는 GPS 게임 오브젝트를 선택한다.
2. Inspector 창의 Add Component 버튼을 클릭하고, 컴포넌트 리스트에서 Services ❯ GPSLocationService를 선택한다.
3. GPS 서비스 오브젝트에 GPSLocationService 컴포넌트가 추가된 것을 볼 수 있다.
4. Hierarchy 창에서 Map_Tile_0_0을 선택하고, 가장 아래에 있는 지도 타일을 Shift + 클릭(맥에서도 같음)해서 아홉 개의 지도 타일을 모두 선택한다.
5. 아홉 개의 지도 타일이 선택된 상태에서 Hierarchy 창에 있는 GPS 서비스 오브젝트를 끌어 Gps Location Service 필드에 놓는다.

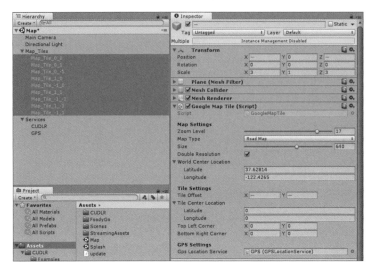

동시에 여러 지도 타일을 수정하는 모습

6. 방금 한 작업은 아홉 개의 모든 지도 타일에 GPSLocationService를 동시에 추가한 것이다. GoogleMapTile 스크립트를 기억한다면 지도 타일들이 GPSLocationService를 호출해서 지도의 중심점 좌표를 구하는 사실을 알고 있을 것이다.

7. 이제 모든 지도 타일에 GPS 서비스가 연결됐으니 Play를 눌러 어떤 모습인지 알아보자.

8. 뭐가 잘못됐는지 몰라 혼란스럽더라도 걱정하지 말자. 아무것도 잘못되지 않았다. 컴퓨터상에서 실행되는 유니티 에디터는 실행 중 위치 서비스나 GPS에 접속할 방법이 없다. 이제는 기기에 게임을 배포해보자.

9. 빌드하고 배포한 후 본인의 기기에서 게임을 실행한다. 지금쯤이면 배포 과정이 자연스럽게 느껴질 것이다.

10. 이제는 주위를 보여주는 확대 지도가 보일 것이다. 지도가 조금 어긋나 보일 텐데, 카메라의 위치 때문이다. 다음 장에서 수정할 예정이니 걱정하지 말자. 혹시 지도를 보는 데 다른 문제가 있다면 위 단계들을 다시 한 번 확인해보자. 이전 단계들을 다 확인한 후에도 문제가 생긴다면 10장, '문제 해결'을 읽어보자.

11. 브라우저로 돌아가서 CUDLR 콘솔 페이지를 새로 고친다. 콘솔에 출력되는 것들을 둘러본다. 지도 타일 요청들을 주시해보자. 본인의 위치 좌표와 콘솔의 중앙점 좌표가 매치해야 한다.

12. 컴퓨터에서 기기를 뽑고 집 근처를 돌아다녀보자. 네트워크와의 연결이 끊어질 정도로 멀리 가지는 말고, GPS가 위치를 업데이트할 만큼만 안 돌아다니면 충분하다. 친구가 기기를 들고 돌아다니면서 본인은 CUDLR 콘솔을 보고 있는 것도 좋은 방법이다.

좀 더 가지고 놀면서 즐겨라.

GIS, 매핑, GPS에 대한 소개로 시작해 마지막 절까지 오면서 손에 든 결과가 만족스럽게 느껴졌으면 좋겠다.

▎요약

이 장에서는 GIS, 매핑, GPS에 대한 핵심 개념을 소개했다. 이 지식을 기반으로 Google Maps API를 유니티에서 불러와 다루는 데 필요한 용어들을 정의했다. 그런 후 게임에 지도를 추가했지만 품질이 떨어져 보였으며, 문제 해결을 위해 게임 지도를 타일화된 지도 시스템으로 구성했다. 구성이 끝난 후 잠시 주요 주제에서 벗어나 CUDLR이라 불리는 콘솔 디버깅 툴을 소개했다. CUDLR은 게임 핵심 부분의 디버깅을 가능하게 해주고, GPS를 통해 플레이어의 위치를 알려준다. 이 장의 마지막에서는 게임에 GPS 위치 서비스를 구성한 후 게임에 GPS를 추가했다.

핵심 부분들을 짚고 넘어갔으니 이제는 실제 게임 개발에 좀 더 집중할 수 있게 됐다. 다음 장에서는 신에 온전히 리그[rig]된 캐릭터의 추가, 모바일 터치 입력, 자유 시점 카메라, 기기의 모션 센서 접근 등을 다룰 것이다.

03

아바타 만들기

모든 게임은 가상 세계 안에서 플레이어가 상호작용할 접점을 상징하는 요소가 필요하다. 레이싱 게임에서는 자동차, 미로 게임에서는 벌레, FPS^first person shooting^에서는 무기, 어드벤처나 롤플레잉 게임에서는 애니메이션돼 움직이는 캐릭터일 수도 있다. 우리는 게임 안에서 플레이어를 상징하는 애니메이션된 캐릭터와 캐릭터의 위치를 사용할 예정이며, 삼인칭 시점 카메라를 통해 실세계 지도상 캐릭터의 움직임을 지켜본다. 이러한 구성은 몰입도 높은 게임 경험을 선사해 플레이어가 즐겁게 게임을 즐길 수 있는 환경을 만들어낼 것이다.

이전 장에서는 게임을 둘러싼 배경과 용어에 대해 논의했지만, 이번 장에서는 유니티로 곧바로 뛰어들어 플레이어 아바타를 추가한다. 이 장 전체에 걸쳐 새로운 게임 개발 개념과 더불어 다음과 같은 주제들을 다룬다.

- 기본 유니티 에셋 가져오기

- 애니메이션된 3D 캐릭터

- 삼인칭 컨트롤러와 카메라 위치

- 자유 시점 카메라

- 크로스 플랫폼 입력cross-platform input

- 캐릭터 컨트롤러 만들기

- 컴포넌트 스크립트 업데이트하기

- iClone 캐릭터 사용하기

이전 장에서 작업하던 프로젝트에 이어 개발할 것이므로, 이제 유니티에서 FoodyGo 프로젝트를 열고 본격적으로 시작해보자. 이전 장들을 건너뛰고 이 장으로 바로 왔다면, 다운로드한 책 소스 코드의 Chapter_3_Start 프로젝트를 연다.

▌유니티 기본 에셋 가져오기

게임 개발은 하드웨어 플랫폼과 그래픽 렌더링rendering, 게임 에셋을 관리하는 방법 모두를 명확하게 이해하고 있어야 시작할 수 있는 복잡하고 어려운 작업이다. 크로스 플랫폼을 지원하는 유니티 엔진은 위와 같은 복잡한 요소들 중 많은 부분을 대신 처리해줌으로써 어려운 세부 사항들을 숨기고 게임 개발을 더 쉽게 할 수 있는 환경을 만들어준다. 하지만 게임은 서로 다르기 때문에 유니티는 에셋을 가져오는 기능과 플러그인 기능을 통해 유니티를 확장할 수 있게 한다. 에셋이란 스크립트, 셰이더, 3D 모델, 텍스처, 사운드 등 다양한 요소들을 말한다. 에셋을 통해 게임을 확장할 수 있는 기능은 유니티가 제공하는 강력한 기능 중 하나며, 이 장에서 중점적으로 다뤄볼 것이다.

가장 먼저 유니티 기본 에셋들을 우리 게임으로 가져오자. 유니티는 게임에서 자유롭게 사용할 수 있는 기본 에셋과 레퍼런스reference 에셋을 제공한다. 이 에셋들을 활용하면 빠르게 개발을 시작할 수 있다. 하지만 개발 후반에는 게임의 특징, 디자인, 비주얼 스타일에 따라 수정이나 교체가 필요하다. 일단 지금은 기본 에셋들을 가지고 시작하겠지만, 추후에는 일부 요소들을 다시 제작하거나 교체할 것이다.

다음 설명을 따라 이 장에서 사용할 기본 에셋을 가져오자.

1. 유니티에서 프로젝트를 열고 Map 신^{scene}이 불려왔는지 확인한다. 이 장으로 건너뛰어 왔다면 유니티에서 다운로드한 소스 코드의 Chapter_2_End 폴더를 프로젝트로 연다.

2. 메뉴에서 Assets > Import Package > Cameras를 선택한다. 어느 정도 시간이 지나 패키지가 다운로드되고, 다음 스크린샷과 같은 Import Unity Package 창이 보일 것이다.

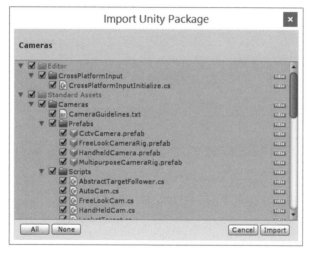

카메라의 유니티 기본 에셋 가져오기

3. 모든 아이템들이 선택됐는지 확인하고 Import 버튼을 누른다. 에셋 패키지 가져오기가 끝나면 Project 창의 Assets 폴더에 Standard Assets라는 새로운 폴더가 생성된 것을 볼 수 있다. 그 폴더를 열면 CrossPlatformInput이 추가된 것을 알게 된다. 유니티나 다른 에셋들에서 흔히 볼 수 있는 모습인데, 일단 지금은 신경 쓰지 말자.

4. 메뉴에서 Assets > Import Package > Characters를 선택해서 Characters 에셋을 가져오자. 패키지 다운로드가 끝나면 다음과 같이 Import Unity Package 창이 열릴 것이다.

캐릭터의 유니티 기본 에셋 가져오기

5. CrossPlatformInput 에셋이 해제돼 있는 것을 눈여겨보자. 유니티 에디터가 이미 기본 크로스 플랫폼 에셋이 존재하는 것을 자동으로 감지했기 때문이다. Import 버튼을 클릭해 Characters 에셋을 설치한다.

6. 마지막으로, 메뉴에서 Assets > Import Package > CrossPlatformInput을 선택해 CrossPlatformInput 에셋을 가져오자. 몇 초가 흐른 후 Import Unity Package 창이 열릴 것이다. 이제 가져올 것은 폰트만 남았다. Import 버튼을 클릭해 남은 다른 에셋들도 프로젝트로 가져오자.

잘했다! 이제 이 장의 프로젝트를 위해 필요한 모든 기본 에셋들을 가져왔다. 프로젝트 창에서 새로 가져온 에셋들을 열어보면서 어디에 무엇이 있는지 확인해보자. 에셋은 빠르게 기능을 추가할 수 있는 훌륭한 방법이지만, 필요 없는 아이템들까지 포함시킬 수 있어서 프로젝트가 쓸데없이 커질 수 있다. 때문에 이 장의 후반부에서는 프로젝트를 정리하는 방법을 다룬다. 다음 절에서는 가져온 에셋들을 게임에 넣어보자.

캐릭터 추가하기

일반적으로 게임을 개발할 때는 테스트할 수 있는 임시 에셋을 먼저 배치시켜 게임 디자인과 방향성이 맞는지 확인한다. 우리도 이러한 방식을 활용해, 플레이어의 이동 프로토타입을 만들기 위한 기본 캐릭터로 Ethan을 사용할 것이다. 마무리 단계에서는 프로토타입 에셋을 좀 더 그래픽적으로 보기 좋은 캐릭터로 교체할 것이다.

다음 설명을 따라 Ethan 캐릭터를 게임 신에 추가해보자.

1. Project 창에서 Assets/Standard Assets/Characters/Third Person Character/Prefabs 폴더를 열고 ThirdPersonController를 선택한다. 해당 프리팹을 Hierarchy 창으로 끌어온 후 Map 신에 놓는다. 이렇게 하면 다음 모습처럼 월드 중앙에 Ethan 캐릭터와 컨트롤러가 추가된다.

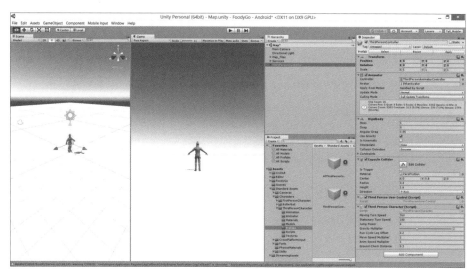

신에 ThirdPersonController가 Ethan 캐릭터와 함께 불려온 모습

2. Hierarchy 창에서 ThirdPersonController를 선택하고, Inspector 창에서 이름을

Player로 변경한다. 이 오브젝트가 게임에서 플레이어 역할을 한다. 플레이어 오브젝트를 Player라 부르는 것은 일반적인 관행이다. 또한 많은 숫자의 스크립트들이 Player라 불리는 오브젝트에 자동으로 연결된다.

3. Play 버튼을 눌러 에디터에서 게임을 실행시킨다. 게임이 실행되는 동안 캐릭터가 애니메이션되고 있지만 그 자리에 고정돼 있는 것을 눈여겨보자. 캐릭터를 이동시키거나 점프시키려고 하면 아무것도 하지 않는다. 크로스 플랫폼 입력을 적용할 예정이라 이미 예상하고 있었던 모습이므로 걱정할 필요는 없다. 입력은 조만간 처리할 것이다.

4. Play 버튼을 다시 눌러 게임을 정지시킨다.

지금까지 어려운 것은 없었다. 이제 신에 리그^{rig}돼 있고 애니메이션이 적용된 3D 캐릭터가 존재한다. 이 모든 작업이 단지 몇 개의 단계로 끝났다. 이것이 바로 에셋을 사용하는 프로토타이핑^{prototyping}의 힘이다. 하지만 할 일은 아직 많이 남아있다. 다음 절에서는 우리 게임의 카메라를 바꿔서 플레이어와 세계가 좀 더 잘 보일 수 있게 하자.

카메라 바꾸기

게임에서 가장 중요한 요소 중 하나는 카메라다. 카메라는 게임 속 가상 세계를 바라보는 플레이어의 눈이다. 컴퓨터 게임 초창기의 게임 속 카메라는 대부분 고정됐거나 상하좌우로 움직이는 정도였다. 시간이 흐르면서 플레이어의 움직임을 다른 시점으로 바라보는 일인칭 카메라와 삼인칭 카메라가 등장했다.

오늘날 게임 카메라는 시네마틱 도구로 변모해 플레이어의 액션이나 움직임에 따라 시점을 바꾼다. 우리 게임에서는 단순한 형태의 삼인칭 자유 시점 카메라^{third person free look camera}를 지도 신에 적용할 예정이다. 책의 후반부에서는 카메라에 효과나 필터를 추가해 게임의 비주얼 수준을 높이는 방법을 알아볼 것이다.

다음 설명을 따라 기존 메인 카메라를 자유 시점 카메라로 바꿔보자.

1. Project 창에서 Assets/Standard Assets/Cameras/Prefabs 폴더를 연 후 FreeLookCameraRig 프리팹을 끌어 Hierarchy 창에 있는 Player 게임 오브젝트에 놓는다.

2. Game 창의 시점이 플레이어 바로 뒤로 변한 것을 눈여겨보자. 이 현상은 FreeLookCameraRig가 플레이어 게임 오브젝트를 따라가도록 설정돼 있기 때문이다. Inspector 창에서 Free Look Cam script 컴포넌트를 보자. Auto Target Player 라는 체크박스가 보일 것이다. 이 옵션이 선택돼 있으면 스크립트가 신을 뒤져 Player라는 게임 오브젝트를 찾아내고 자동으로 연결시킨다. 다음 스크린샷은 Inspector 창에 나타나는 Free Look Cam 컴포넌트의 모습을 보여준다.

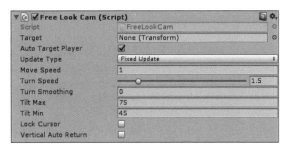

Auto Target Player가 켜져 있는 Free Look Cam 컴포넌트

3. Hierarchy 창에서 Main Camera 오브젝트를 선택하고 Delete를 누른다. 카메라가 신에서 삭제될 것이다. 이제 이 카메라는 필요 없다.

4. Play 버튼을 눌러 게임을 실행시킨다. 아직 상호작용은 할 수 없지만 시점은 매우 좋아졌다. 이제 게임에 입력 컨트롤input control을 추가해보자.

5. Project 창에서 Assets/Standard Assets/CrossPlatformInput/Prefabs를 열고 DualTouchControls 프리팹을 Hierarchy 창에 있는 Map 신의 상단에 끌어다 놓는다. 듀얼 터치 컨트롤 인터페이스dual touch control interface가 추가되고, Game 창에서도 보일 것이다.

6. 메뉴에서 Mobile Input > Enable을 선택해 모바일 입력 컨트롤이 활성화되게 하자.

7. Play를 눌러 게임을 실행시키자. 이제 오른 클릭(맥에서는 Ctrl + 클릭)과 함께 패널

들을 눌러서 카메라와 캐릭터를 움직일 수 있다. 다음은 현재 Game 창의 모습이다.

Dual Touch 컨트롤 인터페이스가 추가된 Game 창

8. 2장, '플레이어 위치 매핑'에서 했던 방법으로 게임을 빌드하고 모바일 기기에 배포한다. 이제 패널들을 눌러 카메라와 캐릭터를 신에서 자유롭게 이동시킬 수 있다.

훌륭하다. 간단한 작업만으로 신에서 자유로이 이동하는 캐릭터와 자유 시점 카메라를 적용시켰다. 어떤 게임 개발자들은 이 시점에서 매우 신이 날 것이다. 하지만 아직도 현 상태의 입력 컨트롤과 캐릭터가 움직이는 방법에 문제가 좀 있다. 다음 절에서 이 문제들을 해결해보자.

크로스 플랫폼 입력

입력 문제를 해결하기 전에, 크로스 플랫폼 입력cross-platform input이 무엇인지 이해해야 한다. 크로스 플랫폼 입력이란 입력 컨트롤, 키, 버튼 등을 상징화해서 게임이 배포되는 실제 기기의 컨트롤에 연결시키는 것이다.

PC, 맥, 모바일 모두를 위한 게임을 개발한다고 가정해보자. 플레이어가 무언가를 발사하기 위해 PC에서는 왼쪽 마우스를 클릭했는지, 맥에서는 마우스를 클릭했는지, 모바일 기기에서는 스크린을 터치했는지 확인할 수 있도록 일일이 프로그래밍해야 한다. 상징화란 일일이 확인하지 않고, 단순히 플레이어가 fire 컨트롤을 눌렀는지 확인하는 방식이다. 그런 후 구현된 fire 컨트롤을 기기에 맞게 설정한다. 이렇게 구성하면 여러 플랫폼에서 손쉽게 게임을 실행할 수 있고, 추후에 플랫폼이 추가돼도 문제없다. 다음 도표는 입력 매핑 input mapping이 작동하는 방식을 보여준다.

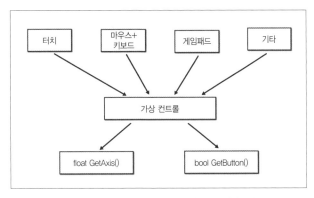

다양한 입력 컨트롤이 크로스 플랫폼 입력에 매핑된 모습

다음 절에서는 크로스 플랫폼 입력 함수가 어떻게 스크립트에서 사용될 수 있는지 좀 더 자세한 예제를 들어 살펴본다.

입력 수정하기

위에서도 언급했지만 기본 에셋 사용은 프로토타이핑을 위해 매우 훌륭한 방법이다. 하지만 개발 도중 금세 장애물을 만나는 이유가 되기도 한다. 현재 모바일 기기에 있는 신을 보면 몇 가지 문제가 보일 것이다.

- 우리 게임은 캐릭터가 플레이어의 직접적인 입력에 반응해서 움직이는 것이 아니라, 플레이어가 기기를 이동시켜서 움직이는 것이다. 따라서 캐릭터 이동을 위한 터치 입력은 필요 없다.
- 점프 버튼도 필요 없으니 숨기거나 없애버려도 된다.
- 플레이어는 터치를 통해 카메라를 움직이고, 오브젝트나 메뉴를 선택하기 때문에 오버레이overlay 자체를 숨겨도 된다.

이제 게임 인터페이스 정리를 시작으로 문제들을 해결해보자. 먼저 이동과 점프 컨트롤을 제거하고, 터치패드 오버레이를 숨기자. 다음 설명을 따라 이동 컨트롤과 인터페이스를 정리해보자.

1. Hierarchy 창의 DualTouchControls 게임 오브젝트를 선택하고 확장시킨다. 다음과 같은 모습일 것이다.

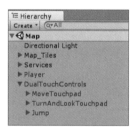

DualTouchControls가 확장된 모습

2. MoveTouchPad 게임 오브젝트를 선택한 후 Delete 키를 눌러 게임 오브젝트를 제거한다. 프리팹 인스턴스를 끊는다는 경고 창이 나올 것이다. 이 경우는 문제없으므로 다음과 같이 Continue 버튼을 누른다.

프리팹 연결을 끊을 것인지 물어보는 창

3. Jump 게임 오브젝트를 선택하고 Delete 키를 눌러 오브젝트를 삭제한다. Game 창을 보면 오버레이 두 개가 모두 사라진 것을 알 수 있다.

4. TurnAndLookTouchpad 게임 오브젝트를 선택한다. Inspector 창에서 Anchor Presets 박스를 클릭해 메뉴를 확장한다. 우리가 원하는 바는 TurnAndLookTouchpad 오 브젝트가 게임 스크린 전체를 채우는 것이다. 이렇게 하면 화면 어디를 밀어도 카 메라를 움직일 수 있다. 이 작업을 수동으로 하려면 복잡하지만, 유니티에서 손 쉽게 할 수 있는 방법도 있다.

5. Anchor Presets 메뉴가 열린 상태에서 Alt 키(맥에서는 option 키)를 누르고 있는다. 메뉴 옵션이 오브젝트의 앵커anchor만 설정할 수 있는 상태에서 앵커와 위치position 모두 설정할 수 있는 상태로 변한 것을 볼 수 있다. 다음 스크린샷의 우측 모습처 럼 Alt 키(맥에서는 option 키)를 누른 상태에서 우측 하단 옵션을 선택한다.

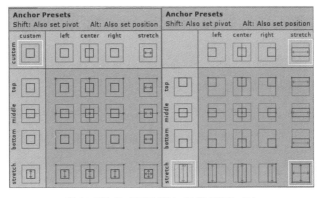

앵커 프리셋 메뉴, 전체를 채우는 옵션을 선택하는 모습

6. 전체를 채우는 옵션(stretch–stretch position)이 선택됐다면 TurnAndLookTouchpad가

Game 창 전체를 채운 것을 볼 수 있다. 혹 이 작업이 당장은 이해되지 않아도 괜찮다. 6장, '포획물 저장하기'에서 플레이어 메뉴를 추가할 때 이 작업을 좀 더 세부적으로 다룰 것이다.

7. TurnAndLookTouchpad가 선택됐는지 확인한 후 Inspector 창 Image 컴포넌트의 Color 속성 옆에 있는 하얀 박스를 클릭한다. Color 창이 열리면 Hex Color를 #FFFFFF00으로 설정한다. 이제 텍스트를 제외한 오버레이가 사라졌을 것이다.

Hex 컬러Hex color는 컬러를 나타내는 십육진수다. 십육진수를 통해 각 주요 부분(빨강, 초록, 파랑, 알파alpha)을 #RRGGBBAA로 표기한다.

각 부분의 값은 십육진수로 00-FF고, 십진수로는 0-255다.

알파는 투명도를 말하며, FF는 불투명이고 00은 완전한 투명이다.

#FF0000FF는 빨간색이고, #000000FF는 검은색이다. #FFFFFF00은 투명한 흰색이다.

8. TurnAndLookTouchpad를 선택하고 확장한다. Text 오브젝트를 선택하고 Delete 키를 눌러 오브젝트를 삭제한다.

9. 에디터에서 게임을 실행시키고 본인의 기기에 배포한다. 이제 카메라의 컨트롤은 스와이핑swiping을 통해서만 할 수 있다.

잘했다. 움직임 컨트롤과 인터페이스를 재정리해서 문제들 중 몇 개를 해결했다. 이제 플레이어 캐릭터의 이동을 해결하기 위해 우리만의 컨트롤러 스크립트를 작성해야 한다. 일반적인 게임들과 달리 우리 게임은 플레이어가 직접 캐릭터를 조정하지 않는다. 대신 플레이어는 캐릭터를 가상 세계에서 이동시키기 위해 기기를 현실에서 움직여야 한다. 이 말은 불행하게도 이미 가져와서 구성한 스크립트들을 수정해야 한다는 뜻이기도 하다. 하지만 이런 과정들은 개발, 특히 게임 개발에서는 흔히 일어난다. 이 책을 진행하면서 코드의 수정은 최대한 줄이려고 하겠지만, 이런 과정들이 게임 개발의 일부라는 점은 꼭 알아두길 바란다.

새로운 나침반^{compass}과 GPS 컨트롤러 스크립트^{controller script}를 만들면서 시작해보자. 이 스크립트는 기기의 GPS와 나침반을 사용해서 플레이어를 지도상에서 이동시킬 것이다. 다음 설명을 따라 스크립트를 만들어보자.

1. **Project** 창에서 Assets/FoodyGO/Scripts 폴더를 펼쳐보자. Scripts 폴더를 선택하고 메뉴에서 **Assets ❯ Create ❯ Folder**를 선택한 후 새 폴더를 생성하자. 이 폴더의 이름을 Controllers로 변경한다.

2. 새로 만든 Controllers 폴더를 선택하고 메뉴에서 **Assets ❯ Create ❯ C# Script**를 선택해 새로운 스크립트를 생성한다. 이 스크립트의 이름을 CharacterGPS CompassController로 변경한다. 조금 긴 이름이지만 바로 이해할 수 있다.

3. 새로 만든 스크립트를 더블 클릭해서 모노디벨롭이나 본인이 사용하는 에디터에서 연다. 다음 기본 코드가 보일 것이다.

```
using UnityEngine;
using System.Collections;

public class CharacterGPSCompassController : MonoBehaviour {
    // Use this for initialization
    void Start () {
    }
    // Update is called once per frame
    void Update () {
    }
}
```

4. 일단 컨트롤러가 나침반 부분만 관리하는 간단한 형태로 시작해보자. 기기의 나침반을 활용해서 플레이어가 움직이지 않더라도 항상 기기가 가리키고 있는 방향을 볼 수 있게 만들 수 있다. 플레이어가 이동하고 있다면 이동하는 방향으로 플레이어의 방향을 변경할 것이다. 다음 코드를 Start( ) 메소드 안에 삽입하자.

```
Input.compass.enabled = true;
```

5. Start( ) 메소드는 초기화를 위해 사용하며, 위 코드는 기기의 방향을 읽을 수 있도록 나침반을 활성화한다. 이제 나침반이 활성화됐으니 다음 코드를 Update( ) 메소드에 삽입해 방향을 얻어보자.

```
void Update( )
{
    // 오브젝트가 자북을 보게 하고, 지도 반전을 조종한다
    var heading = 180 + Input.compass.magneticHeading;
    var rotation = Quaternion.AngleAxis(heading, Vector3.up);
    transform.rotation = rotation;
}
```

6. Update( )의 첫 번째 코드는 코드의 역할을 알려주는 주석comment이다. 주석을 쓸 때는 무엇을 하는지와 왜 하는지를 함께 쓰는 것이 좋다. 무엇을 하는지보다 왜 하는지가 더 중요한 경우가 종종 있기 때문이다. 코드에 주석을 다는 습관을 들이자. 쓸데없는 주석은 결코 없다.

7. 다음 줄의 코드는 heading 변수를 나침반 자북magnetic north으로 설정하고 180을 더한다. 나침반 수치에 180을 더하는 이유는 캐릭터의 방향과 지도의 북쪽을 정렬시키기 위해서다. 기억이 날지 모르겠지만 타일 지도는 계산을 간편하게 하기 위해 거꾸로 돼 있다.

8. 그 뒤에 나오는 코드는 이상해 보일 수도 있다. 특히 4원수quaternion를 모른다면 더욱 그렇다. 4원수란 복잡한 수의 영역을 확장하는 시스템이다. 고급 수학을 모른다면 더더욱 이해되지 않을 수 있다. 일단 지금은 4원수란 3D 공간에서 회전을 정의할 수 있는 간편한 방법이라고만 하자. Quaternion.AngleAxis(heading,Vector3.up)을 호출하면 월드에서 위, 혹은 y축의 회전을 정의한다. 값은 로컬 변수인 rotation에 저장된다. 다음 그림은 유니티상에서 각 축이 어떤 벡터vector와 연결되는지 기억하기 쉽게 도와주는 왼손 좌표 시스템이다.

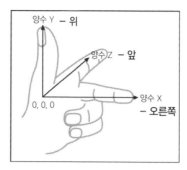

양수 Y – 위

양수 Z – 앞

0, 0, 0

양수 X

– 오른쪽

왼손 좌표 시스템 설명

9. 마지막 코드는 transform.rotation을 4원수 헬퍼helper의 도움을 받아 계산한 rotation 값으로 설정한다. 마지막 코드를 입력하고 나면 모노디벨롭이나 사용하는 에디터에서 반드시 저장한다. 그런 후 유니티로 돌아가 몇 초를 기다리면 새로 만든 스크립트가 컴파일될 것이다. 유니티는 파일이 변할 때마다 전체 프로젝트를 새로이 컴파일하는 훌륭한 자동 컴파일 기능을 가지고 있다.

10. Project 창에서 CharacterGPSCompassController 스크립트를 선택한다. 그런 후 Player 게임 오브젝트에 끌어 놓는다. 이렇게 하면 스크립트가 Player에 첨부된다.

11. Hierarchy 창에서 Player 게임 오브젝트를 선택한다. Inspector 창에서 Third Person User Control (Script) 컴포넌트 옆에 있는 기어 아이콘을 선택한다. 이제 더 이상 일반 입력 스크립트standard input script를 사용해서 캐릭터를 조종하지 않으므로 연관 메뉴에서 Remove Component를 선택해 해당 스크립트를 Player에서 삭제한다.

12. 게임을 빌드하고 본인의 모바일 기기에 배포한다. GPS 기능을 테스트했을 때처럼 실제 나침반 기능이 있는 기기에서만 값을 출력할 것이다.

13. 기기를 다양한 방향으로 움직여 게임을 테스트한다. 기기가 회전할 때마다 캐릭터가 어떻게 움직이는지 눈여겨보자. 한 가지 눈에 띄는 부분은 움직임이 부드럽지 않고 끊기거나 튀는 느낌이 드는 것이다. 이 끊김은 나침반에서 새로운 값을 읽을 때마다 플레이어를 업데이트하기 때문에 발생한다. 실제 나침반을 봐도 똑

같은 일이 일어난다. 물론 캐릭터가 튀는 것을 원치 않으므로 어떻게 고칠 수 있는지 알아보자.

14. Project 창에서 `CharacterGPSCompassController` 스크립트를 더블 클릭해 모노디벨롭 에디터에서 연다.

15. `Update()` 메소드의 마지막 줄인 `transform.rotation = rotation;`을 다음 코드로 변경한다.

```
transform.rotation = Quaternion.Slerp(transform.rotation, rotation,Time.
fixedTime*.001f);
```

16. 이렇게 수정하면 현재 방향에서 다음 방향으로의 변화를 부드럽게 만들어준다. 어떤 변화가 일어나는 것인지 자세히 알아보자.

- `Quaternion.Slerp`: 이 헬퍼 4원수 함수는 현재 회전에서 새로운 회전으로 구체 보간을 한다. 구체 보간이라는 단어에 혼란스러워 할 필요는 없다. 간단히 말해, 구체상에서 부드럽게 이어주는 점들을 추가해 회전을 부드럽게 만들어주는 것이다. Lerp는 두 데이터 포인터 사이의 직선 보간을 말한다. 다음 그림에서 q_a는 시작이고, q_b는 끝점이며, q_{int}는 부드럽게 만들기 위해 계산된 점들이다.

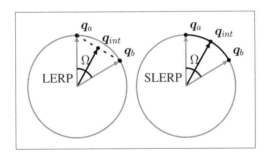

LERP와 SLERP를 사용해서 부드럽게 만드는 점이 어떻게 계산되는지 보여준다

- `transform.rotation`: 오브젝트의 현재 방향을 의미한다
- `rotation`: 이미 계산된 회전하고 싶은 방향을 의미한다.

- `Time.fixedTime * .001f`: 한 번 호출할 때 회전이 얼마나 변화하는지를 의미한다. `Time.fixedTime`은 한 프레임에 어느 정도의 시간이 지나야 하는지를 말한다. 이 숫자에 `.001f`를 곱해 각 프레임마다 매우 적은 회전 변화가 일어나게 한다. 이 값이 회전에 얼마나 영향을 미치는지 보기 위해 자유롭게 값을 바꿔도 좋다.

17. 스크립트의 수정이 끝나면 저장한다. 유니티로 돌아가서 스크립트의 컴파일이 끝날 때까지 몇 초 기다린다.

18. 게임을 빌드하고 배포한다. 게임을 테스트하면서 캐릭터가 얼마나 부드럽고 느리게 도는지 확인해보자.

이제 몇 가지 인터페이스 문제를 해결했고, 기기의 방향에 맞게 캐릭터가 회전한다. 가져온 기본 에셋을 수정하고, 간단한 컨트롤러 스크립트를 작성해 해결했다. 하지만 캐릭터가 지도 위에서 자유롭게 걷고 달리게 하려면 더 많은 스크립트를 추가하고 수정해야 한다. 그 많은 스크립트를 한 줄씩 작성할 시간도, 다시 둘러볼 인내심도 부족할 수 있으니 이미 작성된 스크립트를 모두 가져온 후 중요한 부분들을 세심하게 들여다본다.

다음 설명에 따라 이미 작성된 스크립트들을 가져오자.

1. Assets 메뉴에서 Import Package ❯ Custom Package…를 선택한다.

2. Import package 창이 열리면 다운로드한 코드 폴더 Chapter_3_Assets로 가서 Chapter3.unitypackage를 선택하고 Open을 클릭해 연다.

3. 가져올 파일들을 보여주는 Import Unity Package 창이 열릴 것이다. 어떤 파일들은 New라고 돼 있고, 어떤 파일들은 새로 고침 표시가 돼 있을 것이다. 이는 유니티가 어떤 파일이 변경되고, 어떤 파일이 새로 추가되는지 알려주는 것이다. 모든 아이템들이 선택돼 있는지 다시 확인하고 Import를 클릭한다.

4. 모든 것을 가져오고 나면 몇몇 게임 오브젝트에 새로운 속성이 생긴 것이 눈에 띄겠지만 게임은 문제없이 실행될 것이다. 에디터에서 Play를 눌러 테스트해보자.

새로 업데이트된 스크립트에서도 게임이 문제없이 작동할 것이다. 하지만 아직도 캐릭터는 지도 위를 이동할 수 없다. 캐릭터를 움직이게 하려면 스크립트에서 몇 개의 새로운 속성을 설정해야 한다. 하지만 그 전에 무엇이 변경됐는지 이해해야 한다. 다음 섹션들의 스크립트 컴포넌트 변경 사항을 살펴보자.

다음은 가져오거나 업데이트한 스크립트에 대한 간략한 설명이다.

- 컨트롤러
    - `CharacterGPSCompassController`: 이 스크립트는 GPS 위치 서비스에서 GPS를 읽도록 업데이트됐다.
- 매핑
    - `Geometry`: 이 파일은 사용자 정의 공간 타입을 위한 것이다. `MapEnvelope`이라는 새로운 타입이 추가됐다.
    - `GoogleMapTile`: 이 스크립트는 우리가 작업한 버전과 거의 같고, 몇 줄만 추가됐다.
    - `GoogleMapUtils`: 공간 수학 함수들을 담은 라이브러리다. 지도와 게임 월드 사이의 스케일을 변환하기 위해 몇 개의 새로운 함수들이 추가됐다.
- 서비스
    - `GPSLocationService`: 지도를 그리는 새로운 방식을 지원하기 위해 코드의 여러 부분이 수정됐다. 테스팅과 개발을 돕기 위해 GPS 값을 시뮬레이션하는 방식도 추가됐다.

GPS 위치 서비스

가장 먼저 들여다볼 스크립트는 GPS Location Service다. Hierarchy 창에서 Services 오브젝트를 확장하고 GPS 서비스 오브젝트를 선택한다. 오브젝트의 Inspector 창을 보면 새로운 섹션들과 속성들이 보일 것이다. GPS Location Service 스크립트에 두 개의 섹션이 새로 추가됐다. 첫 번째 섹션은 지도 타일 파라미터고, 두 번째 섹션은 GPS 데이터를 시뮬레이션하는 기능이다. 새로 생긴 두 개 섹션의 목적과 속성에 대해 알아보자.

지도 타일 파라미터

지금까지는 GPS 서비스가 연결되고 기기에서 데이터가 업데이트될 때마다 자동으로 지도에 전송되면서 지도가 새로이 그려졌다. 올바르게 동작하는 간단한 방식이었지만 몇 가지 문제점이 있다. 첫 번째는 새로운 위치가 얻어질 때마다 지도를 새로 그리기 위해 많은 자원을 필요로 하는 호출을 한다는 것이다. 기기가 1미터를 움직이든, 100미터를 움직이든 똑같다. 두 번째는 캐릭터가 지도 위를 이동하며 위치를 변경할 때마다 지도를 새로 그릴 수는 없다는 것이다. 대신 캐릭터가 타일의 끝에 도착했을 때만 지도를 새로 고치면 된다. 다행히 GPS 서비스가 지도의 크기를 기록하고, GPS의 값이 중앙 타일을 벗어났을 때 지도를 새로 고침으로써 두 가지 문제를 동시에 해결할 수 있다.

다음 그림은 동작하는 방법을 보여준다.

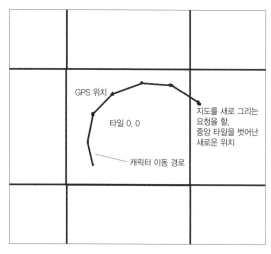

지도 타일 가장자리로 가는 GPS 경로

GPS 위치 서비스가 타일 가장자리를 알려면 타일이 어떤 방식으로 생성되는지 알아야 한다. 그러므로 지도 타일을 구성할 때는 사용하는 파라미터들을 똑같이 GPS 위치 서비스에 전달해야 한다. 다음은 필요한 파라미터들과 게임에서 어떤 역할을 하는지에 대한 간략한 설명이다.

- Map tile scale: 지도 타일의 크기를 말한다. 현재 지도는 30으로 설정한다.
- Map tile size pixels: 구글에 요청하는 지도 타일 이미지 사이즈를 의미한다. 640 픽셀로 설정돼 있다.
- Map tile zoom level: 줌 레벨, 혹은 지도의 스케일이다. 주위를 볼 수 있도록 값은 17로 설정했다.

Google Static Maps API는 하나의 IP 주소, 혹은 한 개의 기기가 지도를 요청할 수 있는 횟수를 5초에 한 번씩, 24시간 이내로 제한해뒀다. 현재 제한으로는 매 24시간마다 1,000 번을 요청할 수 있다.

GPS 시뮬레이션 구성

이미 느끼고 있겠지만 GPS 서비스를 테스트하는 것은 꽤 어려운 일이다. 물론 CUDLR을 구성해 기기에서 게임이 실행될 때 실시간 업데이트 정보를 볼 수 있지만 이 방식도 나름의 제한이 있다. 궁극적으로는 유니티 에디터상에서 게임 오브젝트가 어떻게 GPS 서비스를 처리하는지 테스트할 수 있는 방법이 가장 좋다. 이렇게 하면 집이나 사무실 주변을 서성이지 않아도 게임이 어떻게 돌아가는지 볼 수 있다. 이를 위해 GPS 서비스에서 위치 값을 시뮬레이션함으로써 테스트가 가능해진다.

GPS 위치 서비스에 추가된 시뮬레이션 서비스는 단순한 시작점 오프셋^{origin offset} 방식을 사용해서 데이터 포인트를 생성한다. 이 접근법을 사용하면 직선 이동이나 코너를 도는 움직임 같은 간단한 이동 패턴을 만들 수 있다. 다음 그림은 데이터 포인트가 어떻게 계산되는지 설명해준다.

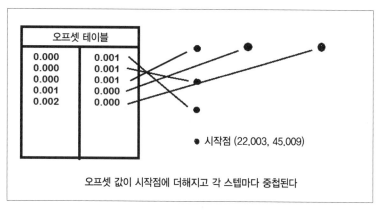

GPS 값 시뮬레이션을 위한 오프셋 데이터 접근 방식

다음 리스트에서는 GPS 시뮬레이션 속성을 자세히 설명한다.

- **Simulating**: 체크돼 있으면 GPS 서비스가 시뮬레이션된 데이터를 생성한다. 데이터 시뮬레이션은 모바일 기기에서는 작동하지 않는다. GPS 시뮬레이션을 켜려면 이 옵션을 체크한다.

- **Start coordinates**: 시뮬레이션의 시작점이다. 오프셋 값들은 시작점에서 출발해 중첩되는 방식으로 더해진다. 우리 테스트 좌표를 사용하거나, 익숙한 위도와 경도 좌표를 사용해도 좋다.

- **Rate**: 시뮬레이션된 GPS 값을 읽는 간격을 초로 나타낸다. 5초가 적당하다.

- **Simulation offsets**: 시작점으로부터 중첩되면서 더해질 값의 오프셋 테이블 어레이array다. 이 값은 위도, 혹은 경도에 더해지는 값이며, 수치는 작아야 한다. 시작하기에 적당한 값은 +−0.0003 정도다. 오프셋 값들은 지속적으로 루프를 돈다. 따라서 마지막 값이 더해지면 테이블의 처음부터 다시 시작한다.

유니티에서 어레이 타입을 구성하고 SimulationService를 설정하기 위해 다음 단계를 진행해보자.

1. Size란에 숫자 값을 입력한다. 이 값에 따라 각각의 값을 입력할 수 있도록 리스트가 확장될 것이다. 다음 스크린샷은 알맞은 컴포넌트 속성들이 입력된 새로운 GPS 위치 서비스를 보여준다.

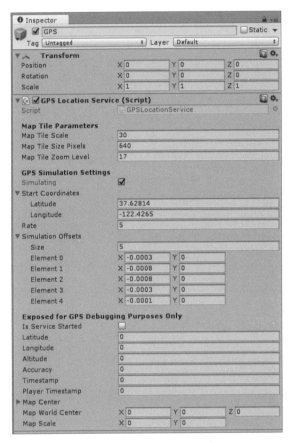

GPS 서비스 오브젝트의 Inspector 모습

2. Hierarchy 창에서 Player 게임 오브젝트를 선택한다. Inspector 창에서 Character GPS Compass Controller 스크립트 컴포넌트에 새로운 속성이 추가된 것을 볼 수 있다. 이 스크립트에 GPS 위치 서비스를 설정해야 한다. 캐릭터 컨트롤러도 GPS 서비스로부터 업데이트를 받아야 하기 때문이다. 다음은 컨트롤러 스크립트의 스크린샷이다.

104

Character GPS Compass Controller 스크립트

3. Player 오브젝트가 선택된 상태에서 Hierarchy 창으로부터 GPS 오브젝트를 Character GPS Compass Controller 컴포넌트의 Gps Location Service 칸에 끌어 놓는다.

4. Play 버튼을 눌러 에디터에서 게임을 실행시킨다.

이제 GPS 데이터가 시뮬레이션되면서 캐릭터가 지도상에서 움직이는 것을 볼 수 있다. 하지만 몇 가지 문제가 있다. 카메라가 캐릭터와 일정 거리를 유지하지 않을 뿐더러, 이동이 너무 빠르다. 다행히도 다음 방법으로 간단히 수정할 수 있다.

1. Hierarchy 창에서 Player 오브젝트를 확장하고 FreeLookCameraRig를 선택한다. 카메라가 Player를 따라가지 않는 이유는 게임 오브젝트의 트랜스폼^{transform}이 아닌 게임 오브젝트를 추적하기 때문이다. 작지만 중요한 차이가 있다. 카메라의 타깃 트랜스폼^{target transform}을 Player로 설정해야 한다. 다음 스크린샷은 Free Look Cam 스크립트 컴포넌트에서 비어있는 트랜스폼 칸을 보여준다.

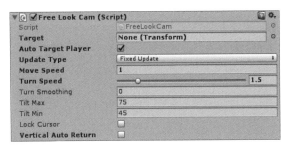

Free Look Cam 스크립트 컴포넌트

2. Hierarchy 창에서 FreeLookCameraRig 오브젝트가 선택돼 있는 채로 Player 오브 젝트를 Free Look Cam 스크립트 컴포넌트의 Target 칸으로 끌어 놓는다. 이렇게 하면 카메라가 캐릭터의 트랜스폼을 추적하게 된다.

3. Hierarchy 창에서 Player 오브젝트를 선택한다. 다음 스크린샷에서 보는 것처럼 Inspector 창에서 Third Person Character 스크립트 컴포넌트의 Move Speed Multiplier를 0.1로 설정한다.

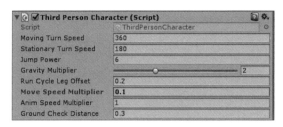

Third Person Character 스크립트 컴포넌트

4. 이 값을 작게 설정하는 것은 지도 스케일의 차이를 고려하기 위해서다. 일반적으로 캐릭터 컨트롤러는 캐릭터를 걷는 속도로 움직이게 한다. 게임 스케일이 1:1이라면 괜찮지만, 우리 게임은 좀 더 스케일이 크다. 정확한 값을 계산하기 위해서는 몇 가지 고려 사항이 있다. 일단 지금은 0.1로 예상해 캐릭터가 1/10의 속도로 움직인다고 하자. 9장, '게임 마무리하기'에서 다시 한 번 다룰 것이다.

5. 에디터에서 Play 버튼을 눌러 게임을 실행하자. 이제 캐릭터가 예상한 대로 지도 위를 이동한다. 시뮬레이션을 위해 다른 오프셋 값도 반드시 시도해보고 실행해보자. 마지막으로 빌드해서 배포한 후 기기를 가지고 나가 걸어도 보고 운전도 해보자.

이것으로 GPS 위치 서비스의 속성을 업데이트했다. 부지런한 독자는 스스로 읽어볼 수 있으므로 세세한 스크립트 변경 사항은 다루지 않겠다.

Character GPS Compass Controller

위에서 다뤘던 내용을 기억한다면, Character GPS Compass Controller에 새로 추가한 속성은 GPS Location Service와 연결한 것이다. 새로운 GPS 값이 얻어질 때마다 플레이어의 위치를 업데이트하기 위해 필요한 부분이다. 시작부터 캐릭터 컨트롤러 스크립트를 작성해왔으니 무엇이 변경됐는지 확인해보자.

Project 창의 Assets/FoodyGO/Scripts/Controllers 폴더에서 Character GPS Compass Controller 스크립트를 찾는다. 스크립트에 더블 클릭해서 모노디벨롭이나 사용하는 에디터로 연다. 스크립트가 열리면 이제 무엇이 변경됐는지 충분한 시간을 가지고 알아보자.

스크립트의 각 섹션들을 보면서 변경 사항들을 좀 더 자세히 살펴보자. 제일 상단부터 시작하자.

```
using UnityEngine;
using UnityStandardAssets.Characters.ThirdPerson;
using packt.FoodyGO.Mapping;
using packt.FoodyGO.Services;

namespace packt.FoodyGO.Controllers
{
  public class CharacterGPSCompassController : MonoBehaviour
  {
    public GPSLocationService gpsLocationService;
    private double lastTimestamp;
    private ThirdPersonCharacter thirdPersonCharacter;
    private Vector3 target;
```

가장 위는 C# 스크립트의 기본인 using 부분이다. 그중 가장 첫 줄은 유니티 스크립트를 사용할 때의 기본이다. 그다음 몇 줄은 이 스크립트가 사용할 다른 타입들을 가져온다는 뜻이다. 다른 개발 플랫폼에서 C# 파일을 작성할 때 namespace의 정의는 기본이지만, 유니티에서는 필수도 아니고 강요하지도 않는다. 유니티가 이렇게 하는 것은 다양한 스크립트 언어를 지원하기 위해서다. 하지만 추후에 namespace를 준수하지 않은 탓에 여러 가지 유형의 이름 충돌이 발생해 머리가 아파질 수 있으므로, 이 책에서는 packt.FoodyGO namespace를 준수하겠다.

namespace를 정의하고 나면 클래스 정의를 하고, 새로운 변수 정의가 뒤따른다. GPS 위치 서비스를 위해 변수가 추가되고, public으로 만들어 유니티 에디터에서 변경 가능하게 한다. 그런 후 세 개의 새로운 private 변수가 추가된다. 각 변수의 목적은 다음에 나올 관련된 코드 섹션에서 다루겠다.

변수를 private으로 설정하면 해당 변수는 클래스 안에서만 사용된다. C# 개발을 경험해 봤다면, 왜 속성 접근자property accessor를 사용하지 않고 public을 사용하는지 의문이 생길 것이다. public 변수는 유니티 에디터에서 변경 가능하지만, private이나 속성 접근자는 숨겨져 있다. 물론 다른 타입에서 속성 접근자를 사용할 수 있지만 일반적으로 유니티 개발자는 이런 방법을 피하고 public과 private의 사용을 선호한다.

다음은 속성 접근자의 예다.

```
public double Timestamp
  {
    get
    {
      return timestamp;
    }
    set
    {
      timestamp = value;
    }
  }
```

우리가 둘러볼 스크립트의 다음 섹션은 다음 코드에 보이는 Start 메소드다.

```
// Use this for initialization
  void Start()
  {
    Input.compass.enabled = true;
    thirdPersonCharacter = GetComponent<ThirdPersonCharacter>();
    if (gpsLocationService != null)
    {
```

```
        gpsLocationService.OnMapRedraw += GpsLocationService_OnMapRedraw;
    }
}
```

이전 장에서 작성했던 Input.compass.enabled 라인 뒤에 몇 줄을 더 추가했다. 나침반을 활성화한 후에 ThirdPersonCharacter 컴포넌트 스크립트를 레퍼런스[reference]하고, private 변수 thirdPersonCharacter에 저장한다. ThirdPersonCharacter 스크립트는 캐릭터의 이동과 애니메이션을 조정한다. 이 레퍼런스를 사용해 Update 메소드에서 캐릭터를 이동시킬 것이다.

다음 라인은 gpsLocationService가 널[null]인지 아닌지를 체크한다. 값이 null이 아닌 경우 OnMapRedraw라는 새로운 이벤트를 GPS 서비스에 호출한다. OnMapRedraw는 가운데 지도 타일이 새로이 중앙에 위치하고 그려진 후에 시작된다. 기억할지 모르겠지만, 이제 GPS 서비스는 언제 지도 중점을 다시 맞춰야 할지 추적하고 있다. 서비스가 지도 타일을 다시 그리도록 호출하면 맵 타일은 새로운 이미지를 요청한다. 이미지 요청에 대한 값이 돌아오고 지도 타일이 변경되면, 지도 타일은 GPS 서비스에게 새로 고치라고 알려준다. 그러면 GPS 서비스는 OnMapRedraw 이벤트를 연결돼 있는 모든 부분들에 알려줘서 새로 위치하게 한다. 지금까지 한 설명이 혼란스럽다면 다음 그림이 도움이 됐으면 한다.

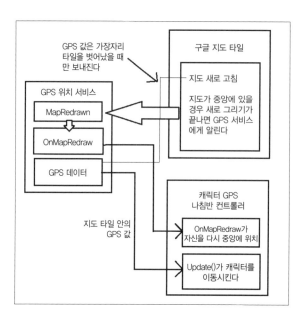

Start 메소드에 이어 다음에 살펴볼 코드는 OnMapRedraw 이벤트와 연결하는 코드다. 이 이벤트는 보이드[void] 메소드로서 GameObject g 파라미터에 이벤트를 전달한다.

```
private void GpsLocationService_OnMapRedraw(GameObject g)
  {
    transform.position = Vector3.zero;
    target = Vector3.zero;
  }
```

OnMapRedraw가 시작되면 지도가 새로 그리는 것을 끝내자마자 캐릭터 컨트롤러로 하여금 위치를 원래 자리로 리셋하게 한다. 이벤트 핸들러[event handler]를 보면 Player 트랜스폼 위치가 Vector3.zero로 설정돼 있다. 이는 (0, 0, 0)과 같은 위치다. 같은 과정을 target 변수에도 적용한다. Update 메소드에서 이 변수에 대해 다룰 것이다.

마지막으로 대부분의 일을 처리하는 마지막 메소드인 Update 메소드를 살펴본다. 코드는 다음과 같다.

```
// Update is called once per frame
  void Update( )
  {
     if (gpsLocationService != null && gpsLocationService.IsServiceStarted &&
gpsLocationService.PlayerTimestamp > lastTimestamp)
    {
      // GPS 위도/경도를 월드 x/y로 변환
        var x = ((GoogleMapUtils.LonToX(gpsLocationService.Longitude) -
gpsLocationService.mapWorldCenter.x) * gpsLocationService.mapScale.x);
        var y = (GoogleMapUtils.LatToY(gpsLocationService.Latitude) -
gpsLocationService.mapWorldCenter.y) * gpsLocationService.mapScale.y;
      target = new Vector3(-x, 0, y);
    }

    // 캐릭터가 새로운 지점에 도달했는지 체크한다
    if (Vector3.Distance(target, transform.position) > .025f)
    {
      var move = target - transform.position;
      thirdPersonCharacter.Move(move, false, false);
    }
    else
    {
      // 이동 중지
      thirdPersonCharacter.Move(Vector3.zero, false, false);

      // 오브젝트가 자북을 보게 하고, 지도 반전을 조종한다
      var heading = 180 + Input.compass.magneticHeading;
      var rotation = Quaternion.AngleAxis(heading, Vector3.up);
       transform.rotation = Quaternion.Slerp(transform.rotation, rotation, Time.
fixedTime * .001f);
    }
  }
```

보는 바와 같이 캐릭터를 위한 GPS 이동을 지원하는 코드들이다. 복잡해 보이는 코드지
만 시간을 들여 읽어보면 꽤나 직관적이다.

메소드의 시작을 보면 Google Map Tile 스크립트에서 했던 GPS 서비스가 활성화됐는지, 실행되고 있는지, 새로운 위치 데이터를 보내고 있는지 확인하는 테스트를 거의 똑같이 하고 있다. if 명령문 내부에는 GoogleMapUtils 헬퍼 라이브러리를 사용해 GPS 경도와 위도를 x나 y 2D 좌표로 변환하는 복잡한 계산이 들어있다. 그 후 다음 줄에서 3D 좌표로 변환시켜 target 변수에 저장한다. x 파라미터의 음수화를 눈여겨보자. 우리 지도는 뒤집어져 있으므로 양수 x 포인트는 동쪽이 아니라 서쪽이다. target 변수는 캐릭터가 이동할 목표 3D 월드 위치를 저장한다.

다음 if/else 명령문은 플레이어가 목표 위치에 도달했는지를 체크한다. 일반적인 경우 이 테스트는 0.1f 값을 사용해 할 것이다. 하지만 실제와 1:1 스케일의 경우에 그렇게 하는 것이고, 우리의 경우는 더 작은 값을 사용한다.

if 명령문 안을 보면 캐릭터가 아직 목표에 도달하지 않았으니 이동을 계속한다. 캐릭터를 이동하게 하기 위해 thirdPersonCharacter 이동 벡터를 사용한다. 이동 벡터는 target 으로부터 transform.position으로 대변되는 캐릭터의 현재 위치를 빼서 계산한다. 벡터 계산 결과가 나오면 thirdPersonCharacter의 Move 메소드를 호출한다. 내부적으로 ThirdPersonCharacter 스크립트는 애니메이션과 이동을 담당한다.

if 명령문의 else 절을 보면 캐릭터가 움직이지 않고 있거나 움직이지 않아야 하는 상황이다. 따라서 이동을 멈추기 위해 thirdPersonCharacter의 Move 메소드를 제로 벡터^{zero} ^{vector} 값으로 다시 호출한다. 이어서 나침반 방향을 체크하고 설정한다. 캐릭터가 움직이지 않을 때만 나침반 방향을 설정하는 것을 눈여겨보자. 캐릭터가 움직일 때는 움직이는 방향을 바라보게 해야 한다.

이제 CharacterGPSController 스크립트의 리뷰가 끝났다. 이 스크립트는 플레이어가 지도에서 이동하는 방법을 보여주는 좋은 시작점이다. 하지만 실제로 플레이하거나 다른 사람에게 플레이해보라고 하면 보완할 부분들이 보일 것이다. 본인 마음에 드는 모습이 될 때까지 이 스크립트를 수정해도 좋다.

캐릭터 교체하기

이제 모든 것이 예상한 대로 작동하고 있으니 시간을 조금 할애해서 플레이어의 캐릭터를 시각적으로 더 낫게 만들어보자. 회색의 Ethan 캐릭터를 넣고 게임을 출시하고 싶지는 않다. 이 게임은 3D 모델링이 아니라 게임 개발이 중심이므로, 캐릭터는 손쉽게 구할 수 있는 것을 사용하겠다. 유니티 에셋 스토어Unity Asset Store를 열어 3D characters로 검색하면 다양한 에셋을 볼 수 있다. 검색 결과를 무료 조건으로 걸러내도 상당한 양이다. 그러면 무엇이 가장 좋을까? 결국은 본인, 혹은 개발 팀이 보기에 가장 맘에 드는 것이 가장 좋은 선택이다. 자유롭게 캐릭터 에셋을 적용해보자.

이 책에서는 에셋 스토어에서 무료로 구할 수 있는 기본 iClone 캐릭터를 사용하겠다. 이 에셋은 매우 훌륭하며, 이 책을 저술하는 시점에 받고 있는 5점 만점의 점수에 어울리는 수준을 자랑한다. 이 에셋 패키지는 쓸데없는 내용이 없고 간결해서 모바일 게임에 무척 좋다. 또한 캐릭터 모델에 적은 폴리곤polygon 숫자를 사용해 모바일상에서의 렌더링에도 좋다.

다음 설명을 따라 iClone 캐릭터를 가져와서 Ethan 캐릭터와 교체하자.

1. 메뉴에서 Window ➤ Asset Store를 선택해 Asset Store 창을 연다.
2. 창이 열리면 검색 칸에 iclone을 입력하고 Enter 키나 검색 아이콘을 누른다.
3. 검색이 끝나면, 다음과 같이 가장 상단에 있는 세 개의 기본 iClone 캐릭터인 Max, Izzy, Winston을 볼 수 있다.

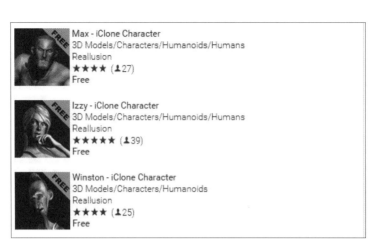

기본 iClone 캐릭터 옵션

4. 이제 본인의 FoodyGO 게임에 사용할 캐릭터를 선택해보자. 모든 캐릭터가 기능적으로 같고, 설정상 약간의 차이만 있다. 일단 지금 하나를 선택하고 추후에 다른 기본 캐릭터로 교체해도 좋다. 자유롭게 캐릭터를 선택하자.

5. 창에 캐릭터 에셋 리스트가 보이고, 리스트에서는 에셋을 다운로드하고 가져올 수 있는 버튼이 보일 것이다. Download 버튼을 클릭한다. 다운로드에 몇 분이 걸릴 수도 있다. 이 틈을 이용해 커피나 즐겨 마시는 음료수를 가져오자.

6. 에셋의 다운로드가 끝나면 Import Unity Package 창이 열리고 무엇을 가져올지 선택할 수 있다. 모든 부분이 선택됐는지 확인하고 Import 버튼을 누른다.

7. 가져오기가 끝나면 Project 창의 Assets 폴더 안에 새로운 폴더가 보일 것이다. 새로운 폴더는 셋 중 선택한 캐릭터(Max, Izzy, Winston)에 따라 다르다.

8. 캐릭터 이름의 폴더를 확장하고 Prefab 폴더를 선택한다. 캐릭터 이름으로 돼 있는 프리팹이 보일 것이다. Project 창에서 프리팹을 선택하고 Hierarchy 창의 Player 오브젝트에 끌어 놓는다.

9. Hierarchy 창에서 Player 오브젝트를 선택하고 확장한다. 새로운 캐릭터가 Player 오브젝트에 추가됐는지 확인한다. 캐릭터 오브젝트를 선택하고 트랜스폼transform을 리셋한다. 트랜스폼 리셋을 위해 Inspector 창의 Transform 컴포넌트에 있는 기

어 아이콘을 클릭한다. 그런 후 연관 메뉴에서 Reset 옵션을 선택한다.

이제 다음에 보이는 것처럼 새로운 캐릭터가 Ethan 캐릭터와 겹쳐 보일 것이다.

iClone 캐릭터와 Ethan 캐릭터가 겹쳐 보이는 모습

> ℹ️ 우리가 사용하는 3D 캐릭터는 Reallusion iClone Character Creator에서 제작했다. 커스터마이즈가 가능한 캐릭터를 제작하고 싶다면 http://www.reallusion.com/iclone/character-creator/default.html을 방문하길 바란다.

1. Inspector 창에서 Animator 컴포넌트의 텍스트 Animator 옆 체크박스를 해제해서 컴포넌트를 비활성화한다. 애니메이터의 Avatar란에 적혀 있는 이름을 기억한다. 이 이름은 캐릭터에 따라 다르기 때문에 필요하다면 적어둔다.

2. Hierarchy 창으로 돌아가서 Player 밑에 있는 EthanBody 오브젝트를 선택한 후 delete 키를 눌러 오브젝트를 삭제한다. EthanGlasses와 EthanSkeleton도 삭제한다.

3. Player 오브젝트를 선택한다. Inspector 창에서 Animator의 Avatar 속성 옆에 있는 원형 아이콘을 클릭한다. 몇 가지 이름을 담은 Select Avatar 창이 열릴 것이다. 1

단계에서 기억해놓은 이름을 선택하고 창을 닫는다.

4. 에디터에서 Play 버튼을 눌러 게임을 실행한다. GPS 서비스가 시뮬레이션 모드로 돌아가고 있다면 새로운 캐릭터가 애니메이션되면서 이동할 것이다. 빌드하고 모바일 기기에 배포하는 것도 잊지 말자.

이와 같이 캐릭터를 교체하는 과정은 비교적 간단하므로 여러 개의 iClone 캐릭터를 시도해보길 바란다. 혹시 전혀 다른 에셋을 원한다면 그것을 시도해봐도 좋다. 가능성은 무한하다. 다음은 게임에 적용된 세 개의 다른 iClone 캐릭터를 보여준다.

게임에 적용된 세 개의 다른 iClone 캐릭터

▌ 요약

아마도 이 장이 가장 바쁘게 진행된 장이 아닌가 싶다. 일단 첫 번째로 캐릭터, 카메라, 크로스 플랫폼 입력을 위한 기본 에셋들을 가져왔다. 그리고 카메라와 터치 입력 컨트롤이 적용된 지도 신scene에 플레이어 캐릭터를 추가했다. 그 후 기기의 나침반과 GPS를 사용해서 플레이어를 조종하는 새로운 스크립트를 작성했다. 그리고 업데이트된 스크립트

116

를 가져온 후, 지도 위에서 플레이어 캐릭터가 올바르게 움직이고 애니메이션되도록 스크립트들을 수정했다. 마지막으로 단조로운 기본 에셋 캐릭터를 좀 더 미려한 iClone 캐릭터로 교체했다.

다음 장에서는 게임플레이gameplay를 좀 더 들여다보고, 플레이어가 세계에 존재하는 오브젝트와 상호작용할 수 있도록 해본다. 지도 위에 포획물을 생성하고, 플레이어가 생물체를 추적할 수 있게 해보자. 이를 위해 추가적인 스크립트 작성, UI 개발, 커스텀 애니메이션, 몇 가지 특수 효과 등을 시도해볼 것이다.

04

포획물 생성하기

이제 플레이어가 실제 월드는 물론 가상 월드에서도 이동할 수 있으니, 게임의 다른 요소들을 다뤄볼 시간이 됐다. Foody GO는 플레이어가 몬스터를 포획하는 게임이다. Foody 몬스터들은 유전자 조작 실험실에서 생긴 사고의 결과물이다. 몬스터들은 모든 지역을 배회하는 뛰어난 요리사들이다. 몬스터를 포획하면 플레이어는 훈련을 통해 더 나은 요리사로 만들거나, 레스토랑으로 데려가 일을 시키고 포인트를 얻을 수 있다. 간단한 배경 설명을 마쳤으니 이번 장에서는 플레이어 주위에 몬스터를 생성하고 추적하는 기능을 만들어보자.

이 장에서는 주로 유니티에서 작업하면서 새로운 스크립트를 작성하거나 기존 스크립트를 수정할 예정이다. 우리 게임 디자인은 기존 게임들과는 다르게 독특한 부분이 있으므로 더 이상 기본 에셋에 의존할 수 없다. 또한 지금까지는 부드러운 진행을 위해 GIS와 GPS

에 관련된 복잡한 수학을 의도적으로 피했고, 대신 GIS 라이브러리 함수들에 대해 간략히 설명하는 것으로 대신했다. 다행스럽게도 지금 가지고 있는 GIS 관련 지식만 가지고도 더 높은 수준의 수학을 다룰 수 있다. 혹시 수학에 약하더라도 괜찮으니 걱정하지는 말자. 다음은 이 장에서 다룰 주제들이다.

- 새로운 몬스터 서비스 만들기
- 매핑mapping에서 거리 이해하기
- GPS 정확도
- 몬스터 체크하기
- 3D 월드 공간에 좌표 투영하기
- 지도에 몬스터 추가하기
- 몬스터 프리팹prefab 만들기
- UI에서 몬스터 추적하기

이전 장에서 작업한 프로젝트가 유니티에서 열려 있다면 바로 다음 절로 넘어가자. 그렇지 않다면 유니티를 열고 FoodyGO 게임 프로젝트를 열거나, 다운로드한 소스 코드에 있는 Chapter_4_Start 폴더를 연다. 이어서 Map 신scene이 열려 있는지 확인한다.

저장된 프로젝트 파일을 여는 경우, 시작 신을 불러내야 할 경우가 종종 있다. 유니티에서는 프로젝트를 열 때 어떤 신을 먼저 불러와야 하는지 예측하기보다 새로운 신을 생성하는 경우가 많기 때문이다.

▌ 새로운 몬스터 서비스 만들기

플레이어 주위에 있는 몬스터를 추적하기 위해서는 새로운 서비스를 만드는 것이 가장 좋은 방법이다. 몬스터 서비스monster service는 다음 역할을 담당한다.

- 플레이어 위치 추적

- 주위에 있는 몬스터 검색하기
- 플레이어 범위에 있는 몬스터 추적하기
- 플레이어가 가까이 있다면 몬스터 생성하기

일단은 몬스터 서비스가 플레이어의 기기 주변에 있는 몬스터만 검색하고 추적하게 만들 것이다. 여러 플레이어가 같은 몬스터들을 보고 포획할 수 있는 몬스터 웹 서비스를 만들 계획은 아니다. 하지만 7장, 'AR 세계 만들기'에서는 이 장에서 만들 서비스가 외부 서비스를 사용할 수 있도록 변환시켜 몬스터들을 더 효과적으로 생성할 수 있게 할 것이다. 유니티를 열고 다음 설명에 따라 새로운 서비스 스크립트를 만들어보자.

1. **Project** 창에서 Assets/FoodyGo/Scripts/Services 폴더를 연다. 오른 클릭(맥에서는 Ctrl + 오른 클릭)을 해서 연관 메뉴를 열고 **Create ▶ C# Script**를 선택해 새로운 스크립트를 생성한다. 스크립트의 이름을 MonsterService로 변경한다.

2. MonsterService.cs 파일을 더블 클릭해서 모노디벨롭이나 본인이 사용하는 에디터에서 연다.

3. 클래스 정의 바로 위와 using문 사이에 다음 라인을 추가한다.

```
namespace packt.FoodyGO.Services {
```

4. 코드의 맨 끝으로 내려가 다음과 같이 namespace를 마무리한다.

```
}
```

5. 이전에 언급한 바와 같이 namespace를 코드에 추가하는 것은 이름의 충돌을 방지하고 깔끔한 정리를 하기 위해서다.

6. 클래스 정의 안에 새로운 라인을 추가한다.

```
public GPSLocationService gpsLocationService;
```

7. 위 라인은 에디터에서 GPS 서비스를 레퍼런스reference할 수 있게 해준다. 플레이어의 위치도 추적하고 있어야 하기 때문이다. 수정이 끝나면 파일을 저장한다.

8. 스크립트가 다음과 같은 내용인지 확인한다.

```
using UnityEngine;
using System.Collections;

namespace packt.FoodyGO.Services
{
  public class MonsterService : MonoBehaviour
  {
    public GPSLocationService gpsLocationService;
    // Use this for initialization
    void Start()
    {

    }

    // Update is called once per frame
    void Update()
    {

    }
  }
}
```

이제 작성한 스크립트를 다음 설명에 따라 Hierarchy 창에 있는 새로운 MonsterService 게임 오브젝트에 첨부해보자.

1. 유니티로 돌아가서 Map 신이 불려왔는지 확인한다.

2. Hierarchy 창에서 Services 오브젝트를 선택하고 확장한다.

3. Services 오브젝트에 오른 클릭(맥에서는 Ctrl + 오른 클릭)을 해서 연관 메뉴를 열고 Create Empty를 선택해 새로운 빈 자식 오브젝트를 생성한다.

4. Inspector 창에서 새로운 오브젝트의 이름을 Monster로 변경한다.

5. Project 창에서 Assets/FoodyGo/Scripts/Services 폴더를 연다.

6. `MonsterService` 스크립트를 Monster 오브젝트에 끌어 놓는다.

7. Hierarchy 창에서 Monster 오브젝트를 선택한다.

8. Services 오브젝트 아래에 있는 GPS 오브젝트를 Monster 오브젝트의 Inspector 창에 있는 Monster Service 컴포넌트 내 Gps Location Service 슬롯에 끌어 놓는다. 다음 스크린샷과 같은 모습이 될 것이다.

추가한 후 설정한 몬스터 서비스

아직 할 일이 좀 더 남아있지만 훌륭하게 몬스터 서비스의 첫 단추를 끼웠다. 다음 절에서는 거리와 월드 위치를 계산하는 수학을 다뤄본다. 그런 후 서비스로 다시 돌아와 기능을 더 추가할 것이다.

매핑에서 거리 이해하기

이전 장들에서는 플레이어의 위치만 다뤘기 때문에 거리에 대해 고민할 필요가 없었지만, 이제는 플레이어가 몬스터를 추적하고 찾아야 한다. 그러므로 몬스터 서비스는 몬스터가 보이거나 들릴 수 있는 거리에 있는지 판단해야 하고, 플레이어의 위치와 몬스터가 숨어 있는 위치의 두 좌표 간 거리를 계산할 수 있어야 한다.

"유니티가 다 처리하지 않는가? 어려운 것이 있을까?"라고 물어볼지도 모르겠다. 대답은 '예'이기도 하지만 '아니오'이기도 하다. 유니티는 2D와 3D 공간에서 두 지점의 거리를 계산하는 데 뛰어나다. 하지만 우리의 지도 좌표는 구체(지구) 위의 소수점 각도다. 구체 위두 지점의 거리를 올바르게 계산하려면 구체 위에 선을 그려 거리를 계산해야 한다. 다음 그림은 이해를 돕기 위한 것이다.

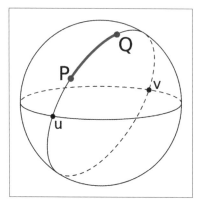

구체 위 두 지점 간의 거리 측정

위 그림에서 보듯이 두 좌표 지점 P와 Q 사이의 거리는 직선이 아닌 호^{arc}다. 연습 삼아 그림에 있는 u와 v 사이의 거리를 측정한다고 상상해보자. 지구 위 u 도시에서 v 도시로 비행기를 타고 날아간다면, 비행사는 어떤 계산 방식으로 기름 값을 정할까?

지도 위 두 좌표 지점의 거리를 올바르게 계산하기 위해서는 다음 그림에 있는 하버사인^{haversine}이라는 공식을 사용한다.

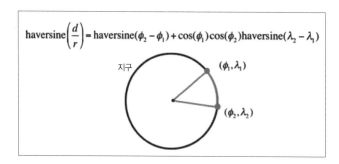

약간의 대수 조작을 하면 다음과 같은 공식이 된다.

$$d = 2r \arcsin\left(\sqrt{\sin^2\left(\frac{\phi_2 - \phi_1}{2}\right) + \cos(\phi_1)\cos(\phi_2)\sin^2\left(\frac{\lambda_2 - \lambda_1}{2}\right)}\right)$$

거리 계산을 위한 하버사인 공식

본인이 수학자가 아니라면 지금쯤 머리가 터질 것 같거나 진행을 포기하고 싶을 수도 있겠다. 하지만 걱정할 필요는 없다. 위 방정식이 매우 위협적으로 보이겠지만, 코드에 공식을 넣는 작업은 의외로 간단하다. 비결은 당황하지 말고 쪼개서 적용하는 것이다. 방정식에 대해 좀 더 다루지 않아서 수학에 능통한 사람들에게는 미안하게 생각하며, 아쉽다면 혼자서 좀 더 파보길 바란다. 이제 새로운 Math 라이브러리에 공식을 넣어보자.

1. Project 창에서 Assets/FoodyGo/Scripts/Mapping 폴더로 간다.
2. Mapping 폴더에 오른 클릭(맥에서는 Ctrl + 오른 클릭)을 해서 연관 메뉴를 열고 Create > C# Script를 선택한다. 스크립트의 이름은 MathG로 변경한다.
3. MathG 스크립트에 더블 클릭을 해서 모노디벨롭이나 본인이 사용하는 에디터에서 연다.
4. using문 뒤에 다음 라인을 넣어 namespace를 추가한다.

```
namespace packt.FoodyGO.Mapping {
```

5. 가장 마지막 라인에 }를 추가해서 namespace를 닫는 것을 잊지 말자.
6. 클래스 정의를 다음과 같이 변경한다.

```
public static class MathG {
```

7. 이 스크립트는 라이브러리이므로 클래스를 static으로 설정하고 MonoBehaviour를 제거한다.
8. Start와 Update 메소드를 완전히 제거한다.

9. 새로운 using문을 다음과 같이 추가한다.

```
using System;
```

10. 이제 기본 라이브러리는 다음과 같은 모습일 것이다.

```
using UnityEngine;
using System.Collections;
using System;

namespace packt.FoodyGO.Mapping
{
  public static class MathG
  {

  }
}
```

만일 스크립트 작성이 처음이거나 유니티상에서 처음 작성해본다면 코딩을 그대로 따라 하길 바란다. 스크립트를 배우는 가장 좋은 방법은 일단 해보는 것이다. 하지만 전문 프로그래머라면 먼저 책을 훑어보고 나서 나중에 코드를 봐도 괜찮다. 다운로드한 소스 코드의 Chapter_4_Asset 폴더를 열면 모든 완성된 스크립트가 들어있다.

새로운 기본 라이브러리 MathG가 준비됐다. 이제 하버사인 거리 함수를 다음과 같이 추가해보자.

1. MathG 클래스 안에 새로운 메소드를 추가한다.

```
public static float Distance(MapLocation mp1, MapLocation mp2){}
```

2. Distance 메소드 안에 다음과 같은 코드를 입력한다.

```
double R = 6371; // 지구의 평균 반경 km 값
```

3. 다음은 초기화 코드를 입력한다.

```
// double로 변환해 정확도를 높이고
// 반올림 오류를 피한다
double lat1 = mp1.Latitude;
double lat2 = mp2.Latitude;
double lon1 = mp1.Longitude;
double lon2 = mp2.Longitude;
```

4. 위도와 경도가 float에서 double로 변환되면, 둘의 차이를 계산한 후 라디안^{radian}으로 값을 변환한다. 대부분의 삼각법 수학 함수들은 입력 값으로 각도가 아닌 라디안을 사용한다. 다음과 같은 코드를 입력한다.

```
// 좌표를 라디안으로 변환한다
lat1 = deg2rad(lat1);
lon1 = deg2rad(lon1);
lat2 = deg2rad(lat2);
lon2 = deg2rad(lon2);

// 좌표들의 차이를 계산한다
var dlat = (lat2 - lat1);
var dlon = (lon2 - lon1);
```

5. 하버사인 공식을 사용해 다음과 같이 거리를 계산한다.

```
// 하버사인 공식
var a = Math.Pow(Math.Sin(dlat / 2), 2) + Math.Cos(lat1) *
Math.Cos(lat2) * Math.Pow(Math.Sin(dlon / 2), 2);
var c = 2 * Math.Atan2(Math.Sqrt(a), Math.Sqrt(1 - a));
var d = c * R;
```

6. 보는 바와 같이 간결함을 위해 공식은 몇 줄의 라인씩 분리돼 있다. 특별히 어려운 것은 없다. 마지막으로 함수에서 얻어진 값을 float과 미터로 변환한다. 메소드에 다음 마지막 줄을 입력한다.

```
// float으로 변환시키고 km를 m로 변환한다
return (float)d * 1000;
```

7. 끝으로 각도degree를 라디안radian으로 변환할 메소드를 추가한다. 눈치챘는지 모르겠지만 이전에도 사용한 코드다. Distance 메소드 뒤에 다음을 추가한다.

```
public static double deg2rad(double deg)
  {
    var rad = deg * Math.PI / 180;
    // 라디안 = 각도 * 파이/180
    return rad;
  }
```

8. gpsLocationService 선언문 뒤에 다음을 추가한다.

```
private double lastTimestamp;
```

9. 이어서 Update 메소드에 다음 코드를 추가한다.

```
if (gpsLocationService != null &&
    gpsLocationService.IsServiceStarted &&
    gpsLocationService.PlayerTimestamp > lastTimestamp)
{
    lastTimestamp = gpsLocationService.PlayerTimestamp;
    var s = MathG.Distance(gpsLocationService.Longitude,
    gpsLocationService.Latitude,
    gpsLocationService.mapCenter.Longitude,
    gpsLocationService.mapCenter.Latitude);
    print("Player distance from map tile center = " + s);
}
```

10. 이제는 대부분의 코드가 익숙하게 느껴질 것이다. if문은 GPS 위치 서비스가 작동하고 있으며 새로운 데이터 포인트를 가지고 있는지 확인한다. 새로운 데이터 포인트가 있으면, 현재 위도나 경도로부터 현재 지도의 중점까지의 거리를 계산한다. 그런 후 print를 사용해 결과를 출력한다.

11. 마지막으로 새로운 using을 상단에 추가해 MathG 함수의 사용을 가능하게 한다.

```
using packt.FoodyGO.Mapping;
```

12. 수정 작업이 끝나면 모든 스크립트가 저장됐는지 확인하고 유니티 에디터로 돌아간다. 몇 초간 스크립트의 컴파일이 끝나길 기다린다. GPS 서비스가 시뮬레이션으로 설정돼 있는지 확인하고, Play 버튼을 눌러 테스트를 시작한다.

    책의 다른 부분에서 여기로 건너뛰어 왔거나 GPS 시뮬레이션을 활성화하는 방법을 잊어버렸다면, 3장, '아바타 만들기'의 'GPS 위치 서비스' 절을 참조하길 바란다.

13. 에디터에서 게임이 실행되는 동안 Window ➤ Console을 선택해 유니티 콘솔 창을 연다.

14. 콘솔 창을 끌어 Inspector 창 하단에 붙여 놓는다. 스크린샷은 다음과 같다.

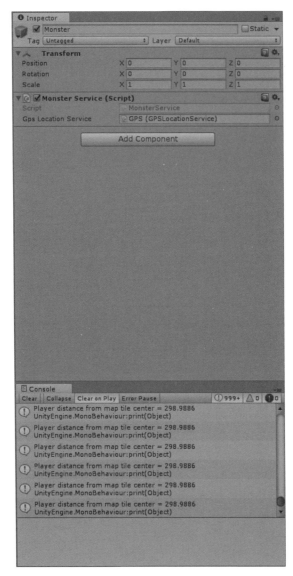

콘솔 창 위치

15. 지도 타일의 중앙과 플레이어 사이의 거리가 미터 단위로 보일 것이다. 현재 구
성에서 한 개의 지도 타일은 대략 600×600미터를 나타낸다. 따라서 지도를 다시
그리기 전까지 캐릭터는 중점으로부터 300미터 이상 떨어져 있으면 안 된다. 만

일 거리 값이 너무 다르다면 MathG.Distance 함수를 다시 확인하고 코드를 정확히 입력했는지 점검한다.

16. 게임을 모바일 기기에 빌드하고 배포한다. 모바일 기기에서 게임을 실행시키고 CUDLR 콘솔을 연결한다. 집 안이나 와이파이 영역 안을 돌아다니면서 어떤 거리 값이 얻어지는지 확인한다.

집 안이나 와이파이 영역 안을 걸어 다니다 보면 거리가 정확하지 않거나 갑자기 변하는 것을 볼 수 있다. 이러한 부정확한 값은 본인 기기의 GPS가 인공위성 삼각 측량을 사용해 능력이 닿는 한 정확한 위치를 구하기 위해 시도하면서 생기는 것이다. 보이는 바와 같이 정확한 위치를 구하기 위해 가끔씩 힘들어하는 모습을 보인다. GPS와 매핑 개발자로서 이 상황을 이해하는 것이 중요하기 때문에 다음 절에서 좀 더 자세히 다뤄본다.

GPS 정확도

2장, '플레이어 위치 매핑'에서 GPS 추적 개념을 다루면서 인공위성 삼각 측량 방식과 GPS 정확도가 무엇인지 대략적으로 다뤘다. 그때는 좀 더 깊게 파고들면 필요 없는 정보만 많아질 가능성이 있고, GPS 정확도를 설명할 좋은 예제도 없었다. 하지만 이제는 GPS 정확도가 플레이어와 월드 사이의 상호작용에 큰 영향을 미치기 때문에 시간을 할애해서 GPS가 어떻게 위치를 계산하는지 알아보자.

GPS 기기는 지구를 공전하는 24~32개 인공위성의 네트워크인 GNSS^{Global Navigation Satellite System}를 사용한다. 이 인공위성들은 매 12시간마다 지구를 한 바퀴씩 돌면서 시간 정보가 담긴 위치 데이터를 마이크로웨이브 신호를 사용해 전송한다. GPS 기기에서 시야가 확보된 인공위성들로부터 신호를 송수신한다. 기기에 있는 GPS 소프트웨어는 얻어진 값을 사용해서 거리를 계산하고, 삼각 측량을 통해 기기의 위치를 알아낸다. GPS가 볼 수 있는 인공위성이 많으면 많을수록 계산은 더욱 정확해진다.

다음 그림은 '삼변 측량^{trilateration}'이 어떻게 이뤄지는지 보여준다.

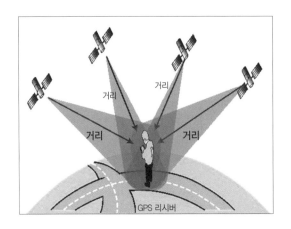

GPS 리시버

똑똑한 독자라면 눈치챘겠지만 삼각 측량에서 삼변 측량으로 바뀌었다. 사실 일부러 이렇게 했다. 삼각 측량은 각도를 이용해서 위치를 파악하지만, 위 그림을 보면 GPS는 거리를 이용한다. 따라서 더 정확한 용어는 삼변 측량이다. 하지만 친구들에게 GPS 정확도에 대해 설명하려고 한다면 삼각 측량이 좀 더 설명하기 쉬운 용어다.

지금쯤 '많은 인공위성을 볼 수 있고, 거리를 정확하게 잴 수 있으니 정확도가 매우 높아야 하는 것 아닌가?'라고 생각할 수 있다. 맞는 말이지만 계산을 방해하는 몇 가지 요소들이 있다. 다음 리스트는 거리 계산을 통해 GPS 추적을 할 때 고려해야 할 방해 요소들이다.

- 인공위성 시계 오프셋satellite clock offsets: 인공위성은 원자 시계를 사용해 일반인들에게 일정 수준의 정확도를 제공한다. 미군이 여기에 오프셋을 더해 의도적으로 정확도를 낮춘다.
- 대기 상태: 날씨와 구름이 신호에 영향을 줄 수 있다.
- GPS 리시버의 시계: 기기 시계도 정확도에 큰 영향을 줄 수 있다. 모바일 폰 등은 원자 시계를 사용하지 않는다.
- 신호 장애: 인공위성 신호는 높은 빌딩, 벽, 지붕, 다리, 터널 등에 막힐 수 있다.
- 전자기장: 전기 줄과 다른 마이크로웨이브 등이 신호의 경로에 영향을 미칠 수 있다.
- 신호 바운스signal bounce: GPS 추적의 가장 큰 문제는 신호 바운스다. 빌딩, 금속 벽

등에 시그널이 반사될 수 있다.

다음 그림은 신호 문제의 예들을 보여준다.

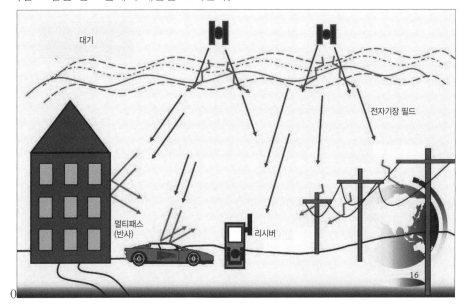

GPS 신호 문제의 예

왜 기기가 기대한 만큼 정확하지 않은지 알면 게임을 테스트할 때 일어나는 문제를 이해하는 데 큰 도움이 된다. 게임을 다시 실행시키고 개발 기기의 CUDLR과 연결시킨 후 다시 집안이나 와이파이 영역 안을 돌아다녀보자. 이제 위치가 왜 부정확한지 이해될 것이다.

이제 기기의 정확도에 한계가 있다는 것을 알았다. 다행히도 새로운 위치를 받을 때마다 정확도를 보정할 수 있는 방법이 있다. 이 값은 계산된 값의 에러 반경을 미터 단위로 알려준다. 다음의 단계에 따라 테스트를 진행해보자.

1. **Project** 창에서 Assets/FoodyGo/Scripts/Services 폴더를 열고 `MonsterService` 스크립트를 더블 클릭해 본인이 사용하는 스크립트 에디터에서 연다.
2. `Update` 메소드의 `print` 라인을 다음과 같이 수정한다.

```
print("Player distance from map tile center = " + s + " - accuracy " +
gpsLocationService.Accuracy);
```

3. 작업이 끝났으면 스크립트를 저장하고 유니티 에디터로 돌아온다. 스크립트 컴
   파일이 끝날 때까지 몇 초 기다린다.

4. 빌드하고 본인의 기기에 게임을 배포한다. CUDLR을 연결하고 집 주변이나 와이
   파이 영역을 걸어 다니면서 게임을 테스트한다.

정확도 값이 10 근처로 나오는 것을 볼 수 있다. 500이나 1,000 같은 이상한 값들이 나올
수도 있다. 정확도 값이 10 근처로 나오는 이유는 GPS 서비스가 시작할 때의 기본값이기
때문이다. GPS가 탑재된 많은 모바일 기기를 위한 정확도의 기본값이다. 기술이 발전하
면서 새로 출시되는 모바일 기기의 GPS 정확도는 3미터 정도로 작아지고 있다.

우리 게임을 즐기는 플레이어는 걸어 다니기 때문에 GPS 업데이트와 정확도가 최대한 정
확하게 계산되길 원한다. 몇 미터를 걸은 후에 엉뚱한 방향으로 가고 있다는 사실을 알게
된다면 플레이어는 금방 짜증을 낼 것이다. GPS 위치 서비스의 기본 정확도를 다음과 같
이 변경해보자.

1. 유니티 에디터의 Hierarchy 창에서 Services 오브젝트를 선택하고 확장한다.

2. GPS 오브젝트를 선택하고 Inspector 창의 GPS Location Service (Script) 옆에 있는
   기어 아이콘을 클릭해서 연관 메뉴를 연다. 메뉴에서 Edit Script를 선택한다. 다
   음 스크린샷은 기어 아이콘과 메뉴를 보여준다.

기어 아이콘 연관 메뉴에서 Edit Script를 선택한 모습

3. 본인이 지정한 스크립트 에디터가 열리면서 GPSLocationService 스크립트가 보일 것이다.

4. OnMapRedraw 이벤트 선언문 바로 아래에 변수 선언문과 헤더[header] 속성을 추가한다.

```
public event OnRedrawEvent OnMapRedraw; // 이 라인 뒤에 코드를 추가한다
[Header("GPS Accuracy")]
public float DesiredAccuracyInMeters = 10f;
public float UpdateAccuracyInMeters = 10f;
```

5. StartService 메소드로 내려와서 Input.Location.Start() 호출을 다음과 같이 변경한다.

```
// 위치를 쿼리(query)하기 전에 서비스를 시작한다
Input.location.Start(DesiredAccuracyInMeters,
UpdateAccuracyInMeters);
```

6. 수정이 끝났으면 스크립트를 저장한다. 유니티 에디터로 돌아가서 컴파일이 끝나길 기다린다.

7. Hierarchy 창에서 GPS 오브젝트를 선택한다. 이제 Inspector 창에 방금 추가한 새로운 헤더와 속성이 보일 것이다. 두 개의 정확도 설정을 10에서 1로 변경한다.

8. 빌드하고 본인의 모바일 기기에 게임을 배포한다.

9. 모바일 기기에서 게임이 실행되면 CUDLR 콘솔을 연결한다. 집 주변이나 와이파이 영역을 돌아다니며 CUDLR 콘솔을 체크하고 결과 값의 변화를 확인한다.

본인의 모바일 기기가 10미터 이내의 좀 더 나은 정확도를 지원한다면 새로운 GPS 업데이트 값을 확인할 수 있다. 출력되는 정확도 값이 10 이하로 내려간 것도 알 수 있다. 값의 변화가 없는 독자의 경우 최신 모바일 기기를 가진 친구를 설득해 게임을 테스트해보자.

불행하게도 모바일 기기가 몇 미터마다 새로운 값을 출력하기 위해서는 소모 비용이 발생하는데, 그것은 바로 배터리 전력이다. GPS는 인공위성으로부터 지속적으로 신호를 받고, 거리와 삼변 측량을 계산하기 위해 많은 전력을 필요로 한다. 잦은 업데이트 요청으로 인해 기기의 배터리는 더 빨리 닳게 된다. 따라서 게임 개발자는 어느 정도의 정확도가 게임에 가장 적절할지 결정해야 한다.

▌ 몬스터 체크하기

이제 거리를 계산할 수 있고 GPS 정확도가 위치의 삼변 측량에 어떤 영향을 주는지도 이해했으니, 캐릭터 주변의 몬스터를 추적할 차례다. 당장은 플레이어 주변에 무작위로 몬스터를 생성하는 간단한 방식을 사용하겠다. 이후 장에서는 웹 서비스의 도움을 받아 몬스터를 찾아내는 방법을 사용할 예정이다.

이 시점까지 이미 꽤 많은 양의 스크립트를 작성했고, 이 장이 끝날 때까지 아직도 좀 남아 있다. 또한 앞으로 해야 할 스크립트 수정은 좀 더 복잡하고 실수하기가 쉽다. 따라서 혼란을 피하기 위해 다음 절에 필요한 변경 사항들을 직접 작성하지 않고 가져올import 것이다. 이제부터는 필요에 따라 직접 수정과 스크립트 가져오기를 번갈아가며 선택하겠다. 다음 설명에 따라 스크립트 에셋을 가져오자.

1. 유니티 에디터 메뉴에서 Assets ➤ Import Package ➤ Custom Package…를 선택한다.
2. Import package… 창이 열리면 책의 소스 코드를 다운로드한 곳으로 가서 Chapter_4_Assets 폴더를 연다.
3. Import Unity Package 창이 열리길 기다린다. 모든 스크립트가 선택돼 있는지 확인한 후 Import 버튼을 누른다.
4. Project 창에서 FoodyGo 폴더를 열고 새로운 스크립트들을 둘러본다.

MonsterService를 찾아 본인의 코드 에디터에서 열고 무엇이 바뀌었는지 확인하자.

1. Project 창에서 MonsterService 스크립트를 찾은 후 더블 클릭해 본인의 코드 에디터에서 연다.
2. 파일 가장 위에 새로운 using문들과 요소들이 추가된 것을 볼 수 있다. 다음은 새롭게 추가된 요소들의 일부분이다.

```
[Header("Monster Spawn Parameters")]
public float monsterSpawnRate = .75f;
public float latitudeSpawnOffset = .001f;
public float longitudeSpawnOffset = .001f;

[Header("Monster Visibility")]
public float monsterHearDistance = 200f;
public float monsterSeeDistance = 100f;
public float monsterLifetimeSeconds = 30;
public List<Monster> monsters;
```

3. 새로운 요소들은 몬스터 생성을 조종하고, 어느 거리에서 몬스터가 보이거나 들리는지 설정한다. 마지막으로는 새로운 Monster 타입을 담을 List 변수가 있다. Monster 클래스는 데이터를 담을 뿐이므로 더 다루지는 않겠다.

4. Update 메소드로 내려오면 테스트 코드가 삭제되며, 몬스터를 생성하고 현재 상태를 체크하는 CheckMonsters( ).CheckMonsters 메소드가 추가된 것을 볼 수 있다.

5. CheckMonsters 메소드로 내려온다. 다음은 메소드의 첫 번째 섹션이다.

```
if (Random.value > monsterSpawnRate)
{
  var mlat = gpsLocationService.Latitude +
  Random.Range(-latitudeSpawnOffset, latitudeSpawnOffset);
  var mlon = gpsLocationService.Longitude +
  Random.Range(-longitudeSpawnOffset, longitudeSpawnOffset);
  var monster = new Monster
  {
    location = new MapLocation(mlon, mlat),
    spawnTimestamp = gpsLocationService.PlayerTimestamp
  };
  monsters.Add(monster);
}
```

6. 이 메소드의 첫 번째 라인은 새로운 몬스터가 생성돼야 하는지 체크한다. 0.0부터 1.0 사이의 무작위 값을 출력하는 유니티의 Random.value를 사용하고, 이 값을 monsterSpawnRate와 비교한다. 몬스터가 생성되고 나면 새로운 GPS 위치로부터 무작위 범위의 생성 오프셋을 빼거나 더해 새로운 위도나 경도 좌표를 계산한다. 그런 후 새로운 몬스터 오브젝트가 생성되고 몬스터 리스트에 추가된다.

7. 아래로 좀 더 내리면 플레이어의 현재 위치가 MapLocation 타입으로 변환된 것을 알 수 있다. 이는 계산 속도를 높이기 위함이다. 게임 프로그래밍을 할 때는 추후에 혹 필요할 수 있는 것을 모두 저장해둠으로써 새로이 오브젝트를 생성하는 것을 방지해야 한다.

8. 다음 라인에서는 새로운 Epoch 타입을 호출하고 결과를 저장한다. Epoch는 고정 유틸리티 클래스static utility class로서 현재 Epoch 시간을 초로 출력한다. 이는 유니티가 GPS 기기로부터 타임스탬프timestamp를 출력할 때 사용하는 같은 타임 스

케일이다.

Epoch나 유닉스 시간은 시간 측정을 위해 정의된 기준으로서, 00:00:00 시각(혹은 1. 1. 1970)으로부터 몇 초가 흘렀는지 알려준다.

1. 다음은 몬스터 혹은 플레이어로부터의 거리가 보이거나 들리는 범위 이내에 있는지 체크하는 foreach 루프다. 몬스터가 보이거나 들리면 print문은 상태와 플레이어까지의 거리를 출력한다. 이후 코드는 다음과 같다.

```
// 거리 계산을 용이하게 하기 위해 플레이어 위치를 저장한다
var playerLocation = new
MapLocation(gpsLocationService.Longitude,
gpsLocationService.Latitude);
// 현재 Epoch 시간을 초로 얻는다
var now = Epoch.Now;

foreach (Monster m in monsters)
{
  var d = MathG.Distance(m.location, playerLocation);
  if (MathG.Distance(m.location, playerLocation)
  < monsterSeeDistance)
  {
    m.lastSeenTimestamp = now;
    print("Monster seen, distance " + d + " started at " +
m.spawnTimestamp);
    continue;
  }

  if (MathG.Distance(m.location, playerLocation) <
  monsterHearDistance)
  {
    m.lastHeardTimestamp = now;
    print("Monster heard, distance " + d + " started at " +
m.spawnTimestamp);
    continue;
  }
```

2. 스크립트 검토가 끝나면 유니티로 돌아가서 Hierarchy 창에 있는 Monster Service 오브젝트를 선택한다. Inspector 창을 보고 추가된 설정들을 확인한다. 아직은 아무것도 변경하지 않는다.

3. 변경 사항을 다 확인했으면 게임을 빌드하고 본인의 모바일 기기에 배포한다. CUDLR을 연결하고 와이파이 영역을 다시 한 번 돌아다닌다. 돌아다니면서 새로운 몬스터들의 생성과 거리를 확인한다.

잘했다. 이제 플레이어가 움직일 때 주위에 몬스터를 생성하고 추적할 수 있는 방법이 생겼다. 다음 단계는 지도에 몬스터를 보여주는 것이다. 하지만 그 작업을 하기 전에 몬스터 서비스를 위해 지도 좌표를 게임 월드 좌표로 변환해주는 코드를 추가해야 한다.

3D 월드 공간에 좌표 투영하기

기억이 날지 모르겠지만, 이전에 CharacterGPSCompassController 클래스의 Update 메소드에서 이미 지도 좌표를 3D 월드 공간으로 변환했었다. 하지만 불행하게도 그 코드는 월드 지도 타일 스케일을 판단하기 위해 GPS 위치 서비스^{GPS Location Service}에 의지해야만 했다. 변환을 위해 라이브러리 함수를 만들고 싶을지 모르지만, 몬스터 서비스에 헬퍼 메소드^{helper method}를 추가하는 것이 더 쉽다.

다행히도 마지막으로 가져온 스크립트 에셋에 이미 헬퍼 메소드가 추가돼 있다. 코드 에디터로 돌아가서, 아직도 몬스터 서비스가 열려 있다면 파일의 가장 아래로 내려간다. 다음과 같이 변환을 위한 private 메소드가 추가돼 있는 것을 볼 수 있다.

```
private Vector3 ConvertToWorldSpace(float longitude, float latitude)
{
  // GPS 위도/경도를 월드 x/y로 변환한다
  var x = ((GoogleMapUtils.LonToX(longitude) - gpsLocationService.mapWorldCenter.
x) * gpsLocationService.mapScale.x);
  var y = (GoogleMapUtils.LatToY(latitude) - gpsLocationService.mapWorldCenter.y)
```

```
* gpsLocationService.mapScale.y;
  return new Vector3(-x, 0, y);
}
```

이 코드는 플레이어의 좌표를 월드 공간으로 변환할 때 사용한 것과 똑같은 코드다. 간단히 말하면, 지도 좌표를 x, y 지도 타일 이미지 공간에 투영한 후 월드 공간으로 변환한 것이다.

다음 그림은 이 개념을 좀 더 보기 쉽게 설명한 것이다.

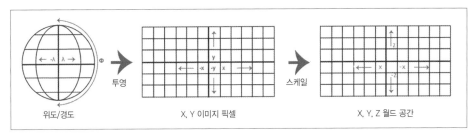

위도나 경도를 (x, y, z) 월드 공간으로 변환한 모습

지도에 몬스터 추가하기

이제 모든 준비를 마쳤으니 지도에 실제로 몬스터를 배치할 차례다. 일단 지금은 몬스터 오브젝트라도 말이다. 유니티를 열고, 다음 설명에 따라 몬스터 서비스에 몬스터를 생성하는 코드를 추가해보자.

1. Project 창의 상단 검색 박스에 monsters를 입력한다. 이름에 monsters가 있는 에셋들이 자동적으로 필터링돼 나올 것이다. 다음과 같이 필터링된 리스트에 있는 MonsterService 스크립트를 더블 클릭해 본인이 사용하는 에디터에서 연다.

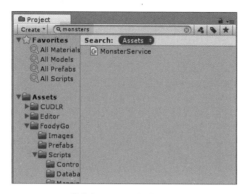

Project 창에서 monsters 에셋을 검색하는 모습

2. GPSLocationService 변수 선언이 끝나고 난 직후 다음 코드를 추가한다.

```
public GameObject monsterPrefab;
```

3. 파일 아래로 내려가서 SpawnMonster라는 새로운 메소드를 다음과 같이 추가
한다.

```
private void SpawnMonster(Monster monster)
{
  var lon = monster.location.Longitude;
  var lat = monster.location.Latitude;
  var position = ConvertToWorldSpace(lon, lat);
   monster.gameObject = (GameObject)Instantiate(monsterPrefab, position,
Quaternion.identity)
}
```

4. SpawnMonster는 또 다른 헬퍼 메소드로서 몬스터 프리팹prefab을 생성하는 데 사
용할 것이다. Instantiate 메소드는 프리팹 게임 오브젝트와 위치, 그리고 회전
정보가 주어지면 동적으로 오브젝트를 생성하고 반환return한다. 반환된 게임 오
브젝트는 Monster 데이터 오브젝트의 레퍼런스로 추가되며, 추후에 게임 오브젝
트에 직접 접근할 수 있게 한다.

5. 이어서 CheckMonsters 메소드 안에서 SpawnMonster의 호출을 추가한다. CheckMonsters 메소드에서 다음 코드를 찾는다.

```
m.lastSeenTimestamp = now;
```

6. 이 라인 다음에 다음 코드를 입력한다.

```
if (m.gameObject == null) SpawnMonster(m);
```

7. 여기서 하고 있는 일은 몬스터에 이미 생성된 오브젝트가 첨부돼 있는지 확인하는 것이다. 그렇지 않다면 (눈에 보여야 하므로) SpawnMonster를 호출하고 새 몬스터를 생성한다.

8. 코드 에디터에서 스크립트를 저장하고 유니티로 돌아온다. 유니티가 컴파일을 끝내길 기다린다.

9. 메뉴에서 GameObject ➤ 3D Object ➤ Cube를 선택해 새로운 큐브 게임 오브젝트를 생성한다. Inspector 창에서 오브젝트의 이름을 monsterCube로 변경한다.

10. Project 창의 Assets/FoodyGo/Prefabs 폴더를 연다. 그런 후 monsterCube 게임 오브젝트를 Prefabs 폴더로 끌어와서 새로운 프리팹을 생성한다.

11. Hierarchy 창에 있는 monsterCube 게임 오브젝트를 삭제한다.

12. Hierarchy 창에서 Services 오브젝트를 선택하고 확장한다. 그런 후 Monster 오브젝트를 선택한다.

13. Assets/FoodyGo/Prefabs 폴더에서 monsterCube 프리팹을 Inspector 창의 Monster Service 컴포넌트에 있는 Monster Prefab 슬롯에 끌어 놓는다.

14. Play 버튼을 눌러 에디터에서 게임을 실행한다. GPS가 시뮬레이션되고 있는지 확인한다. 시뮬레이션이 실행되면 monsterCube 오브젝트가 플레이어 주위에 생성되는 것을 볼 수 있다. 어느 정도 시간이 지나고 몬스터가 더 이상 생성되지 않으면 몬스터 서비스에서 몬스터 생성 속도를 0.25 정도로 낮춘다. 다음은 예제 스

크린샷으로, Hierarchy에 monsterCube 클론이 추가된 것을 눈여겨보자.

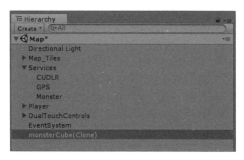

Hierarchy에 monsterCube(Clone)가 생성된 모습

당연한 이야기지만 이 블록들이 몬스터처럼 보이지 않으니 변경해보자. 몬스터용으로 또다른 Reallusion 캐릭터를 사용할 것이다. Reallusion은 우리가 플레이어로 사용하고 있는 iClone 캐릭터를 제작한 회사다. 다음 설명을 따라 새로운 몬스터 캐릭터를 설정해보자.

1. Window > Asset Store를 선택해 Asset Store를 연다.

2. Asset Store 페이지가 열리면 검색 필드에 groucho를 입력하고 Enter를 누르거나 검색을 클릭한다.

3. 유료와 무료 버전의 Groucho 캐릭터가 보일 것이다. 리스트에서 무료 버전을 선택한다.

4. 에셋 페이지가 불려오면 Download 버튼을 눌러 에셋을 다운로드하고 가져온다. 이 과정 역시 시간이 걸릴 수 있으므로 음료수를 또 가져오자.

5. 다운로드가 끝나면 Import Unity Package 창이 열릴 것이다. 다음과 같이 모든 것이 선택됐는지 확인하고 Import를 클릭한다.

Groucho 캐릭터를 가져오는 모습

6. 캐릭터를 가져오고 나면 Project 창에서 Assets/Groucho/Prefab 폴더를 연다. 그런 후 Hierarchy 창으로 groucho 프리팹을 끌어온다.

7. Hierarchy 창에서 Groucho 오브젝트를 선택한다. Inspector 창에서 Transform 컴포넌트 옆에 있는 기어 아이콘을 선택한 후 연관 메뉴를 열고 Reset을 선택해 오브젝트의 트랜스폼을 리셋한다. 이제 Groucho 캐릭터가 iClone 캐릭터와 겹쳐 보일 것이다.

8. Inspector 창에서 Groucho 오브젝트의 이름을 Monster로 변경한다.

9. Inspector 창의 Animation 컴포넌트 내 Animation 필드 옆에 있는 타깃 아이콘을 클릭한다. 열린 창에서 Walk_Loop를 선택하고 닫는다.

10. Groucho 캐릭터를 위한 루프loop 애니메이션의 기본 설정은 루프로 돼 있지 않다. 이 문제를 고치기 위해 Inspector 창에서 방금 설정한 Walk_Loop 애니메이션을 선택한다. 이렇게 하면 Project 창에서 해당 애니메이션이 하이라이트될 것이다.

11. 그런 후 Groucho_Walk_Loop 부모 오브젝트parent object를 선택한다. 다음 스크린샷과 같이 Inspector 창에 애니메이션 가져오기animation import 속성들이 보일 것이다.

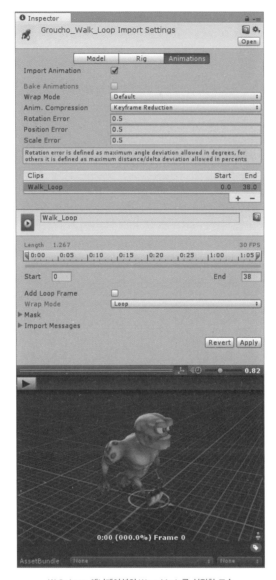

Walk_Loop 애니메이션의 Wrap Mode를 설정한 모습

12. Wrap Mode를 Loop로 변경하고 Apply 버튼을 누른다.

13. Hierarchy 창에서 Monster 오브젝트를 선택하고, Transform 컴포넌트의 x, y, z의 스케일scale 값을 1에서 .5로 수정해 스케일을 조정한다. 몬스터의 크기를 작게 만

들어서 덜 위협적으로 만들 필요가 있다.

14. Monster 게임 오브젝트를 Project 창의 Assets/FoodyGo/Prefabs 폴더에 끌어 놓아 새로운 Monster 프리팹을 생성한다.

15. Hierarchy 창에서 Monster 게임 오브젝트를 선택하고 Delete 키를 눌러 오브젝트를 삭제한다.

16. Hierarchy 창에서 Services 오브젝트를 선택하고 확장한다. 그런 후 몬스터 서비스를 선택해 Inspector 창이 보이게 한다. Project 창의 Assets/FoodyGo/Prefabs 폴더에 있는 Monster 프리팹을 Inspector 창의 Monster Service 컴포넌트 안에 있는 Monster Prefab 필드에 끌어 놓는다.

17. 에디터에서 Play를 눌러 게임을 실행시킨다. GPS 시뮬레이션이 활성화돼 있는지 확인한다. 다음 스크린샷은 몬스터 생성 속도가 높게 설정돼 있는 모습이다.

플레이어 주위에 생성되는 몬스터들

이제 지도에 몬스터들이 생성된다. 게임을 실행하다 보면 몇 가지 새로운 문제점들이 보일 것이다. 다음은 우리가 수정해야 할 문제들의 리스트다.

- 맵이 다시 중앙으로 재위치될 때 몬스터들의 위치가 같이 변경되지 않는다.
- 플레이어가 시야를 벗어나도 몬스터들은 계속 지도 위에 보인다.
- 몬스터들이 모두 같은 방향을 보고 있다.
- 소리가 들리는 몬스터를 추적할 수 있는 방법이 없다.

처음 세 가지 문제를 해결하기 위해 다시 한 번 스크립트 에셋을 가져온 후 변경 사항들을 검토해보자. 마지막 문제는 신scene에 UI 요소를 추가해서 해결할 것이다. 다음 설명을 따라 새로운 스크립트와 필요한 에셋들을 가져오자.

1. Assets > Import Package > Custom Package…를 선택해서 에셋 패키지를 가져온다.
2. Import package… 창이 열리면 다운로드한 소스 코드의 Chapter_4_Assets 폴더로 가서 Chapter4_import2.unitypackage를 선택하고 Open을 클릭한다.
3. Import Unity Package 창이 열리면 모든 에셋들이 선택돼 있는지 확인한 후 Import를 클릭한다.
4. Project 창의 Assets/FoodyGo 폴더로 가서 새로운 에셋들을 제대로 가져왔는지 확인한다. Images와 Scripts/UI 같은 새로운 폴더들도 보일 것이다.

처음 세 가지 문제는 MonsterService 스크립트에 추가된 사항들로 해결됐다. MonsterService 스크립트를 본인이 사용하는 에디터에서 열고, 다음 리스트에 있는 수정 및 변경 사항들을 확인해보자.

1. 지도가 다시 그려진 후 몬스터들도 새로이 정렬해야 한다.

   - 첫 번째 문제는 GPSLocationService의 OnMapRedraw에 연결해서 해결한다. 기억이 날지 모르겠지만, 가운데 지도 타일이 다시 그려질 때 이 이벤트가 발생한다. 다음은 코드의 변경 사항들이다.

```
// Start() 안에 이벤트 훅업
gpsLocationService.OnMapRedraw += GpsLocationService_OnMapRedraw;
// 이벤트 메소드
private void GpsLocationService_OnMapRedraw(GameObject g)
  {
  // 지도가 중앙에 재위치하고, 몬스터도 다시 위치시킨다
  foreach(Monster m in monsters)
  {
    if(m.gameObject != null)
    {
      var newPosition = ConvertToWorldSpace(m.location.Longitude, m.
location.Latitude);
      m.gameObject.transform.position = newPosition;
    }
  }
}
```

   - 이 메소드는 MonsterService 안에 있는 몬스터들을 모두 체크해서 게임 오브젝트를 생성했는지 확인한다. 생성했다면 게임 오브젝트를 지도 위에 재배치한다.

2. 몬스터가 일단 보였다면 계속 보이게 한다.

   - 다음 수정 사항은 CheckMonsters 메소드에 몇 개만 추가해서 비교적 직관적으로 고칠 수 있다. 첫 번째 수정 사항은 몬스터가 아직 보이거나 들리지 않는 경우다. 이 경우 보이지 않게 확실히 처리해야 한다. 이는 몬스터의 gameObject란이 null이 아닌지 확인하고, SetActive(false)를 사용해 Active 속성을 false로 설정함으로써 오브젝트를 더 이상 보이지 않게 만든다.

다음은 해당 코드다.

```
// 보이지 않는 몬스터들을 숨긴다
if(m.gameObject != null)
{
  m.gameObject.SetActive(false);
}
```

- 이전에는 몬스터가 시야에 들어오면 gameObject란이 null일 때 새로운 몬스터를 생성했다. 지금은 몬스터가 gameObject를 가지고 있는지, 오브젝트가 활성화돼 있고 보이는지 확실히 체크해야 한다. 위에서 한 것과 똑같은 방법이지만, 이번에는 SetActive(true)를 사용해서 게임 오브젝트가 활성화되고 시야에 보이는지 확인한다. 다음은 해당하는 코드의 부분이다.

```
if (m.gameObject == null)
{
  print("Monster seen, distance " + d + " started at " + m.spawnTimestamp);
  SpawnMonster(m);
}
else
{
  m.gameObject.SetActive(true); // 몬스터가 보이는지 확인한다
}
```

3. 모든 몬스터가 같은 방향을 보고 있다.
   - 이 문제의 해결을 위해 몬스터의 위[up] 벡터인 y축을 무작위로 설정해 회전을 변경시킨다. 다음은 SpawnMonster 메소드의 관련 코드다.

```
private void SpawnMonster(Monster monster)
{
  var lon = monster.location.Longitude;
  var lat = monster.location.Latitude;
  var position = ConvertToWorldSpace(lon, lat);
```

```
    var rotation = Quaternion.AngleAxis(Random.Range(0, 360), Vector3.up);
    monster.gameObject = (GameObject)Instantiate(monsterPrefab, position,
rotation);
}
```

UI에서 몬스터 추적하기

마지막 문제는 근처에 존재하지만 보이지는 않는 몬스터를 플레이어가 추적할 수 있게 만
드는 것이다. 우리가 사용할 해결 방법은 발자국 아이콘 혹은 이미지를 사용해 플레이어
에게 시각적인 알림을 주는 것이다. 발자국 한 개는 매우 가까운 것이며, 두 개는 그렇게
가깝지는 않은 것, 세 개는 겨우 들리는 정도의 범위를 말한다. 일단 지금은 한 가지 타입
의 몬스터만 있으므로 플레이어에게 가장 가까운 몬스터를 보여주는 한 가지 아이콘만 사
용할 것이다.

코드에 들어가기 전에 발자국 범위를 지원하려고 MonsterService에 추가한 새로운 속성
들을 둘러보자. Services 오브젝트를 확장하고, Monster 오브젝트를 선택한다. 다음은 몬
스터 서비스의 Inspector 창의 모습이다.

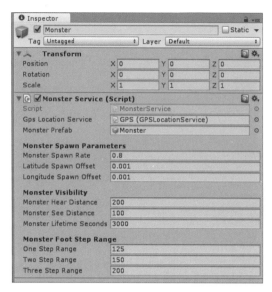

Inspector 창에서 보이는 몬스터 서비스 속성들

Inspector 창의 Monster Service 컴포넌트에 새로운 섹션이 추가돼 있다. 이 섹션은 어느 범위에서 몇 개의 발자국이 활성화되는지를 최대 범위를 사용해 정의하고 있다. 예를 들어 가장 가까운 몬스터가 130미터 지점에 있다면, 플레이어는 두 개의 발자국을 볼 것이다. 130은 One Step Range로 설정한 125보다 크고, Two Step Range로 설정한 150보다 작기 때문이다.

본인의 코드 에디터에서 MonsterService 스크립트를 다시 연다. 다음은 발자국 범위가 선언되고 설정된 부분의 코드다.

- 첫 번째 수정 사항은 CheckMonsters 메소드 안에서 몬스터 소리가 들리는지를 체크하는 if문에 대한 것이다.

```
var footsteps = CalculateFootsetpRange(d);
m.footstepRange = footsteps;
```

- 두 번째 수정 사항은 CalculateFootstepRange의 추가다. 발자국 범위 파라미터에 따라 범위를 계산하는 단순한 메소드며, 다음과 같다.

```
private int CalculateFootstepRange(float distance)
{
  if (distance < oneStepRange) return 1;
  if (distance < twoStepRange) return 2;
  if (distance < threeStepRange) return 3;
  return 4;
}
```

플레이어의 발자국 범위를 보여주기 위해 UI에 아이콘 뷰를 다음과 같이 추가하자.

1. 유니티로 돌아가서 Hierarchy 창에서 Map 신을 선택한다. GameObject ➤ UI ➤ Raw Image를 선택한다. 이렇게 하면 DualTouchControls가 확장된다. RawImage를 자식 오브젝트로 추가한다.

2. Inspector 창에서 RawImage 오브젝트의 이름을 Footsteps로 변경한다.

3. Footstep 오브젝트가 선택된 상태에서 Assets/FoodyGo/Scripts/UI 폴더를 연다. FootstepTracker 스크립트를 Inspector 창의 Footsteps 오브젝트에 끌어 놓는다. 이렇게 하면 다음과 같이 Inspector 창에 Footstep Tracker (Script) 컴포넌트가 추가된다.

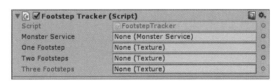

비어있는 Footstep Tracker (Script) 컴포넌트

4. Hierarchy 창에서 Services 오브젝트를 확장한다. Monster Service 오브젝트를 Inspector 창에 있는 Footstep Tracker 스크립트 컴포넌트의 Monster Service 필드에 끌어 놓는다.

5. One Footstep 필드 옆에 있는 동그란 아이콘을 클릭한다. Select Texture 창이 열릴 것이다. 아래로 스크롤 다운해서 paws1을 선택하고 창을 닫는다. One Footstep 필드에 paws1 텍스처가 추가될 것이다.

6. 다음과 같이 Two Footsteps와 Three Footsteps 필드에도 똑같이 진행한다.

채워진 Footstep Tracker Script Component의 모습

7. Inspector 창의 Rect Transform 아이콘을 클릭해 Anchor Presets 메뉴를 연다.

8. Anchor Presets 메뉴가 열린 상태에서 Shift와 Alt 키를 누르고 다음과 같이 좌측 상단 프리셋preset을 클릭한다.

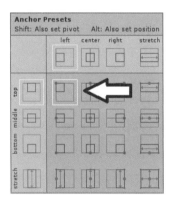

Anchor Presets를 선택하는 모습

9. 이제 Game 창의 좌측 상단에서 빈 하얀색 정사각형을 볼 수 있다. 이 위치가 발자국 아이콘이 나타날 곳이다.

10. Play를 눌러 유니티 에디터에서 게임을 실행시킨다. GPS 서비스가 시뮬레이션 모드로 돌아가고 있는지 확인한다. 캐릭터가 움직이면 다음 스크린샷처럼 발자국 아이콘이 나타나면서 가장 가까운 몬스터와의 거리를 발자국의 숫자로 알려

줄 것이다.

발자국 한 개 아이콘이 보이는 모습

에디터에서 게임 테스트가 끝나면 빌드하고 본인의 기기에 배포한다. 그런 후 집 주변과 동네를 돌아다니면서 몬스터를 추적해보자. 몬스터에 얼마나 가까이 갈 수 있는지도 체크 해보자. 실제로 테스트해보면서 몬스터 서비스에서 설정한 여러 가지 거리를 직접 느껴보고, 각 거리 값이 바뀔 필요가 있는지 생각해보자.

▌요약

이 장의 대부분은 지도상의 몬스터를 추적하는 데 필요한 주요 스크립트들을 작성하거나 업데이트하는 데 할애했다. 공간에서의 거리를 계산하는 수학의 기본을 이해하는 것부터 시작했다. 그런 후 GPS 정확도와 정확도에 영향을 미치는 요소들을 알아봤다. 이어서 몬스터 서비스 스크립트 작성과 다른 연관 스크립트를 작업했다. 그리고 난 후 몬스터 스크립트에 프리팹을 생성하는 코드를 넣어 지도에 간단한 프리팹을 보이게 했다. 그리고 새로운 몬스터 캐릭터를 게임으로 가져와 새로운 몬스터 프리팹을 구성했다. 테스트를 통해 아직도 고쳐야 할 문제점이 있는 것을 확인했으며, 스크립트 업데이트와 점검을 통해 해결했다. 그리고 마지막으로 근처에 있는 몬스터들을 추적할 수 있는 간단한 발자국 아이콘을 새로운 UI 요소로 추가했다.

다음 장에서는 플레이어가 다른 방식의 대체 현실 시점을 통해 몬스터를 잡으려 시도하고 포획할 수 있게 할 것이다. 우리 게임에서 처음으로 AR을 다루게 되는 장이다. 그와 함께 리지드바디 물리, 애니메이션, 파티클 효과 등도 다뤄볼 것이다.

05

AR에서 포획물 잡기

Foody GO 스토리라인을 다시 떠올려보자. 플레이어는 도망친 실험체 요리 몬스터들을 추적해서 포획해야 한다. 이전 장을 끝낸 시점에서, 플레이어는 지도상에서 몬스터를 추적하고 눈으로 확인할 수 있게 됐다. 이제 필요한 것은 눈에 보이는 몬스터와 상호작용하면서 포획하는 것이다. 게임의 몰입도를 높이기 위해 플레이어가 대체 현실 시점alternate reality view에서 몬스터를 포획하게 한다. 때문에 기기의 카메라를 포획할 때의 배경을 제공하는 데 활용할 예정이다. 증강 현실AR 요소를 추가함으로써 우리 게임은 드디어 진정한 실세계 어드벤처, 혹은 위치 기반 AR 장르라는 이름에 걸맞은 타이틀이 될 것이다.

이 장에서는 이해가 필요한 신개념을 이용하는 새로운 기능들을 게임에 추가한다. 이 개념들은 게임 개발 과정과 유니티 속에 녹아들어 있기 때문에 이전 장과 달리 이론적으로 접근하지 않을 것이다. 대신 유니티에서 이 요소들이 어떻게 적용되는지 보여주고, 해당 개념에 대해 더 배우고 싶은 사람들을 위해 볼 수 있는 자료들을 알려주겠다. 다음 리스트는 이 장에서 다룰 주제들이다.

- 신^{scene} 관리
- Game Manager 소개
- 신 불러오기
- 터치 입력 업데이트
- 콜라이더^{collider}와 리지드바디 물리^{rigidbody physics}
- AR 포획 신 구성하기
- 배경으로 카메라 사용하기
- 포획 볼 추가하기
- 볼 던지기
- 충돌^{collision} 체크하기
- 반응 표현을 위한 파티클 효과^{particle effect}
- 몬스터 포획하기

이미 유니티가 열려 있고 이전 장의 게임 프로젝트가 불러왔다면 다음 절로 넘어가자. 그렇지 않다면 유니티를 열고 FoodyGO 게임 프로젝트를 불러오거나, 다운로드한 소스 코드의 Chapter_4_End를 연다. Map 신이 불러왔는지 확인한다.

보통의 경우 저장된 프로젝트 파일을 열면 시작 신을 별도로 불러와야 한다. 유니티는 어떤 신을 불러와야 할지 예측하기보다는 새로운 기본 신을 생성하기 때문이다.

신 관리

게임에 새로운 기능을 추가하기 전에 한 발자국 뒤로 물러나 신과 신 사이의 이동을 어떻게 처리할지 생각해보자. 현재까지 두 개의 신(Splash와 Map)을 만들었다. 이 장에서는 신이 두 개(Game과 Catch) 더 필요하다. 하지만 현재는 신의 이동이나 게임 오브젝트의 수명을 관리할 방법이 없다. 가장 좋은 방법은 이 모든 것을 처리할 마스터 오브젝트와 스크립트를 만드는 것이다. 따라서 이것을 만들고, Game Manager라 불러보자.

하지만 당장 시작하고 싶은 마음이 샘솟아도 조금만 진정하자. 신 간의 이동을 부드럽게 하기 위해 현재 신들을 정리할 필요가 있다. 유니티를 열고 다음 설명을 따라 현재 게임 신들에 대한 청소와 정리를 진행해보자.

1. Hierarchy 창에서 Map 신이 불려왔는지 확인한다. 메뉴에서 GameObject ➤ Create Empty를 선택해 새로운 빈 게임 오브젝트를 생성한다.
2. 새로운 오브젝트의 이름을 MapScene으로 변경하고, 트랜스폼transform을 영점으로 리셋한다.
3. Hierarchy 창의 Player 오브젝트를 Map 오브젝트 위에 끌어 놓는다. 이렇게 하면 Player가 Map의 자식이 된다. 다음 스크린샷과 같이 Map_Tiles, Services, DualTouchControls, Directional Light도 똑같이 끌어 놓는다.

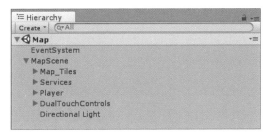

MapScene의 자식 오브젝트들

4. 메뉴에서 File ➤ Save Scene을 선택해 신을 저장한다.
5. 메뉴에서 File ➤ Save Scene As…를 선택해 신을 Game이라는 이름의 새 신으로

저장한다. Save Scene 창이 나오면 이름으로 Game을 입력하고 Save 버튼을 클릭한다.

6. 추후 발생할 수 있는 혼란을 방지하기 위해 다음 단계들은 있는 그대로 따라 하길 바란다. 만일 삭제하지 말아야 할 것들을 삭제하고 저장하게 되면, 소스 코드의 Chapter_5_Start 폴더에서 다시 시작하면 된다.

7. Hierarchy 창에서 EventSystem 오브젝트를 선택하고 delete 키를 눌러 삭제한다. 이제 신에는 MapScene과 자식들만 존재할 것이다.

8. 메뉴에서 File ❯ Save As…를 선택해 신 이름으로 Map을 입력하고 Save 버튼을 클릭한다. 다음과 같이 신을 덮어 쓸지 묻는 메시지가 나오면 Yes를 클릭한다.

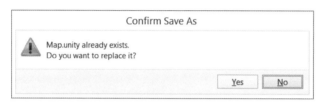

확인 메시지

9. Project 창 Assets 폴더에 있는 Game 신을 선택한 후 더블 클릭해서 Game 신을 연다.

10. MapScene 오브젝트를 선택하고 delete 키를 눌러 삭제한다. MapScene 오브젝트를 삭제하면 Game 창이 검게 변하고 No cameras rendering 메시지가 보일 것이다. 놀라거나 혼란스러워 하지 말고, 카메라를 다시 추가해 고치려고도 하지 말자. 모든 것이 정상이니 계속 진행하자.

11. Game 신에는 이제 EventSystem 오브젝트밖에 없다. 이 오브젝트도 삭제할 수 있지만, UI 컴포넌트가 신에 추가된다면 자동적으로 다시 생성된다. 따라서 신들과 오브젝트를 좀 더 잘 관리할 수 있도록 EventSystem 오브젝트는 그대로 두겠다.

12. 메뉴에서 File ❯ Save Scene 신을 저장한다.

13. Project 창의 Assets 폴더 안에 있는 Splash 신을 더블 클릭해서 Splash 신을 연다.

14. 메뉴에서 GameObject ❯ Create Empty를 선택한다. 새로운 오브젝트의 이름을

SplashScene으로 변경하고, Inspector 창에서 트랜스폼을 영점으로 리셋한다.

15. Main Camera, Directional Light, Canvas를 SplashScene 오브젝트에 끌어 놓는다. 이렇게 하면 모두 SplashScene의 자식이 된다.

16. EventSystem 오브젝트를 선택하고 delete 키를 눌러 삭제한다. Hierarchy 창에 있는 Splash 신의 모습은 다음 스크린샷과 같아야 한다.

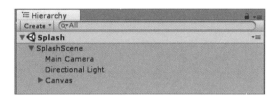

17. 메뉴에서 File ➤ Save Scene을 선택해 신을 저장한다.

이제 Splash와 Map 신을 열고 실행하는 데 아무 문제가 없을 것이다. 둘 다 열어서 테스트해보고, 모든 것이 올바르게 옮겨져 있으며 정상적으로 저장됐는지 확인하자. 신을 실행할 때 Map 신에 EventSystem 오브젝트가 자동으로 추가되는 것을 볼 수 있다. 이는 정상이니 걱정하지 말자.

▌ Game Manager 소개

Game Manager[GM]는 게임 안에서 일어나는 모든 주요 사항들을 관리하고 조종한다. GM은 신 불러오기[loading] 또는 신 내리기[unloading], 이동, 그리고 나중에 다룰 여러 상위 기능들을 관리한다. GM은 가장 먼저 불려오는 Game 신에 위치한다. 그리고 다음 그림과 같이 필요에 따라 신 사이에 일어나는 다른 활동들도 관리한다.

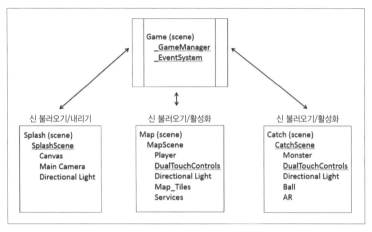

신 전체 구조와 GameManager 활동들

GameManager 게임 오브젝트를 생성한 후 스크립트를 구성하고 실행해보면서 설명을 이어갈 예정이다. 불행히도 이 장에서 할 일이 매우 많아 모든 코드를 검토할 시간이 부족하다. 따라서 스스로 스크립트를 읽어보는 것을 강력히 권장한다. 이제 다음 설명에 따라 GameManager 스크립트를 가져와 구성해보자.

1. Project 창의 Assets 폴더에 있는 Game 신을 더블 클릭해서 Game 신을 연다.

2. 신이 열리면 메뉴에서 GameObject ➤ Create Empty를 선택해 새로운 빈 게임 오브젝트를 생성한다.

3. 이름을 _GameManager로 변경하고 Inspector 창에서 트랜스폼을 영점으로 리셋한다. 이름 앞에 밑줄을 사용한 것을 눈여겨보자. 밑줄은 이 오브젝트가 삭제되거나 비활성화되면 안 된다는 표시다.

4. 똑같은 이유로 Inspector 창에서 EventSystem의 이름을 _EventSystem으로 변경한다.

5. 메뉴에서 Assets ➤ Import Package ➤ Custom Package…를 선택한다. Import package 창이 나오면 다운로드한 소스 코드의 Chapter_5_Assets 폴더로 가서 Chapter5_import1.unitypackage를 선택한다. Open을 클릭해서 가져오기를

시작한다.

6. Import Unity Package 창이 열리면 모든 에셋들이 선택돼 있는지 확인하고 Import 를 클릭한다.

7. Assets/FoodyGo/Scripts/Managers 폴더로 간다. GameManager 스크립트를 Hierarchy 창에 있는 _GameManager 오브젝트에 끌어 놓는다.

8. _GameManager 오브젝트를 선택하고 다음과 같이 Game Manager 스크립트 컴 포넌트를 구성한다.

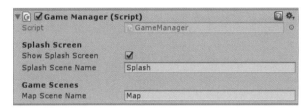

Game Manager 설정

9. 메뉴에서 File ➤ Build Settings…를 선택한다. 이제 Game, Splash, Map 신을 빌드 설정build settings에 추가하고, 다음 Build Settings 창에서 보이는 것과 같은 순서로 구성해야 한다.

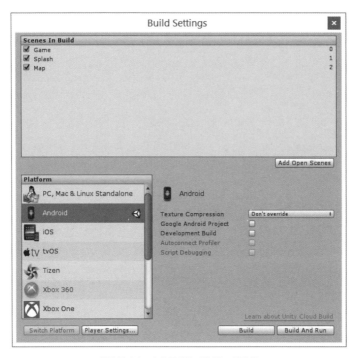

신이 추가되고 순서 구성을 마친 빌드 설정 창

10. Project 창의 Assets 폴더에서 빌드 설정의 신 영역으로 신을 끌어 놓으면 신을 추가할 수 있다. 신의 순서는 신을 선택하고 필요에 따라 위아래로 끌어 놓으면 조정할 수 있다. 리스트의 첫 번째 신이 가장 먼저 불러오는 신이 된다. 신의 구성이 위 이미지와 같은지 다시 한 번 확인한다.

11. 신 추가와 순서 정리가 끝났으면 에디터에서 Play를 눌러 게임을 실행한다. Game 신이 빠르게 열린 후 Splash 신이 열리는 것을 눈여겨보자. 그런 후 몇 초 있다가 Map 신이 열린다. 또한 Scene 창을 보면 Splash 신 뒤에서 Map 신이 열리는 것을 알 수 있다.

12. 게임을 빌드하고 모바일 기기에 배포해본다. 기기에서 게임을 실행한 후 이전 장과 똑같이 정상적으로 플레이되는지 확인한다.

▌ 신 불러오기

위에서 언급한 바와 같이, 이전에 했던 것처럼 코드 변경을 자세히 알아볼 시간이 없다. 하지만 중요한 코딩 패턴을 완전히 놓치고 지나갈 수는 없으므로 중요도가 높은 라인이나 코드는 주목해서 살펴봐야 한다. 가져온 GameManager 스크립트에서 우리가 보고 싶은 코드 부분은 신을 불러오는 방법이다. 다음 설명에 따라 코드를 둘러보자.

1. Project 창의 Assets/FoodyGo/Scripts/Managers 폴더에서 GameManager 스크립트 파일을 찾은 후 더블 클릭해서 연다. 모노디벨롭이나 본인의 에디터에서 열릴 것이다.

2. DisplaySplashScene 메소드로 내려온다. 이 코드 부분이 우리가 중요하게 볼 패턴이다. 다음은 스크립트 에디터로 볼 수 없는 사람들을 위한 것이다.

```
// Splash 신을 보여주고, 이어서 게임을 시작하는 신을 불러온다
IEnumerator DisplaySplashScene()
{
  SceneManager.LoadSceneAsync(MapSceneName,
  LoadSceneMode.Additive);
  // Splash 신을 내리기 전에 일정 시간을 기다린다
  // GPS 서비스가 시작되고 실행 중인지 여부, 또는 다른 필수 사항들을
  // 체크할 수도 있다
  yield return new WaitForSeconds(5);
  SceneManager.UnloadScene(SplashScene);
}
```

3. 코루틴^coroutine 안을 보면 새로운 SceneManager 클래스가 보인다. SceneManager 는 헬퍼 클래스로서 런타임^runtime에 신을 동적으로 불러오거나 내릴 수 있게 해준다. SceneManager의 첫 번째 라인은 신을 교체하지 않고 비동기적으로 추가 신을 불러온다. 추가적인 신 불러오기는 여러 개의 신을 같이 불러온 후, 마지막 줄에 보이는 것처럼 필요에 따라 신을 내릴 수 있게 해준다.

4. GameManager 스크립트의 다른 코드들도 스스로 읽어보자. 신을 불러오고 내리는

과정을 유심히 들여다보자. GameManager 안에서 다른 기능들도 보일 텐데, 잠시후 다룰 예정이니 걱정하지는 말자.

▌ 터치 입력 업데이트하기

이제 GameManager를 통해 신 변경을 관리할 수 있으니, 신 변경을 발동시킬 장치를 넣을 차례다. Catch 신은 플레이어가 포획하고 싶은 몬스터를 탭했을 때 발동된다. 이 말은 몬스터를 터치하는 상황을 별도로 처리해야 한다는 의미다. 현재 우리 터치 입력은 화면 전체를 덮고 있으며, 카메라 조종만 담당한다. 따라서 몬스터 터치를 처리할 수 있게 터치 입력을 수정하면 된다. 다행히 위에서 스크립트를 가져올 때 이미 수정 사항들이 적용됐다. 다음 설명에 따라 새로운 스크립트를 설정하고 변경 사항들을 둘러보자.

1. 유니티 에디터에서 Map 신을 연다.
2. Hierarchy 창에서 MapScene 오브젝트를 확장하고 DualTouchControls 오브젝트를 선택한다. Inspector 창에서 이 오브젝트의 이름을 UI_Input으로 변경한다. 이 이름이 오브젝트의 기능을 좀 더 적절하게 설명한다.

 좋은 개발 습관은 게임 오브젝트, 클래스, 스크립트, 다른 컴포넌트 등의 이름을 해당 기능과 어울리게 붙이는 것이다. 좋은 이름은 문서 설명 몇 줄을 대신하는 역할을 하지만, 나쁜 이름은 단지 혼란을 초래하는 데 그치는 것이 아니라 업그레이드와 관리를 매우 어렵게 만들 수도 있다.

3. UI_Input 오브젝트를 확장하고 TurnAndLookTouchpad를 선택한다.
4. Assets/FoodyGo/Scripts/TouchInput 폴더에서 CustomTouchPad 스크립트를 끌어 TurnAndLookTouchpad 오브젝트 위에 놓는다.
5. 이렇게 하면 다음과 같이 Inspector 창의 Touch Pad 컴포넌트 바로 밑에 Custom Touch Pad 스크립트 컴포넌트가 추가될 것이다.

Inspector 창에 있는 Touch Pad와 Custom Touch Pad 컴포넌트

6. Touch Pad 컴포넌트의 모든 설정을 Custom Touch Pad 컴포넌트에도 똑같이 입력한다. 양쪽의 설정이 같은지 확인한다.

7. Touch Pad 컴포넌트의 기어 아이콘을 클릭하고 연관 메뉴에서 Remove Component를 선택해 컴포넌트를 삭제한다.

8. CustomTouchPad 스크립트는 한 줄을 제외하고 TouchPad 스크립트와 거의 같다. 그렇다면 '왜 기존 스크립트를 수정하지 않는가?'라고 생각할지 모르겠다. 기존 스크립트를 복사하고 수정하는 이유는 우리만의 것으로 만들기 위해서다. 이렇게 하면 추후 Cross Platform Input 에셋의 업그레이드가 필요한 경우 우리 스크립트가 덮어 씌워지는 일이 없다.

9. Custom Touch Pad 컴포넌트의 기어 아이콘을 클릭하고 연관 메뉴에서 Edit Script를 선택한다. 본인이 사용하는 에디터에서 스크립트가 열릴 것이다.

10. OnPointerDown이 있는 곳으로 내려온다. 다음은 해당 메소드에 적용된 한 줄의 코드 변경 부분이다.

```
public void OnPointerDown(PointerEventData data)
  {
  if (GameManager.Instance.RegisterHitGameObject(data)) return;
```

11. OnPointerDown 메소드는 유저가 스와이프^{swipe}를 하기 위해 스크린을 터치하는 순간 호출된다. 우리의 의도는 터치가 중요한 오브젝트 위라면 스와이프로 감지하지 않는 것이다. 새로 추가된 줄이 이 의도를 실현한다. 새로 추가된 라인은 터치한 위치와 함께 GameManager.Instance.RegisterHitGameObject를 호출한다. 만일 중요한 오브젝트 위에서 터치됐다면 true가 되고, 스와이프 액션이 실행되는 것을 막는다. 만일 아무것도 터치하지 않았다면 평소처럼 스와이프 액션이 실행된다.

GameManager.Instance는 GameManager의 싱글톤 인스턴스(singleton instance)로의 호출이다. 싱글톤은 글로벌 싱글 오브젝트 인스턴스를 관리하는 잘 알려진 패턴이다. GameManager는 단일의 게임 상태를 컨트롤하기 위해 여러 클래스들이 사용하므로 싱글톤을 사용하기에 완벽한 조건이다.

12. 이제 GameManager 클래스를 다시 연다.

13. RegisterHitGameObject 메소드로 내려간다.

```
public bool RegisterHitGameObject(PointerEventData data)
  {
    int mask = BuildLayerMask();
    Ray ray = Camera.main.ScreenPointToRay(data.position);
    RaycastHit hitInfo;
    if (Physics.Raycast(ray, out hitInfo, Mathf.Infinity, mask))
    {
      print("Object hit " +
      hitInfo.collider.gameObject.name);
      var go = hitInfo.collider.gameObject;
      HandleHitGameObject(go);

      return true;
    }
    return false;
  }
```

14. 이 메소드의 기능은 특정 터치 입력이 신에 있는 중요한 오브젝트를 터치했는지 안 했는지 판단한다. 스크린의 위치에서 게임 월드에 선^{ray}을 쏴서 감지한다. 선은 빛의 광선이라 할 수 있는데, 다음 그림이 이해하는 데 도움이 될 것이다.

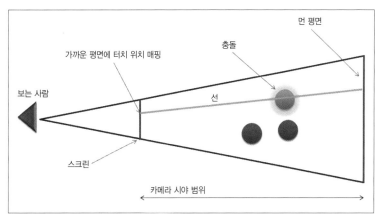

터치가 신에 선을 쏴서 오브젝트와의 충돌을 판단하는 모습

15. 주요 계산은 `Physics.Raycast` 메소드에서 담당한다. 터치에 의해 선을 쏘고, `RaycastHit` 오브젝트를 레퍼런스하고, 선의 거리를 테스트하고, 레이어 마스크^{layer mask}로 오브젝트가 맞았는지, 어떻게 맞았는지를 판단한다. 여러 가지가 한꺼번에 작동하고 있으니 파라미터들을 좀 더 나눠서 분석해보자.

- `Ray`: 쏘아지는 선이나 직선을 의미하며, 충돌을 테스트하기 위해 사용한다.
- `out RaycastHit`: 충돌에 관련한 정보를 반환한다.
- `Distance`: 충돌 검색을 실행할 최대한의 범위를 의미한다.

 코드를 보면 체크 범위에 Mathf.Infinity를 사용하고 있다. 현재 신에 존재하는 오브젝트의 숫자를 고려하면 큰 문제는 없지만, 신이 복잡하면 무한 범위 체크는 많은 자원을 필요로 하기 때문에 시야 범위에 있는 오브젝트들만 테스트하는 것이 좋다.

- `Mask`: 마스크는 충돌을 체크해야 하는 레이어^{layer}를 결정한다. 다음 절에서

충돌 물리와 레이어에 대해 자세히 다룬다.

16. 유니티로 돌아가서 Play를 눌러 게임을 실행한다. 아무것도 일어나지 않는다. 중요한 조각이 아직 없기 때문이다. `Physics.RayCast`는 콜라이더^{collider}를 가진 오브젝트와의 충돌을 체크한다. 하지만 몬스터 오브젝트는 아직 콜라이더도 없으며, 물리 엔진을 사용할 수 있게 설정돼 있지 않다. 이제 수정해보자.

▌ 콜라이더와 리지드바디 물리

지금까지는 물리에 관한 언급을 가급적 피하고 있었지만, 사실 신에 캐릭터를 추가한 순간부터 유니티의 물리 엔진을 사용하고 있었다. 유니티 물리 엔진은 크게 2D용과 좀 더 복잡한 3D용으로 나뉜다. 물리 엔진은 게임에 생명을 불어넣고, 게임을 좀 더 자연스럽게 만든다. 개발자는 물리 엔진을 사용해 빠르고 쉽게 자연스러운 반응을 하는 새 오브젝트를 추가할 수 있다. 물리 엔진을 사용하는 좋은 예제가 이미 게임에 포함돼 있으므로 자세히 살펴보자.

1. 유니티에 Map 신이 열려 있는지 확인한다.
2. Hierarchy 창에서 MapScene 오브젝트를 확장하고 Player 오브젝트를 선택한다. Player 오브젝트를 더블 클릭해서 Scene 창 가운데 오도록 만든다.
3. Scene 창을 보면 iClone 캐릭터 주위를 감싸고 있는 초록색 캡슐이 보일 것이다. Inspector 창에서 Rigidbody와 Capsule Collider 컴포넌트를 둘러보자. 다음 스크린샷은 두 창을 보여준다.

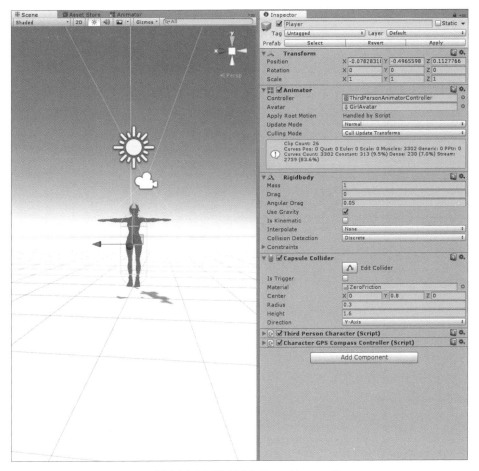

플레이어의 물리 속성을 보여주는 Scene과 Inspector 창

4. 오브젝트의 물리를 판단하기 위해 리지드바디와 콜라이더 컴포넌트는 꼭 필요하다. 다음은 각 컴포넌트가 무엇을 담당하고 서로 어떻게 연관돼 있는지 간략히 요약한 내용이다.

- Rigidbody: 리지드바디는 오브젝트의 질량과 관련된 속성을 정의한다고 이해하면 된다. 오브젝트가 중력에 반응하는지, 질량은 얼마인지, 얼마나 쉽게 회전하는지 등이다.

- Collider: 일반적으로 오브젝트의 경계를 정의하는 단순한 도형이다. 빠르게

충돌을 감지하기 위해 박스, 구체, 캡슐과 같은 단순한 도형이 사용된다. 좀 더 복잡한 메시mesh, 혹은 실제 캐릭터 메시와 같이 복잡한 형태를 사용하는 경우 충돌을 체크할 때마다 물리 엔진에 부하를 줘서 멈춰버릴 수도 있다. 물리 엔진은 매 프레임마다 오브젝트들이 서로 충돌했는지를 체크한다. 오브젝트끼리 충돌한 경우에는 뉴턴의 운동 법칙을 사용해서 충돌의 영향을 판단한다. 물리에 대해 좀 더 알고 싶다면 구글 검색을 이용하자. 자료들이 차고 넘친다. 좀 더 복잡한 게임의 경우 몸통과 신체 여러 부분에 여러 개의 캡슐 콜라이더를 사용하기도 한다. 각 신체 부분에 대한 충돌을 감지하기 위해서다. 우리 게임은 한 개의 캡슐 콜라이더로 충분하다.

물리에 대한 설명을 마쳤으니 몬스터로 돌아가자. 다음 설명에 따라 몬스터 프리팹prefab에 물리 컴포넌트들을 추가하자.

1. Project 창의 Assets/FoodyGo/Prefabs 폴더를 열고 Monster 프리팹을 Hierarchy 창에 끌어 놓는다.
2. Monster 프리팹을 더블 클릭해서 Scene과 Inspector 창에 보여지도록 한다.
3. 메뉴에서 Component > Physics > Capsule Collider를 선택해 캡슐 콜라이더를 추가한다.
4. 메뉴에서 Component > Physics > Rigidbody를 선택해 리지드바디를 추가한다.
5. Scene 창을 자세히 보면 캡슐 콜라이더가 몬스터를 제대로 감싸고 있지 않다. Capsule Collider 컴포넌트 속성을 조절해서 맞춰보거나 다음과 같이 설정해본다.

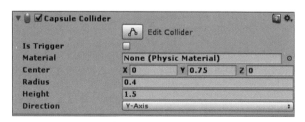

몬스터를 위한 캡슐 콜라이더 설정

6. 몬스터가 선택된 상태에서 Inspector 창 상단의 Prefab 액션 아래에 있는 Apply 버튼을 누른다. 이렇게 하면 변경 사항이 프리팹에 적용된다. Hierarchy 창에서 Monster 오브젝트 선택을 해제한다.

7. Play 버튼을 눌러 게임을 실행한다. 실행된 게임을 살펴보면, 캐릭터가 몬스터 위에 부딪히면서 옆으로 떨어져 내릴 것이다. 가여운 몬스터는 옆으로 넘어지면서 구르고 있다. 혹시 처음 실행했을 때 이 모습이 보이지 않는다면, 보일 때까지 계속 반복해서 실행한다.

8. 몬스터가 다시 일어서는 기능은 추가하지 않겠지만, 대신 Player가 Monster 오브젝트와 상호작용하지 않게 만들 것이다. 비유하자면 몬스터는 유령이다. 보이고 들리지만 만질 수는 없다.

9. Monster 오브젝트를 선택한다. Inspector 창에서 Layers 드롭다운을 선택하고 Add Layer…를 선택한다.

10. Tags and Layers 패널이 열릴 것이다. 다음 스크린샷과 같이 Monster와 Player 레이어를 새로 리스트에 추가한다.

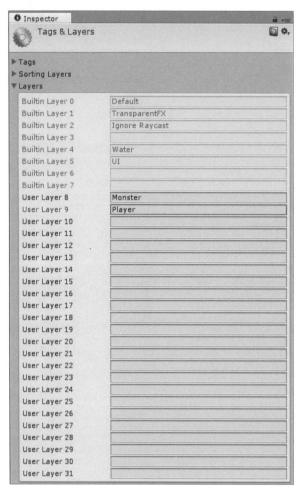

Monster 레이어를 새로 추가하는 모습

11. Hierarchy 창에서 다시 Monster 오브젝트를 선택한다. 이제 Monster는 Layer 드롭다운을 보면 Monster 레이어로 돼 있을 것이다.

12. Hierarchy 창에서 Player 오브젝트를 선택한다. Inspector 창 Layer 드롭다운에서 레이어를 Player로 변경한다. 하위 자식들도 변경할 것인지 물어보면, 다음과 같이 Yes, change children을 클릭한다.

자식 오브젝트도 변경할지 물어보는 창

13. 몬스터를 새로운 레이어에 배치하면 물리 작용 조절은 물론 효율적인 충돌 테스트도 가능하다. 기억날지 모르겠지만 Physics.Raycast는 레이어 마스크를 파라미터로 받는다. 이제 몬스터들이 Monster 레이어에 배치돼 있으니, 선 충돌[ray collision]이 효율적으로 Monster 레이어에만 적용되게 할 수 있다.

14. 메뉴에서 Edit ➤ Project Settings ➤ Physics를 선택해 Inspector 창에 PhysicsManager 패널을 연다.

15. Layer Collison Matrix에서 Monster-Player와 Monster-Monster 체크박스를 해제한다.

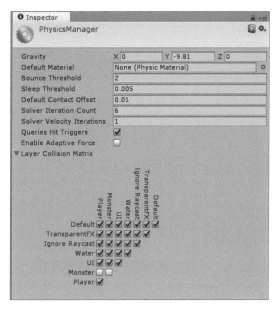

PhysicsManager에서 Layer Collision Matrix를 수정하는 모습

16. Layer Collision Matrix를 수정해서 몬스터가 플레이어나 다른 몬스터와 충돌하는 것을 막고, 발생 가능한 문제들을 미연에 방지한다.

17. 에디터에서 Play를 눌러 게임을 실행한다. 이제 더 이상 플레이어가 몬스터에 영향을 주지 않는다. 세계는 다시 평화를 찾았다.

이제 몬스터가 콜라이더를 가지고 있으니 터치할 때 발생되는 선이 몬스터와 충돌할 수 있다. 다음 설명에 따라 터치 선택을 설정하고, 터치로 몬스터 선택을 할 수 있는지 테스트해보자.

1. Hierarchy 창에서 Monster 오브젝트를 선택한다. Inspector 창의 Prefab 설정에서 Apply 버튼을 눌러 모든 변경 사항을 저장한다.

2. Hierarchy 창에서 Monster 프리팹을 신에서 선택한 후 delete를 눌러 삭제한다.

3. Map 신을 저장한다. 그런 후 Project 창의 Assets 폴더에서 Game 신을 연다.

4. Hierarchy 창에서 _GameManager를 선택한다. Inspector 창에서 Monster Layer Name이 Monster인지 다시 확인한다.

5. 에디터에서 Play를 눌러 게임을 실행한다. 몬스터를 클릭해보자. Console 창에서 보면 몬스터와 충돌이 일어났다는 메시지가 보일 것이다.

6. 빌드하고 모바일 기기에 게임을 배포한다. 모바일 기기에서 게임이 실행되면 CUDLR 콘솔 창을 연결한다. 몬스터를 탭해보고 CUDLR 콘솔에 출력돼 나오는 로그 메시지를 눈여겨본다.

이제 몬스터를 탭해 포획할 기반이 생겼다. 게임에서는 흔히 플레이어가 몬스터를 잡을 수 있는 범위를 조절하는 기능을 넣지만, 지금은 화면에 보이는 몬스터를 모두 잡을 수 있다고 하자. 이렇게 하면 GPS 시뮬레이션 모드에서 게임 테스트가 좀 더 쉬워진다. 추후 지도 위에 다른 오브젝트들을 추가할 때 포획 가능한 거리를 다루겠다.

▌ AR 포획 신 만들기

기본 구성이 끝나고, 드디어 여기에 도달했다. 이제 플레이어가 용감하게 몬스터를 포획하는 액션 신scene을 만들 때가 온 것이다. 또한 게임에 AR을 적용하는 첫 시작이다. 이 장이 끝나기 전에 완성해야 하므로 어서 시작해보자. 가장 먼저 새로운 Catch 신을 만들자.

1. 메뉴에서 File > New Scene을 선택해 새로운 신을 생성한다. 그런 후 메뉴에서 File > Save Scene As…를 선택한다. Save scene 창에서 이름으로 Catch를 입력하고 Save 버튼을 클릭한다.

2. 메뉴에서 GameObject > Create Empty를 선택한다. 새로운 오브젝트의 이름을 CatchScene으로 변경하고 Inspector 창에서 트랜스폼transform을 영점으로 리셋한다.

3. Hierarchy 창에서 Main Camera와 Directional Light 오브젝트를 CatchScene 오브젝트에 끌어 놓아 자식으로 만든다.

4. 메뉴에서 GameObject > UI > Raw Image를 선택한다. RawImage를 자식으로 가진 Canvas 오브젝트가 생성될 것이다. 선택 후 Inspector 창에서 RawImage 오브젝트의 이름을 Camera_Backdrop으로 변경한다.

5. Inspector 창에서 Camera_Backdrop이 선택된 채로 Anchors 아이콘을 클릭해 Anchor Presets를 stretch-stretch로 설정한다. 그런 후 다음과 같이 Shift와 Alt 키를 누른 상태에서 우측 하단을 선택한다.

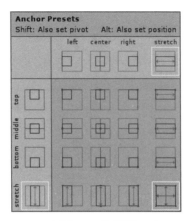

UI 요소에서 anchor를 설정하는 모습

6. Hierarchy 창에서 Canvas 오브젝트를 CatchScene 오브젝트에 끌어 놓는다.

7. Canvas 오브젝트를 선택하고, Inspector 창에서 Canvas 컴포넌트를 찾는다. Render Mode를 Screen Space – Camera로 변경한다. 그런 후 Hierarchy 창의 Main Camera 오브젝트를 Canvas 컴포넌트의 Render Camera 슬롯에 끌어 놓는다. 올바른 설정은 다음 스크린샷을 참고한다.

Canvas 컴포넌트의 Screen Space – Camera 설정

 Screen Space – Overlay와 Screen Space – Camera 렌더 모드(render mode)의 차이점은 렌더 플레인(plane)의 위치에 있다. Overlay 모드는 모든 UI 요소들이 신에 있는 다른 것들 위에 위치한다. Camera 모드는 UI 플레인이 카메라와 일정 거리에 떨어져서 위치한다. 이러한 구성은 월드 오브젝트가 UI 앞에 그려지게 할 수 있다.

8. Canvas 오브젝트가 선택된 상태에서, 다음과 같이 Inspector 창에 있는 Canvas Scaler 컴포넌트의 UI Scale Mode를 Scale with Screen Size로 변경한다.

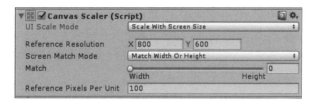

Canvas Scale 컴포넌트 설정

 TIP Scale with Screen Size로 설정된 Canvas Scaler는 스크린 해상도가 바뀌어도 카메라의 종횡비가 변경되지 않도록 강제한다. 이 설정은 기기의 카메라에서 가져오는 이미지의 종횡비가 변하거나 일그러지면 안 되므로 중요하다.

9. EventSystem 오브젝트를 선택하고 삭제한다. 이제 필요 없겠지만, 혹시나 필요한 경우라면 유니티가 자동으로 생성한다. 마무리로 신을 저장하자.

이로써 Catch 신의 기반이 완성됐다. 이제 AR의 세계로 뛰어들어보자.

▌신 배경으로 카메라 사용하기

Catch 신을 만들면서 알아챘는지 모르지만, 배경으로 사용할 UI 요소를 이미 신에 배치했다. Camera_Backdrop 오브젝트가 기기의 카메라를 텍스처 형태로 보여줄 것이다. 다음 설명에 따라 스크립트를 추가하고 카메라를 신의 배경으로 사용해보자.

1. 메뉴에서 Assets ➤ Import Package ➤ Custom Package…를 선택한다.
2. Import Package… 창이 열리면 다운로드한 소스 코드의 Chapter_5_Assets 폴더로 간다. Chapter5_import2.unitypackage를 선택하고 Open을 클릭해서 패키

지를 가져온다.

3. Unity Import Package 창이 열리면 가져올 파일들을 검토한다. 새로운 파일들도 있고 변경되는 파일들도 있을 것이다. 가져올 모든 것들이 올바른지 확인하고 Import를 클릭한다.

4. Hierarchy 창에서 Camera_Backdrop 오브젝트를 선택한다. Inspector 창 하단에 있는 Add Component 버튼을 클릭한다. 메뉴에서 Aspect Ration Fitter 컴포넌트를 선택한다.

5. Aspect Ratio Fitter 컴포넌트에서 Aspect Mode를 Height Controls Width로 변경한다.

6. Add Component 버튼을 다시 클릭하고 메뉴에서 Camera Texture On Raw Image 컴포넌트를 선택한다. 이 컴포넌트는 따로 설정하지 않아도 된다. 다음 스크린샷은 새로 추가한 컴포넌트의 올바른 설정을 보여준다.

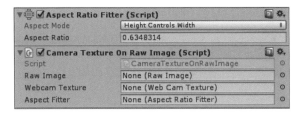

Camera_Backdrop 컴포넌트 설정

7. 메뉴에서 File ➤ Save Scene을 선택해 신을 저장한다.

8. 메뉴에서 File ➤ Build Settings를 선택해 Build Settings 창을 연다. Add Open Scenes 버튼을 클릭해서 Catch 신을 추가해보자.

9. 다음과 같이 빌드 창에서 Game, Map, Splash의 체크를 해제하고, Catch 신을 체크한다.

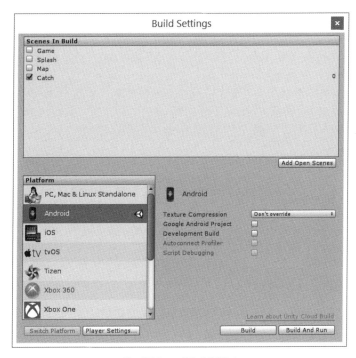

빌드에서 Catch 신만 활성화하기

10. 본인의 모바일 기기가 개발 컴퓨터와 USB로 연결돼 있는지 확인한 후 **Build And Run** 버튼을 클릭한다. 게임이 빌드된 후 기기에 배포되고 나면, 기기의 카메라가 배경이 된 것을 볼 수 있다. 기기를 회전시키면 배경이 작아지는 것도 눈여겨보자. 다음 절에서 이 부분을 수정할 것이다.

이제 플레이어에게 AR 경험을 선사할 수 있는 작업이 착착 진행되고 있다. 기기의 카메라를 신의 배경으로 사용하면 플레이어는 게임 오브젝트가 자신과 같은 공간에 있다고 느낀다. 카메라를 배경으로 사용하는 작업은 CameraTextureOnRawImage 스크립트에서 처리한다. 다음 설명에 따라 스크립트를 검토해보자.

1. Inspector 창의 Camera Texture On Raw Image 컴포넌트 옆에 있는 기어 아이콘을 클릭해서 본인이 사용하는 에디터에서 스크립트를 연다. 연관 메뉴에서 **Edit Script**를 선택한다. Awake 메소드에 있는 코드를 보자.

```
void Awake()
{
  webcamTexture = new WebCamTexture(Screen.width, Screen.height);
  rawImage = GetComponent<RawImage>();
  aspectFitter = GetComponent<AspectRatioFitter>();

  rawImage.texture = webcamTexture;
  rawImage.material.mainTexture = webcamTexture;
  webcamTexture.Play();
}
```

2. Awake 메소드는 오브젝트가 활성화될 때마다 일반적으로 Start 메소드가 호출된 직후에 호출된다. 이는 신을 전환하는 작업을 할 때 유념해야 할 중요한 사실이다. 코드 자체는 주요 요소들을 초기화하고 있으며, 이해하기 어렵지 않다. WebCamTexture는 웹캠이나 기기의 카메라를 위한 유니티 래퍼^{wrapper}다. webcamTexture가 초기화되고 나면 rawImage에 텍스처 형태로 적용된다. rawImage는 신에 존재하는 UI 배경 요소다. 마지막으로는 Play 메소드를 호출해 카메라를 켠다.

3. Update 메소드는 올바른 출력을 위해 기기의 방향 조절 등을 담당하므로 여기서 깊게 파고들지는 않겠다. 주의 깊게 짚고 넘어갈 부분은 신 배경에 맞춰 카메라 텍스처를 조절해야 한다는 것이다. 하지만 기기가 횡 방향으로 회전했을 때의 문제점은 아직 남아있다.

4. 횡 방향 회전 문제를 해결하기 위해 회전 옵션을 무시하거나 막아버릴 것이다. 회전 문제를 모든 타입의 기기를 고려해서 해결하는 방법은 이 책의 영역 밖이다. 또한 Catch 신은 횡 방향 플레이가 적합하지도 않다. 따라서 게임이 종 방향만 사용하도록 게임을 강제시킬 것이다.

5. 유니티 에디터로 돌아가 메뉴에서 Edit ❯ Project Settings ❯ Player를 선택한다. 그런 후 상단의 Resolution and Presentation 탭을 선택한다. 탭 안에 Default Orientation 드롭다운을 찾아 Portrait로 변경한다.

신의 지금 모습은 배경에 카메라만 있으므로 매우 지루하다. 몬스터를 추가해서 흥미롭게 만들어보자.

1. 메뉴에서 GameObject ❯ 3D ❯ Plane을 선택한다. 신에 새로운 플레인plane이 생성될 것이다. Inspector 창에서 트랜스폼을 영점으로 리셋하고 X와 Z 스케일을 1000으로 변경한다. Mesh Renderer 컴포넌트의 체크박스를 해제해서 비활성화한다. 이제 플레인이 보이지 않는다.
2. Plane 오브젝트를 CatchScene 오브젝트에 끌어 놓아 자식으로 만든다.
3. Project 창의 Assets/FoodyGo/Prefabs 폴더에서 Monster 프리팹을 Hierarchy 창에 있는 CatchScene 오브젝트에 끌어 놓는다.
4. Inspector 창에서 오브젝트의 이름을 CatchMonster로 변경하고 Transform, Rigidbody, Capsule Collider 컴포넌트를 다음 스크린샷과 같이 설정한다.

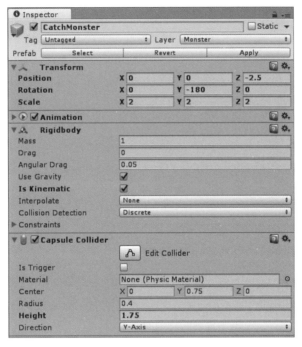

Inspector 창의 CatchMonster 설정

5. CatchMonster를 Assets/FoodyGo/Prefabs 폴더로 끌어 놓아 새로운 프리팹으로 만든다.

6. 빌드하고 본인의 모바일 기기에 배포한 후 게임 창을 통해 주위 환경을 보면서 나한테만 보이는 몬스터의 모습을 확인하자.

잘 알려진 실세계 어드벤처 게임들 중에는 자이로스코프gyroscope로 조종되는 카메라를 이용해서 더욱 실제 같은 AR 경험을 주는 경우가 있다. 자이로스코프로 조종되는 카메라는 플레이어가 기기의 시점을 변화시키면 가상 오브젝트의 시점도 변화한다. 하지만 우리 게임에는 다음과 같은 이유로 인해 적용시키지 않는다.

- 자이로스코프 카메라는 기기의 OS에 따라, 방향을 다루는 방식에 따라 차이가 있으므로 코드를 만들기가 어렵다. 안드로이드로 범위를 줄이더라도 기기의 생산자

에 따라 차이가 날 때도 있다.

- 자이로스코프 카메라는 미끄러짐 현상이 있어서 지속적으로 조절해주며 맞춰야 한다.
- 자이로스코프를 활성화하면 AR 경험의 난이도가 올라간다. 많은 실세계 게임의 경우 난이도의 상승을 고려해서 플레이어가 AR을 끌 수 있는 옵션을 준다. 우리 게임은 유저가 손쉽게 AR 경험을 즐기게 하고 싶으므로 난이도를 높이는 자이로 스코프 카메라는 사용하지 않는다.

9장, '게임 마무리하기'에서는 유저의 AR 경험 수준을 높이기 위해 고려할 수 있는 옵션들과 해결책들을 논의할 것이다. 일단 지금은 단순한 카메라 배경을 사용하는 AR 경험으로 충분하다.

▌ 포획 볼 추가하기

우리 게임은 플레이어가 몬스터를 포획하기 위해 얼음으로 만든 볼을 던진다. 얼음 볼로 몬스터를 맞춰서 점점 차가워지고 느려지게 하며, 결국은 얼어붙게 만든다. 얼리고 나면 냉동 식품처럼 쉽게 포획할 수 있다.

우리가 사용할 볼은 얼음으로 만들어져 있다. 하지만 지금은 볼 텍스처에 필요한 얼음 머티리얼이 없으므로 몇 가지 에셋들을 가져오자. 가져올 에셋들은 이 장에서 사용할 파티클 효과particle effect들을 담고 있다. 다행히도 그중 하나는 우리 볼에 사용할 멋진 얼음 텍스처다. 다음 설명에 따라 파티클 효과 에셋들을 가져오자.

1. 메뉴에서 Assets > Import Package > ParticleSystems를 선택한다. Import Unity Package 창이 나오면 Import 버튼을 누른다. 이렇게 하면 유니티 기본 파티클 시스템 에셋들을 설치한다.

2. 메뉴에서 Window ➤ Asset Store를 선택해 Asset Store 창을 연다.

3. 창이 열리고 Asset Store 페이지가 보이면 검색 칸에 elementals를 입력하고 enter를 누른다.

4. 리스트에서 Elementals Particle Systems from G.E. TeamDev 에셋을 찾아 선택한다. Elementals는 대부분의 모바일 기기에서 원활히 동작하는 뛰어난 무료 에셋이다.

5. 에셋 페이지의 Download 버튼을 눌러 에셋을 다운로드하고 가져온다.

6. Import Unity Package 창이 나오면 Import 버튼을 클릭해 에셋을 설치한다.

이제 파티클 시스템 에셋을 가져왔으니 포획볼을 추가해보자.

1. 메뉴에서 GameObject ➤ 3D ➤ Sphere를 선택해 Hierarchy 창에 Sphere 오브젝트를 추가하자. 새 오브젝트를 선택한 후 Inspector 창에서 이름을 CatchBall로 변경하고, 다음 스크린샷과 같이 트랜스폼과 스케일을 설정한다.

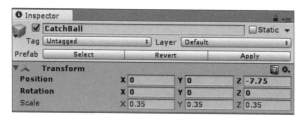

CatchBall의 트랜스폼 설정

2. Mesh Renderer 컴포넌트에서 Materials 리스트를 확장한 후 Default-Material 옆 동그란 아이콘을 선택한다. 다음과 같이 Select Material 창에서 Assets/Elementals/Media/Mobile/Materials/Ice_01.mat을 참조하는 Ice_01 머티리얼을 선택한다.

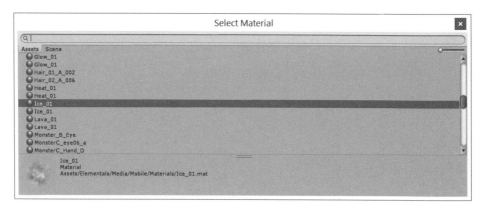

Ice_01 모바일 텍스처를 선택하는 모습

3. Inspector 창이 열린 상태에서 Add Component 버튼을 누르고 리스트에서 Rigidbody를 선택하거나 검색해 추가한다.

4. 볼에 Rigidbody 컴포넌트가 추가되면 Use Gravity란의 체크를 해제한다. 볼의 중력은 스크립트에서 조종한다.

5. Hierarchy 창에서 CatchBall을 Project 창의 Assets/FoodyGo/Prefabs 폴더에 끌어 놓는다. 새로운 CatchBall 프리팹이 생성될 것이다.

6. 다시 Hierarchy 창에서 CatchBall을 CatchScene에 끌어 놓아 신 오브젝트에 추가한다.

▌ 볼 던지기

이제 몬스터에게 던질 그럴듯한 얼음 볼이 만들어졌다. 다음 설명을 따라 오브젝트와 스크립트를 추가해 볼을 사용할 수 있게 만들어보자.

1. Project 창의 Assets/Standard Assets/CrossPlatformInput/Prefabs에 있는 DualTouchControls 프리팹을 Hierarchy 창으로 끌어 놓는다.

2. Inspector 창에서 DualTouchControls 오브젝트의 이름을 Catch_UI로 변경한다.

3. Catch_UI 오브젝트를 확장하고 TurnAndLookTouchpad와 Jump 오브젝트를 삭제한다. 프리팹을 끊을지 묻는 메시지가 나오면 continue를 클릭한다.

4. MoveTouchpad 오브젝트를 확장하고 Text 오브젝트를 선택한 후 delete를 눌러 삭제한다.

5. MoveTouchpad 오브젝트를 선택하고 Inspector 창에서 이름을 ThrowTouchpad로 변경한다.

6. Rect Transform 컴포넌트의 Anchor Presets를 열고 pivot과 position 키를 누른 상태에서 우측 하단에 있는 stretch-stretch 옵션을 선택한다. 이렇게 하면 이전에 자유 시점 카메라를 작업할 때처럼 오버레이overlay가 화면을 가득 채울 것이다.

7. Image 컴포넌트의 Color 필드를 선택해 컬러 창을 연다. 컬러를 Hex 값 #FFFFFF00으로 설정한다.

8. Inspector 창의 하단에 있는 Add Component 버튼을 클릭한다. 드롭다운 리스트에서 Throw Touch Pad를 선택하거나 검색해 추가한다.

9. Touchpad 컴포넌트 옆에 있는 기어 아이콘을 선택한 후 연관 메뉴에서 Remove Component를 선택한다.

10. 다음 스크린샷과 같이 Hierarchy 창에서 CatchBall 오브젝트를 Throw Touch Pad 컴포넌트의 Throw Object 필드에 끌어 놓는다.

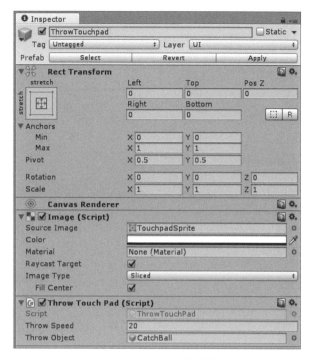

ThrowTouchpad 오브젝트 설정

11. Catch_UI 오브젝트를 CatchScene 오브젝트 위에 끌어 놓아 자식으로 만든다.

12. 에디터에서 Play를 눌러 게임을 실행한다. 이제 볼을 클릭한 후 던지는 움직임처럼 끌다가 클릭을 놓으면 볼이 던져진다.

13. 빌드를 한 후 본인의 모바일 기기에 게임을 배포한다. 손가락을 사용해 볼을 던져보면서 몬스터를 얼마나 잘 맞출 수 있는지 확인해보자.

 던지기 어려우면 Throw Touch Pad 컴포넌트의 Throw Speed 설정을 조절해본다.

볼을 던지는 모든 작업은 Touchpad 스크립트를 기반으로 많은 수정을 가한 ThrowTouchpad 스크립트에서 담당한다. 이제 코드의 주요 부분들을 검토해보자.

1. 본인의 에디터에서 ThrowTouchPad 스크립트를 연다. 이제 굳이 설명하지 않아도 어떻게 하는지 알 것이다.

2. Start 메소드로 내려와서 이 스크립트의 초기화 부분을 검토해보자. 대부분의 초기화는 throwObject가 null이 아닌지 체크하는 if문 안에서 일어난다. 추가적인 변수의 초기화는 ResetTarget( ) 호출에서 일어난다. 다음 코드를 보자.

```
if (throwObject != null)
{
  startPosition = throwObject.transform.position;
  startRotation = throwObject.transform.rotation;
  throwObject.SetActive(false);
  ResetTarget( );
}
```

3. OnPointerDown 메소드로 내려오자. 메소드의 코드는 다음과 같다.

```
public void OnPointerDown(PointerEventData data)
{
  Ray ray = Camera.main.ScreenPointToRay(data.position);
  RaycastHit hit;

  if (Physics.Raycast(ray, out hit, 100f))
  {
    // 타깃 오브젝트가 맞았는지 체크한다
    if (hit.transform == target.transform)
    {
      // 그렇다. 오브젝트를 끌어당기기 시작한다
      m_Dragging = true;
      m_Id = data.pointerId;

      screenPosition = Camera.main.WorldToScreenPoint (target.transform.
position);
      offset = target.transform.position - Camera.main.
ScreenToWorldPoint(new Vector3(data.position.x, data.position.y,
screenPosition.z));
```

```
      }
    }
}
```

4. 이 코드는 포획하고 싶은 몬스터를 선택하기 위해 사용했던 코드와 매우 비슷하다. 같은 Physics.RayCast 메소드를 레이어 마스크[layer mask] 없이 사용한다. 포인터(터치)가 무언가와 충돌하면 타깃이 CatchBall인지 체크한다. 원하는 타깃일 경우 Boolean m_Dragging을 true로 설정하고, 터치된 오브젝트의 스크린 위치와 포인터(터치)의 오프셋을 얻는다.

5. Update 메소드로 내려오면 m_Dragging Boolean을 통해 볼이 끌어지고 있는지 체크하는 if문을 볼 수 있다. 끌어지고 있다면 현재 포인터(터치) 위치의 스냅샷을 저장하고 다음의 OnDragging 메소드를 호출한다.

```
void OnDragging(Vector3 touchPos)
{
    // 마우스 위치 추적
    Vector3 currentScreenSpace = new Vector3(Input.mousePosition.x, Input.
mousePosition.y, screenPosition.z);

    // 오프셋 변경과 함께 스크린 위치를 월드 위치로 변환한다
    Vector3 currentPosition = Camera.main.ScreenToWorldPoint(currentScreen
Space) + offset;

    // 타깃 gameobject의 위치를 업데이트한다
    target.transform.position = currentPosition;
}
```

6. OnDragging 메소드는 타깃 오브젝트(볼)를 포인터(터치) 위치에 맞춰 스크린상에서 움직인다.

7. OnPointerUp 메소드로 내려온다. OnPointerUp은 마우스 버튼이 해제되거나 터치가 떨어지면 호출된다. 메소드 안의 코드는 간단하다. m_Dragging이 true인지

체크한 후, 아닐 경우 그냥 반환return한다. 오브젝트가 끌리고 있다면 그 순간에 다음과 같은 ThrowObject 메소드가 호출된다.

```
void ThrowObject(Vector2 pos)
{
  rb.useGravity = true; // 중력을 켠다

  float y = (pos.y - lastPos.y) / Screen.height * 100;
  speed = throwSpeed * y;

  float x = (pos.x / Screen.width) - (lastPos.x / Screen.width);
  x = Mathf.Abs(pos.x - lastPos.x) / Screen.width * 100 * x;

  Vector3 direction = new Vector3(x, 0f, 1f);
  direction = Camera.main.transform.TransformDirection(direction);

  rb.AddForce((direction * speed * 2f ) + (Vector3.up * speed/2f));

  thrown = true;

  var ca = target.GetComponent<CollisionAction>();
  if(ca != null)
  {
    ca.disarmmed = false;
  }

  Invoke("ResetTarget", 5);
}
```

8. ThrowObject 메소드는 발사 위치를 계산하고, 오브젝트가 던져지는 힘을 정한다. x, y의 계산은 던져지기 전에 볼이 얼마나 빠르게 움직이고 있었는지 판단한다. 바로 전 포인터의 위치와 터치가 해제된 위치의 차이를 계산한다. 터치가 해제된 지점의 x 값(혹은 위치)은 던지는 방향(왼쪽이나 오른쪽)을 정하고, y 값(종 이동)은 던지는 속도를 의미한다. 이 값들이 포스 벡터force vector로 합쳐진

후 rb.AddForce( ) 호출을 통해 리지드바디^{rigidbody}에 적용된다. 타깃 리지드바디는 초기화할 때 ResetTarget 메소드를 통해 설정된 rb다. 메소드의 하단에는 CollisionAction 컴포넌트를 얻는 GetComponent 호출이 있다. 지금은 신경 쓸 필요가 없지만 추후에 다루겠다. 마지막으로 Invoke 메소드를 통해 5초간 기다린 후 ResetTarget을 다시 호출한다.

 TIP Rigidbody.AddForce는 물리를 사용하는 게임을 개발할 때 꼭 알아둬야 하는 가장 중요한 메소드 중에 하나다. 물리에 관한 훌륭한 자료는 https://unity3d.com/learn/tutorials/topics/physics에서 볼 수 있다.

▍충돌 체크하기

이제 플레이어가 몬스터한테 볼을 던지지만 효과는 없다. 테스트하는 도중 몬스터를 맞춰봤다면 그냥 튕겨 나오는 것을 봤을 텐데, 우리가 원하는 모습은 아니다. 지금 우리에게 필요한 것은 볼이 몬스터를 맞추거나 땅에 떨어졌을 때를 감지하는 기능이다. 다행히 유니티 물리 엔진에 오브젝트끼리 충돌할 때 사용할 수 있는 몇 가지 메소드가 있다. 다음은 기본 메소드들이다.

- OnCollisionEnter: 이 상태는 오브젝트에 콜라이더^{collider}가 있고, 콜라이더를 가진 또 다른 오브젝트와 충돌하는 경우다. 두 오브젝트는 접촉한 후, 한 개나 두 개의 오브젝트 모두 리지드바디를 가지고 있으면 충돌의 힘에 따라 서로를 밀어낸다. 이미 경험한 바와 같이 충돌을 위해 리지드바디가 필요하지 않지만 콜라이더는 필요하다.

- OnTriggerEnter: 이 상태는 오브젝트에 콜라이더가 있지만 콜라이더가 트리거^{trigger}로 설정돼 있는 경우 일어난다. 트리거로 설정돼 있는 콜라이더는 충돌을 감

지하지만 두 오브젝트가 서로 지나치게 한다. 문이나 포털처럼 오브젝트가 들어오는 순간을 감지하고 싶을 때 유용하다.

예상하고 있겠지만, 우리는 OnCollisionEnter를 사용해 오브젝트의 충돌을 감지할 것이다. 하지만 충돌을 체크하고 싶은 각 오브젝트마다 스크립트를 따로 작성하지 않고, 충돌 이벤트 시스템을 구성한다. 각 오브젝트에 따라 충돌 스크립트를 작성하는 단점은 여러 오브젝트에 첨부된 스크립트들로 인해 중복된 코드가 사용되기 때문이다. 각 스크립트가 자신에게 일어나는 충돌을 처리하지만, 어떤 오브젝트와 충돌하는가에 따라 다른 규칙이 적용된다. 다음 그림을 보면 처리 구조가 이해될 것이다.

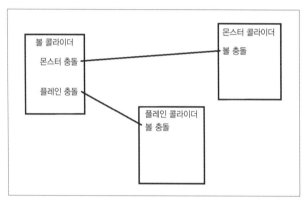

하드코딩된 충돌 스크립트

보는 바와 같이 Monster와 Plane 오브젝트 모두 볼과의 충돌을 처리할 똑같은 코드를 필요로 한다. 또한 볼 오브젝트는 Monster나 Plane과 충돌할 때 각각 다르게 반응해야 한다. 만일 신에 다른 타입의 오브젝트를 더 추가한다면 각각의 오브젝트 충돌을 처리할 수 있도록 스크립트를 늘려야 한다. 따라서 우리는 충돌 작용과 반작용을 처리하고 확장하기가 쉬운 범용적인 방법이 필요하다.

신에서 일어나는 충돌을 관리하기 위해 위에서 언급한 세 개의 스크립트를 작성하지 않고, 충돌(작용)을 위한 스크립트 하나와 오브젝트의 반작용을 위한 스크립트 하나만 사용할 것이다. 스크립트 이름은 CollisionAction과 CollisionReaction이며, 다음 그림은 신 오브젝트에 첨부되는 구조를 보여준다.

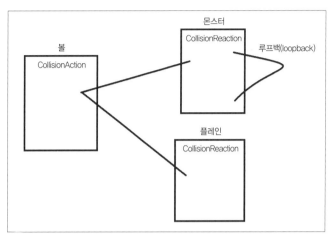

신에서 사용되는 CollisionAction과 CollisionReaction 스크립트

스크립트 코드를 자세히 들여다보기에 앞서 신에 충돌 스크립트를 추가해보자. 다음 설명에 따라 오브젝트에 스크립트를 추가하자.

1. 유니티 에디터로 돌아가 **Project** 창에서 Assets/FoodyGo/Scripts/PhysicsExt 폴더를 연다. 폴더에서 CollisionAction과 CollisionReaction 스크립트를 볼 수 있다.

2. CollisionAction 스크립트를 **Hierarchy** 창에 있는 CatchBall 오브젝트에 끌어 놓는다. CatchBall 오브젝트가 보이지 않는다면 CatchScene 오브젝트를 확장해 보자.

3. CollisionReaction 스크립트를 **Hierarchy** 창에 있는 CatchMonster와 Plane 오브 젝트에 끌어 놓는다.

4. **Hierarchy** 창에서 Plane 오브젝트를 선택한다.

5. **Inspector** 창에서 Collision Reaction 컴포넌트의 설정을 다음 스크린샷과 같이 변 경한다.

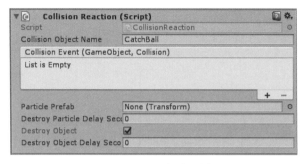

Collision Reaction 컴포넌트 설정

6. 이 컴포넌트가 반응해야 하는 오브젝트의 이름(CatchBall)을 설정한 것을 눈여겨 보자. Destroy Object를 체크하면 볼이 Plane과 충돌했을 때 제거되도록 할 수 있 다. 파티클 설정은 아직 걱정하지 말자. 조만간 다룰 것이다.

7. Hierarchy 창에서 CatchMonster를 선택하고 4 단계를 반복한다.

8. 에디터에서 Play를 눌러 게임을 실행한다. 몬스터와 플레인에 볼을 던져 충돌 스 크립트를 테스트해보자. 이제 볼이 몬스터나 플레인과 충돌하면 바로 제거될 것 이다.

보는 바와 같이 충돌 스크립트 설정은 비교적 간단하다. 복잡할 것이라 예상했을 수도 있 지만, 다행히 그렇지 않다. 본인의 에디터에서 스크립트를 열고 검토해보자.

- CollisionAction: 이 스크립트는 다른 오브젝트와 부딪히는, 볼이나 총알 같은 오브젝트에 첨부한다. 스크립트는 충돌을 감지하고 CollisionReaction을 가진 오브젝트에 충돌을 알려준다. OnCollisionEnter 메소드를 보자.

```
void OnCollisionEnter(Collision collision)
{
  if (disarmed == false)
  {
      reactions = collision.gameObject.GetComponents<CollisionReacti
on>();
    if(reactions != null && reactions.Length>0)
```

```
    {
      foreach (var reaction in reactions)
      {
        if (gameObject.name.StartsWith(reaction.collisionObjectName))
        {
          reaction.OnCollisionReaction(gameObject, collision);
        }
      }
    }
  }
}
```

이 메소드는 실제로 충돌을 처리하지 않는다. 대신 충돌한 다른 오브젝트의
CollisionReaction 컴포넌트에게 알린다. 처음에는 무장 해제[disarmed]가 돼 있지 않
은지 확인한다. 오브젝트가 무장됐다[armed]는 의미는 플레이어가 조종하고 던졌다
는 것이다. 그다음에는 충돌한 오브젝트에 있는 모든 CollisionReaction 컴포넌
트를 얻는다. 충돌한 오브젝트가 오브젝트의 종류에 따라 다르게 반응하는 여러
개의 CollisionReaction 컴포넌트가 있을 수 있기 때문이다. 그런 후 모든 충돌
반응을 collisionObjectName으로 체크하면서 해당되는 충돌을 찾는다. 찾았으
면 OnCollisionReaction 메소드를 호출한다.

 우리는 오브젝트 충돌을 걸러내는 방법으로 게임 오브젝트 이름을 사용한다. 이보다 좀 더 나
은 방식은 태그(Tag)의 사용이다. 부지런한 독자라면 스스로 찾아서 적용시켜보자.

- CollisionReaction: 오브젝트와 충돌할 때 일어나는 여러 가지 일들을 처리한
  다. 코드는 비교적 직관적이다.

```
public void OnCollisionReaction(GameObject go, Collision collision)
{
  ContactPoint contact = collision.contacts[0];
  Quaternion rot = Quaternion.FromToRotation(Vector3.up, contact.normal);
```

```
    Vector3 pos = contact.point;

    if (particlePrefab != null)
    {
      var particle = (Transform)Instantiate(particlePrefab, pos, rot);
      Destroy(particle.gameObject, destroyParticleDelaySeconds);
    }

    if (destroyObject)
    {
      Destroy(go, destroyObjectDelaySeconds);
    }

    collisionEvent.Invoke(gameObject, collision);
}
```

 위 코드는 단순한 방식의 CollisionReaction 스크립트 적용이다. 하지만 데칼(decal)이나 피해량 같은 일반 효과들을 적용하기 위해 확장하거나 상속받을(inherited) 수도 있다.

코드의 첫 부분은 충돌 지점과 충돌의 방향을 판단한다. 그런 후 particlePrefab 이 설정돼 있는지 확인하고, 그렇다면 충돌 지점에 해당 프리팹을 생성한다. 그리고 속성에 설정된 약간의 지연delay 시간 후에 Destroy 메소드를 호출한다. 이어서 충돌한 오브젝트가 제거돼야 하는지 확인하고, 그럴 경우 설정된 지연 시간이 지나면 오브젝트가 파괴된다. 마지막으로 유니티 이벤트인 collisionEvent가 발동되고, 이 이벤트의 리스너listener들로 전달된다. 이런 구성에서는 다른 스크립트들도 이 이벤트를 구독subscribe하면서 필요에 따라 충돌을 다룰 수 있다. 추후에 이 이벤트를 사용해 몬스터가 얼어붙는 효과를 다루겠다.

- CollisionEvent: CollisionReaction 스크립트 하단을 보면 CollisionEvent : UnityEvent<GameObject, Collision> 클래스 정의가 있고 속은 비어있다. 이 정의는 커스텀 유니티 이벤트Unity Event로서 다른 스크립트나 컴포넌트에 충돌을 알

리는 데 사용한다. 유니티 이벤트는 C# 이벤트, 혹은 이전에 사용했던 위임^{delegate} 패턴과 비슷하며, 처리 속도가 느리다. 하지만 유니티 이벤트는 하드코딩된 스크립트보다 손쉽게 컴포넌트들을 연결시킬 수 있으며, 일반화를 지향하는 스크립트에는 중요 요소다.

▌ 반응을 나타내는 파티클 효과

게임에서 파티클 효과는 프랑스 요리사의 버터와 같은 필수적 존재다. 우리가 게임에서 흔히 보는 특수 효과와 화려함을 제공할 뿐만 아니라 플레이어의 활동을 알리는 미묘한 신호로 사용되기도 한다. 우리 게임을 향상시키고 시각적 신호를 제공하기 위해 파티클 효과를 사용한다. 이 장에서는 파티클 효과에 대한 배경지식을 짚고 넘어갈 시간이 없지만 8장, 'AR 세계와 상호작용하기'에서 다시 다룰 예정이다. 이제 화면에 파티클 효과를 추가해보자

1. 유니티 에디터로 돌아가서 Project 창의 Assets/Elementals/Prefabs(Mobile)/ Light 폴더를 연다.

 TIP Elemental 에셋은 매우 훌륭하게 제작돼 있으며, 혹 모바일 버전을 쓰고 싶지 않다면 Assets/Elementals/Prefabs 폴더에 있는 프리팹을 사용한다.

2. Hierarchy 창에서 Plane 오브젝트를 선택한다. Plane 오브젝트가 보이지 않으면 CatchScene 오브젝트를 확장한다.

3. Project 창에 있는 Holy Blast 프리팹을 Inspector 창에 있는 Collision Reaction 컴포넌트의 Particle Prefab 필드에 끌어 놓는다. 다음과 같이 Destroy Particle Delay Seconds 필드를 5로 변경한다.

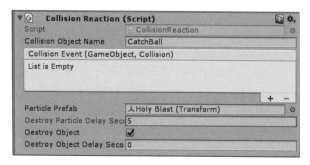

Collision Reaction에 Holy Blast 파티클을 추가하는 모습

4. Hierarchy 창에서 CatchMonster를 선택하고 3단계를 똑같이 반복한다.

5. 에디터 창에서 Play를 눌러 게임을 실행하고 테스트한다. 이제 훨씬 좋아 보일 것이다. 빌드하고 본인의 모바일 기기에 배포한 후 다시 테스트해보자.

6. Collision Reaction 컴포넌트에서 다른 파티클 프리팹을 시험해봐도 좋다. 어떤 효과들이 있는지 둘러보자. Assets/Standard Assets/ParticleSystems/Prefabs 폴더에 있는 유니티 기본 에셋 파티클 효과도 좋다.

▌ 몬스터 포획하기

이제 이번 신의 정점인 몬스터 포획을 살펴볼 차례다. 몬스터가 얼음 볼과 충돌하고 볼이 충격에 의해 폭발하지만, 괴물에게는 아무런 변화가 없다. 플레이어는 얼음 볼을 던져 몬스터를 얼려야 한다. 우리가 할 일은 각각의 볼이 튕겨질 때 괴물을 감속시키는 스크립트를 추가하는 것이다. 괴물을 충분히 맞추면 얼어붙게 된다. 다음 설명을 따라 스크립트를 추가하고 검토해보자.

1. 메뉴에서 GameObject ➤ UI ➤ Canvas를 선택한다. Canvas와 EventSystem 오브젝트가 신에 추가된다. EventSystem을 삭제하고, Canvas 이름을 Caught_UI로 변경한다. Caught_UI 오브젝트를 CatchScene 오브젝트의 자식으로 만든다.

2. Hierarchy 창에서 Caught_UI 오브젝트를 선택하고, 메뉴에서 GameObject ➤ UI ➤

Text를 선택한다. 새로운 Text 오브젝트의 이름을 Frozen으로 변경하고, Inspector 창의 Rect Transform과 Text 컴포넌트를 다음 스크린샷과 같이 설정한다.

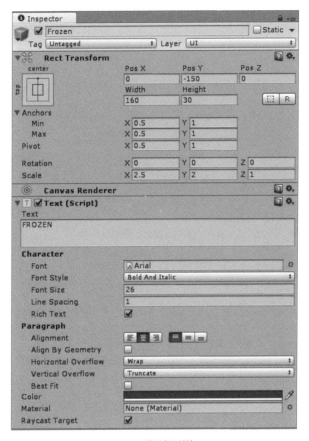

Frozen 컴포넌트 설정

3. Hierarchy 창에서 Caught_UI 오브젝트를 선택하고, Inspector 창의 오브젝트 이름 옆 체크박스를 해제해서 비활성화한다. Game 창에서 FROZEN 텍스트가 투명해질 것이다.

4. Hierarchy 창에서 CatchScene 오브젝트를 선택한다. Project 창의 Assets/FoodyGo/Scripts/Controllers 폴더에서 CatchSceneController 스크립트를 CatchScene 오브젝트에 끌어 놓는다.

5. Assets/Elementals/Prefabs(Mobile)/Ice 폴더의 **Snowstorm** 파티클 프리팹을 Inspector 창에 있는 **Catch Scene Controller** 컴포넌트의 Frozen Particle Prefab 슬롯에 끌어 놓는다.

6. **Catch Scene Controller** 컴포넌트에서 Frozen Enable/Disable List의 Size 필드에 1을 입력해서 확장시킨다. 그런 후 Hierarchy 창에서 **Catch_UI** 오브젝트를 Frozen Disable List에, **Caught_UI**를 Frozen_Enable_List에 끌어 놓는다.

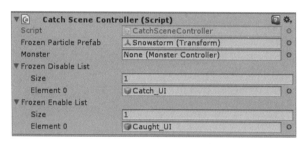

Catch Scene Controller 설정

7. Hierarchy 창에서 CatchMonster를 선택한다. Assets/FoodyGo/Scripts/Controllers 폴더에서 `MonsterController` 스크립트를 Hierarchy 또는 Inspector 창의 CatchMonster 오브젝트로 끌어 놓는다. 여기서 설정할 것은 없으며, 스크립트를 추가하는 것으로 충분하다.

8. Inspector 창에서 CatchMonster가 선택된 채로, 방금 추가한 스크립트 바로 위에 있는 Collision Reaction 컴포넌트를 찾는다. Collision Event 필드 아래의 + 버튼을 클릭해 새 이벤트 리스너event listener를 추가한다. Hierarchy 창의 CatchScene 오브젝트를 새 이벤트의 None(object) 슬롯으로 끌어 놓는다. 그런 다음 No Function이라는 드롭다운을 클릭해 연관 메뉴를 열고 Catch Scene Controller ➤ OnMonsterHit를 선택한다.

9. 이제 Collision Event ➤ OnMonsterHit 핸들러handler를 한 줄의 코드도 작성하지 않고 연결했다. 이러한 구성에서는 우리가 만든 코드의 확장성이 더 높아지고 강력해진다. 이제 게임 규칙과 작동 방식을 변경하려면 CatchSceneController 스크

립트를 수정한다.

10. 에디터에서 **Play**를 누르고 게임을 실행한다. 몬스터에게 볼을 던지고, 공이 몬스터에 부딪힐 때마다 속도가 느려지는 것을 눈여겨보자. 충분한 숫자의 볼이 괴물과 부딪히면 얼어붙고, 얼어붙은 텍스트가 표시되면서 Snowstorm 파티클 효과가 얼어붙은 분위기를 자아낸다. **Game** 창은 다음 스크린샷과 비슷한 모습일 것이다.

얼려진 몬스터의 모습

ⓘ 이 3D 캐릭터는 Reallusion iClone Character Creator에서 제작했다. 커스텀 캐릭터를 더 만들고 싶다면 http://www.reallusion.com/iclone/character-creator/default.html 을 방문해보길 바란다.

11. 본인의 모바일 기기에서도 테스트해보고 똑같이 실행되는지 확인한다.

멋지다. 드디어 괴물을 잡을 수 있다. 지금까지의 여정을 마무리하기 전에 이 모든 것을 가능하게 해준 `CatchSceneController` 코드를 살펴보자. 본인의 편집기에서 스크립트를 열고 다음 코드에서 볼 수 있는 `OnMonsterHit` 메소드로 이동한다.

```
public void OnMonsterHit(GameObject go, Collision collision)
{
  monster = go.GetComponent<MonsterController>();
  if (monster != null)
  {
    print("Monster hit");
    var animSpeedReduction = Mathf.Sqrt(collision.relativeVelocity.magnitude) /
10;
    monster.animationSpeed = Mathf.Clamp01(monster.animationSpeed -
animSpeedReduction);
    if (monster.animationSpeed == 0)
    {
      print("Monster FROZEN");
      Instantiate(frozenParticlePrefab);

      foreach(var g in frozenDisableList)
      {
        g.SetActive(false);
      }
      foreach(var g in frozenEnableList)
      {
        g.SetActive(true);
      }
    }
  }
}
```

스크립트가 비교적 단순하기 때문에 이해하기 어렵지는 않지만 주요 부분을 짚고 넘어가보자.

- 이 메소드는 충돌한 게임 오브젝트에서 `MonsterController`를 가져오는 것으로

시작한다. 오브젝트에 `MonsterController`가 없으면 괴물이 아니므로 스크립트가 종료된다.

- 메소드는 문자 출력 후 피해 정도(0~1)를 계산해 괴물의 애니메이션 속도에 적용한다. `MonsterController`가 현재 하는 일은 몬스터의 애니메이션 속도만 제어하기 때문에 별도로 검토하지 않을 것이다. 애니메이션 속도는 0과 1 사이의 값으로 제한된다.
- 마지막으로, 몬스터의 애니메이션 속도가 0이 되면 몬스터가 얼어붙는다. `frozenParticlePrefab`이 생성된 후 얼어붙었는지 아닌지(frozen disable/enable) 리스트를 체크하면서 해당 리스트의 오브젝트가 활성화되거나 비활성화된다.

여기서 이 장을 마무리하자. 아직 처리하지 않은 부분이 남은 것 같더라도 걱정하지는 말자. 다음 장에서 플레이어가 포획한 몬스터를 저장할 수 있는 기능을 추가하면서 포획 신을 지속적으로 작업할 것이다.

▌ 요약

특히나 긴 장이었지만 많은 부분을 다루면서 게임 속 미니 게임을 완성했다. 시작과 함께 신 관리를 논의하면서 신의 로딩과 신 사이의 전환을 다뤘다. 게임 내 활동을 관리하는 Game Manager도 소개했다. 그런 다음 플레이어가 몬스터를 포획할 수 있도록 하기 위해 터치 입력, 물리, 콜라이더를 다뤘다. AR Catch 신을 위해 꼭 필요한 것들이었다. AR 적용의 일환으로 기기의 카메라를 신scene 배경으로 사용하는 방법을 이해하는 데 시간을 할애했고, 그런 다음 얼음 볼을 신에 추가하고 터치 입력 및 물리를 사용해 볼을 던지는 방법을 다뤘다. 그 후 우리는 콜라이더와 충돌 반응을 스크립트로 작성하는 방법을 알아봤다. 그 과정에서 우리는 충돌 반응에 의해 유발된 파티클 효과를 신에 추가했다. 마지막으로 catch scene controller 스크립트를 추가해 몬스터의 반응을 관리했다. 해당 스크립트는 괴물이 볼에 충분히 맞고 얼어붙을 때의 신 오브젝트를 관리했다.

다음 장에서는 Catch 신 작업들 중 중간에서 잠시 멈췄던 부분부터 계속하겠다. 신을 벗어나면서 플레이어의 포획물들이 저장돼야 한다. 우리 모바일 게임에서는 플레이어의 포획물과 다른 오브젝트들을 저장하는 것이 필수적이다. 따라서 다음 장에서는 인벤토리를 관리하기 위해 새로운 UI 요소를 사용함으로써, 플레이어 인벤토리를 관리하는 플레이어 데이터베이스를 만드는 데 중점을 둘 것이다.

06

포획물 저장하기

이전 장에서는 Catch 신scene을 만들어 플레이어가 몬스터를 포획할 수 있는 방법을 제공했다. 하지만 지금은 플레이어가 몬스터를 잡을 수 있는 것이 전부며, 몬스터를 잡아도 저장할 곳이 없다. 이 장에서는 플레이어 인벤토리inventory를 저장하는 시스템을 구축할 계획이다. 이렇게 하면 플레이어가 포획한 몬스터나 다른 아이템들을 필요에 따라 저장할 수 있다. 그 작업이 끝나면 저장 공간에 있는 몬스터와 다른 아이템들에 접근할 수 있는 UI를 구축하는 데 시간을 할애할 것이다.

이 장에서는 플레이어의 포획물과 기타 아이템을 저장하는 데 사용할 인벤토리 시스템을 개발하기 위해 많은 시간을 쏟을 예정이다. 인벤토리 시스템의 핵심인 데이터베이스로 시작하고 나서 플레이어가 인벤토리에 접근할 때 필요한 UI 요소를 만들 것이다. 그 과정에서 이전에 만든 신들을 연결하고, 첫 번째 온전한 게임 버전을 완성한다. 다음은 이 장에서 다룰 주제들이다.

- 인벤토리 시스템
- 게임 상태 저장
- 서비스 설정
- 코드 검토하기
- 몬스터 CRUD 작동
- **Catch** 신 업데이트
- 인벤토리 신 만들기
- 메뉴 버튼 추가하기
- 게임을 하나로 모으기
- 모바일 개발 문제들

▌ 인벤토리 시스템

어드벤처나 롤플레잉 게임을 해본 적이 있다면 플레이어 인벤토리inventory 시스템에 익숙할 것이다. 인벤토리 시스템은 이러한 장르 게임의 필수 요소며, 우리 게임에도 반드시 필요하다. 따라서 우리 시스템에 필요한 기능을 점검하기 위해 약간의 시간을 할애해보자. 다음은 인벤토리 시스템에 필요한 기능 목록이다.

- 영구적persistent: 모바일 게임은 시시때때로 종료되거나 방해받는 경우가 많다. 따라서 인벤토리는 게임을 하지 않는 사이에도 데이터베이스 또는 다른 저장 방식 간의 상태 정보를 유지해야 한다.

  상태 저장은 강력하고 신속하게 이뤄져야 한다. 저장을 위해 단순 파일flat file이나 데이터베이스를 사용할 수 있다. 일반적인 경우 단순 파일은 사용이 간단하지만, 데이터베이스는 좀 더 강력하고 쉽게 확장할 수 있다.

> ℹ️ 단순 파일을 데이터베이스로 여길 수도 있다. 하지만 여기서 이야기하는 데이터베이스는 제대로 정의된 데이터 정의와 쿼리 언어를 지원하는 체계적인 스토리지 메커니즘(mechanism)을 의미한다.

- 크로스 플랫폼cross platform: 데이터베이스나 저장 메커니즘은 게임을 배포하고자 하는 모든 플랫폼에서 작동해야 한다. 현재는 안드로이드와 iOS가 목표 플랫폼들이다.

  때문에 단순 파일이 옳은 선택일 수 있다. 하지만 이후에 언급할 다른 좋은 크로스 플랫폼 옵션도 존재한다.

- 관계형relational: 관계형이란 데이터베이스의 관점만이 아니라 오브젝트 간의 관계를 의미한다. 예를 들어, 몬스터에게 요리사의 칼이나 모자 같은 아이템을 주고 싶을 수 있기 때문이다.

  관계형 데이터베이스는 우리 게임에 잘 어울리겠지만 오브젝트 또는 그래프 데이터베이스와 같은 다른 옵션도 있다. 물론 XML을 사용하는 단순 파일도 가능하지만, 데이터베이스 솔루션이 좀 더 매력적으로 보인다. 우리에게 이상적인 솔루션은 오브젝트 데이터베이스와 유사한 역할을 하는 관계형 데이터베이스다.

- 확장성extensible: 인벤토리 시스템은 한 개의 아이템 타입, 다시 말해 몬스터로 구성될 것이다. 하지만 추후에는 다른 아이템도 손쉽게 지원할 수 있어야 한다.

  다시 한 번 데이터베이스가 더 나은 선택인 것으로 보인다.

- 접근성: 인벤토리 시스템은 게임 안에서 여러 신들과 여러 가지 요소들에 의해 사용될 수 있어야 한다.

  따라서 인벤토리는 서비스 또는 싱글톤singleton 타입이어야 한다. 인벤토리 시스템을 서비스에 배치할 수 있지만, 싱글톤으로 만드는 것도 좋다.

위에 나열된 사항들을 기반으로 검토해보면, 우리에게 가장 어울리는 것은 데이터베이스다. 우리가 선호하는 것은 오브젝트에서 접근할 수 있는 관계형 데이터베이스다. 또한 우리는 몬스터 서비스와 유사한 서비스 형태로 인벤토리를 사용하려고 하며, GameManager 클래스와 같은 싱글톤으로도 사용하려고 한다. 다음 그림을 통해 이 구성이 우리 게임에서 어떻게 작동할지 살펴보자.

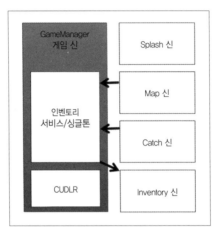

인벤토리 서비스와 요소들 간의 통신 개요

위 그림에서 보듯이 새로운 인벤토리 서비스는 게임 신Game scene의 일부가 되며 Map 및 Catch 신과 상호작용한다. 이렇게 하면, 플레이어는 두 신 중 어디에 있든 인벤토리에 액세스할 수 있다. 인벤토리 UI는 새로운 인벤토리 신Inventory scene 안에 담겨 Game Manager가 관리한다.

인벤토리 시스템을 운영하는 데 사용할 데이터베이스의 유형과 구현을 제외하고는 새 인벤토리 서비스 및 신을 만드는 데 필요한 거의 모든 것을 이미 갖췄다. 다음 절에서는 데이터베이스를 선택하고, 새로운 서비스의 핵심으로서 이용하는 방법을 설명하겠다.

게임 상태 저장하기

현재 우리 게임은 어떤 상태도 저장하지 않고 있으며, 지금까지 필요하지도 않았다. 플레이어의 위치는 기기의 GPS에서 직접 얻을 수 있고, 주위의 몬스터는 임시적으로 구성한 몬스터 서비스에 의해 생성된다. 하지만 우리는 플레이어가 몬스터 또는 다른 아이템들을 사냥, 포획, 수집했으면 한다. 이를 위해 데이터베이스 형식으로 영구적인 저장소를 제공해야 한다. 그렇지 않으면 플레이어가 게임을 종료할 때 지금까지 수집한 모든 것들이 함께 사라진다. 특히 모바일 기기에서 실행되는 게임은 예상치 않게 종료되거나 꺼지는 경향이 있다. 따라서 강력한 저장 솔루션이 필요하다.

유니티 에셋 스토어Unity Asset Store에서 데이터베이스를 검색하면 많은 무료 및 유료 옵션이 있다. 그러나 깃허브GitHub에서 오픈소스 형태로 구할 수 있는 SQLite4Unity3d(https://github.com/codecoding/SQLite4Unity3d)를 사용할 것이다. 이 패키지는 뛰어난 크로스 플랫폼 관계형 데이터베이스인 SQLite를 위한 훌륭한 래퍼wrapper다. 사실 유니티 에셋 스토어에는 다양한 버전의 SQLite 데이터베이스 래퍼가 있다. 하지만 여러 소프트웨어 중에서 이 소프트웨어를 선택한 이유는 다음과 같다.

- 오픈소스: 오픈소스는 양날의 검 같은 존재다. 현재는 무료일 뿐 아니라 지원이 계속되고 있으므로 유용하다. 하지만 모든 오픈소스가 무료는 아니며, 또한 지원이 잘 되지 않을 수 있으므로 조심해야 한다.

> ℹ️ UnityList(http://unitylist.com)는 유니티에 관련된 오픈소스 프로젝트들을 찾아볼 수 있는 좋은 검색 엔진이다.

- 관계형 데이터베이스: SQLite는 오픈소스며, 커뮤니티 중심으로 개발되는 경량급 관계형 데이터베이스다. 관계형 데이터베이스는 데이터 관계를 지원하고 잘 알려진 데이터 정의 언어를 제공하기 때문에 우리에게 좋은 옵션이다. 이 데이터베이스에서 데이터를 쿼리하고 정의하는 데 사용하는 언어를 SQL이라 하므로 비

숫한 이름을 가졌을 것으로 짐작한다. 다행히도 SQLite4Unity3d 래퍼가 대신 처리해주므로 우리가 직접 SQL을 다룰 필요는 없다.

> ℹ️ SQLite 커뮤니티 페이지는 https://sqlite.org/에서 둘러볼 수 있다.

- 오브젝트/엔티티 데이터 모델: 오브젝트 또는 엔티티^{entity} 데이터 모델을 사용하면 개발자가 SQL과 같은 2차 언어를 직접 작성하지 않고 오브젝트를 통해 데이터베이스의 데이터를 관리할 수 있다. SQLite4Unity3d 래퍼는 코드 우선^{code-first} (클래스 우선) 오브젝트 관계형 매핑 또는 엔티티 정의 데이터 모델을 훌륭하게 적용했다. 코드 우선 접근 방식을 사용하면, 먼저 오브젝트를 정의하고 실행 중에 오브젝트의 정의에 맞게 데이터베이스를 동적으로 구성할 수 있다. 이 설명이 당장 이해되지 않는다고 해도 걱정하지 말자. 곧 세부적으로 살펴볼 것이다.

> ℹ️ 표(table)는 엔티티를 정의하는 데 코드/클래스를 우선으로 하는 접근 방식과 반대된다. 데이터베이스 테이블이 먼저 정의된 다음 코드/클래스가 빌드 프로세스에서 파생된다. 테이블 우선 방식은 데이터의 엄격한 정의를 원하는 사용자가 선호한다.

이제는 기반 사항을 모두 다뤘으니 데이터베이스 래퍼와 필요한 다른 코드를 불러오는 것으로 시작해보자. 다행히도 데이터베이스 래퍼와 코드는 모두 단일 에셋으로 묶여져 있다. 다음 설명에 따라 에셋 패키지를 가져오자.

1. 유니티 에디터를 열고 5장, 'AR에서 포획물 잡기'에서 작업하던 **Catch** 신을 불러오자. 이곳으로 건너뛰어 왔다면 다운로드한 소스 코드의 Chapter_6_Start 폴더에서 프로젝트를 불러온다.

2. 메뉴에서 **Assets ➤ Import Package ➤ Custom Package**…를 선택한다.

3. Import package… 창이 열리면 다운로드한 소스 코드의 Chapter_6_Assets 폴더

로 가서 Chapter6_import1.unitypackage 파일을 선택한다. **Open**을 클릭해서
파일을 가져온다.

4. **Import Unity Package**가 불려오면 무엇을 가져오는지 확인한 후 **Import** 버튼을
클릭한다. 이렇게 하면 몇 개의 새로운 스크립트와 업데이트된 스크립트, 또는
SQLite 통합에 필요한 플러그인plugin들을 가져올 것이다.

5. **Project** 창에서 Assets/FoodyGo/Plugins/x64 폴더를 선택한다. 폴더에서
sqlite3 플러그인을 선택한다. 그런 후 **Inspector** 창에서 플러그인이 본인의 기기
에 배포될 수 있게 설정돼 있는지 확인한다. 다음은 안드로이드를 위한 예제 설
정을 보여주는 스크린샷이다. iOS에서도 똑같다.

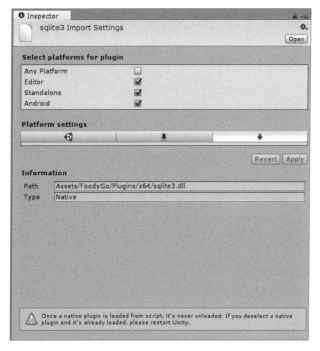

안드로이드를 위한 Sqlite3 가져오기 설정

6. 변경한 사항들이 있다면 하단의 **Apply** 버튼을 클릭한다. 변경 사항들이 저장될
것이다.

패키지를 가져오고 플러그인을 설정하는 작업은 어렵지 않다. 다음 절에서 모든 부분이 올바르게 설정됐는지 테스트해보자.

▌ 서비스 구성하기

이제 SQLite 래퍼 플러그인, SQLite 스크립트, 기타 스크립트들을 가져왔으니 Catch 신에 서비스들을 구성해서 테스트해보자.

1. 메뉴에서 GameObject ＞ Create Empty를 선택한다. 새 오브젝트의 이름을 Services로 변경하고 Inspector 창에서 트랜스폼을 영점으로 리셋한다.

2. Hierarchy 창에서 Services 오브젝트를 선택한 후 오른 클릭(맥에서는 Ctrl + 클릭)으로 연관 메뉴를 연다. 연관 메뉴에서 Create Empty를 선택한다. Services 오브젝트 아래에 새로운 빈 자식child 오브젝트가 생성될 것이다. Inspector 창에서 이 오브젝트의 이름을 Inventory로 변경한다.

3. 2 단계를 반복한다. 하지만 이번에는 새로운 오브젝트의 이름을 CUDLR로 변경한다.

4. Hierarchy 창에서 Inventory 오브젝트를 선택한다. Assets/FoodyGo/Scripts/ Services 폴더에서 InventoryService.cs 스크립트를 Inventory 오브젝트 위에 끌어 놓는다.

5. Inventory 오브젝트가 선택된 상태에서 다음과 같이 Inspector 창에 있는 Inventory 컴포넌트의 설정을 확인한다.

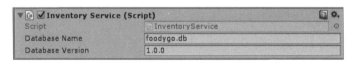

Inventory Service의 기본 설정

6. Inventory Service에서 중요한 파라미터들에 대해 설명하면 다음과 같다.

- **Database Name**: 데이터베이스의 이름이다. 언제나 SQLite 데이터베이스의 기본인 .db 확장자를 사용해야 한다.
- **Database Version**: 데이터베이스의 버전을 설정한다. 버전은 언제나 major. minor.revision의 형태여야 하며, 숫자만 사용해야 한다. 추후에 데이터베이스를 업그레이드하는 법을 다루겠다.

7. Hierarchy 창에서 CUDLR 오브젝트를 선택한다. Assets/CUDLR/Scripts 폴더에서 Server 스크립트를 CUDLR 오브젝트에 끌어 놓는다. 2장, '플레이어 위치 매핑'의 'CUDLR 구성하기' 절을 놓쳤다면 읽어보길 바란다.

8. 메뉴에서 Window > Console을 선택한다. Console 창을 Inspector 창 바로 아래에 끌어 위치시킨다.

9. 에디터에서 Play를 누르고 Catch 신을 실행한다. 게임을 해볼 필요는 없다. Console 창에 나오는 출력을 둘러본다.

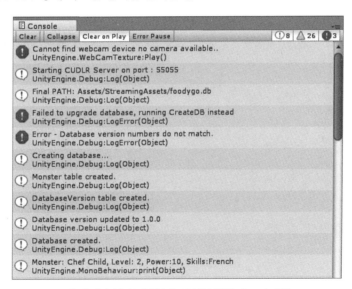

새로운 데이터베이스가 생성되는 모습을 보여주는 Console 출력

10. 본인의 콘솔 출력과 위 예제가 똑같아야 한다(웹캠 에러 제외). 출력에서 볼 수 있듯이 게임이 시작될 때 데이터베이스가 생성된다.

11. Play 버튼을 다시 눌러 게임 실행을 멈춘다. 그리고 다시 게임을 실행한다. 이번에는 Console 창의 출력이 다르다. 두 번째 실행할 때는 이미 데이터베이스가 존재하므로 새로운 데이터베이스를 생성할 필요가 없다.

12. 빌드를 하고 모바일 기기에 게임을 배포한다. 빌드 설정^{build settings}에 필요한 신들이 설정돼 있는지 확인한다. 이번 경우는 Catch 신만 체크돼 있어야 한다.

13. 게임이 실행되는 동안 브라우저를 열고 이전에 CUDLR 콘솔에 연결하기 위해 사용했던 주소를 입력한다. 어떻게 하는지 잘 모르겠다면 2장, '플레이어 위치 매핑'의 'CUDLR 구성하기' 절을 참조한다.

14. CUDLR 출력은 다음의 콘솔 창과 매우 비슷한 모습이어야 한다.

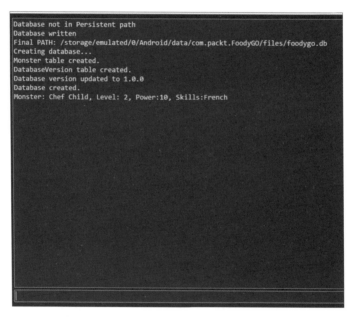

```
Database not in Persistent path
Database written
Final PATH: /storage/emulated/0/Android/data/com.packt.FoodyGO/files/foodygo.db
Creating database...
Monster table created.
DatabaseVersion table created.
Database version updated to 1.0.0
Database created.
Monster: Chef Child, Level: 2, Power:10, Skills:French
```

안드로이드 기기에서 새로운 데이터베이스를 생성하는 CUDLR 출력

15. 혹시 본인의 CUDLR 출력에서 비슷한 모습이 보이지 않는다면 위 섹션의 플러그인 설정을 다시 검토하거나 10장, '문제 해결'을 참조한다.

16. 기기에서 게임을 종료한다. 다시 게임을 실행하고 CUDLR 콘솔의 출력을 다시 한 번 검토한다. 이미 데이터베이스가 존재하기 때문에 이번에도 새로운 데이터

베이스의 생성 부분은 보이지 않을 것이다.

코드 리뷰하기

위 예제와 테스트를 통해 알 수 있듯이 우리가 가져온 인벤토리Inventory 서비스는 데이터베이스 래퍼가 이미 첨부돼 있다. 가져온 스크립트의 변경 사항들을 둘러보고, InventoryService 스크립트도 심도 있게 검토해보자.

1. Project 창의 Assets/FoodyGo/Scripts/Controllers 폴더에 있는 CatchScene Controller를 더블 클릭해 본인의 스크립트 에디터에서 연다.

2. CatchSceneController에서 변경된 사항은 인벤토리 서비스를 호출하는 새로운 Start 메소드다. 다음 메소드를 보자.

```
void Start()
{
  var monster = InventoryService.Instance.CreateMonster();
  print(monster);
}
```

3. Start 메소드 안을 보면 Instance 속성을 사용해 InventoryService가 싱글톤으로 호출된다. 그런 후 새로운 monster 오브젝트를 생성하기 위해 CreateMonster 메소드가 호출된다. 마지막으로 print 메소드를 사용해 Console 창에서 monster 오브젝트가 출력된다.

4. Start 메소드에 있는 코드는 나중에 제거할 테스트 코드다. 하지만 싱글톤 패턴이 제공하는 손쉬운 접근 방식에 고마움을 느껴보자.

5. InventoryService를 검토하기 전에 한 가지 단계가 더 있다. Assets/FoodyGo/Scripts/Database 폴더에 있는 Monster 스크립트를 연다. 기억이 날지 모르겠지만 MonsterService 안에 있는 Monster 클래스를 사용해서 생성 위치를 추적

했다. 대신 Monster 클래스를 인벤토리와 데이터베이스 영속화를 위해서만 존재하도록 단순화하고, 이전 클래스를 새로운 MonsterSpawnLocation으로 변모시켰다. MonsterService 스크립트도 MonsterSpawnLocation을 사용할 수 있도록 업데이트했다.

6. 이제 인벤토리와 데이터베이스를 영속적으로 사용할 수 있는 새로운 Monster 오브젝트를 자세히 검토해보자.

```
public class Monster
{
  [PrimaryKey, AutoIncrement]
  public int Id { get; set; }
  public string Name { get; set; }
  public int Level { get; set; }
  public int Power { get; set; }
  public string Skills { get; set; }
  public double CaughtTimestamp { get; set; }
  public override string ToString()
  {
  return string.Format("Monster: {0}, Level: {1}, Power:{2}, Skills:{3}",
Name, Level, Power, Skills);
  }
}
```

7. 첫 번째로 눈에 띄는 점은 Monster의 특성을 정의하기 위해 유니티나 일반적인 C#과는 다른 스타일의 몬스터 속성을 사용하는 것이다. 그런 다음, 맨 위의 Id 속성에는 PrimaryKey와 AutoIncrement 속성이 첨부돼 있다. 관계형 데이터베이스에 익숙하다면 이 패턴을 바로 이해할 수 있을 것이다.

익숙하지 않은 사람들을 위해 좀 더 설명하자면, 우리 데이터베이스의 모든 기록/오브젝트는 프라이머리 키primary key라는 고유한 식별자를 필요로 한다. 이 식별자(Id)를 사용하면 나중에 빠르게 오브젝트를 찾을 수 있다. AutoIncrement 속성은 새로운 오브젝트가 생성될 때 Id 속성(정수)이 자동으로 증가한다는 것을 알려준다. 이렇게 하면 오브젝트의 ID를 직접 관리할 필요가 없어지고, **Id** 속성이 데이터베이스에서 자동으로 설정된다.

8. 지금은 다른 속성에 대해 걱정하지 말고, 대신 오버라이드^{override}된 **ToString** 메소드에 주목해보자. **ToString**을 오버라이드하면 오브젝트의 출력을 사용자가 정의할 수 있으며, 디버깅에도 유용하다. 모든 속성을 일일이 검사하고 콘솔로 출력하는 대신 **CatchSceneController.Start** 메소드에서 봤던 것처럼 print(monster)로 단순화할 수 있다.

9. 이제 배경 설명이 끝났으니 Assets/FoodyGo/Scripts/Services 폴더에 있는 **InventoryService** 스크립트를 연다. 보다시피 이 클래스는 다양한 배포 플랫폼을 감안해서 **Start** 메소드에 여러 조건문들을 담고 있다. 이 코드 전체를 검토하지는 않겠지만, **Start** 메소드의 마지막 몇 줄은 살펴봐야 한다.

```
_connection = new SQLiteConnection(dbPath, SQLiteOpenFlags.ReadWrite |
SQLiteOpenFlags.Create);
Debug.Log("Final PATH: " + dbPath);
if (newDatabase)
  {
  CreateDB();
  }else
  {
  CheckForUpgrade();
  }
```

10. 첫 번째 줄에서 SQLite 데이터베이스와 연결되는 새로운 **SQLiteConnection**을 만든다. 연결은 데이터베이스 경로(dbPath)와 옵션을 전달해 설정된다. 연결에 제공된 옵션은 경우에 따라 읽기/쓰기 권한을 요청하고 데이터베이스를 생성한다. 따라서 **dbPath**에 데이터베이스가 존재하지 않으면, 새로운 빈 데이터베이스가 생성된다. 다음 줄은 데이터베이스 경로를 콘솔에 출력한다.

사실 Debug.Log는 print 메소드와 같다. 단순함을 위해 print를 사용해왔으며, 앞으로도 필요할 때마다 그럴 것이다.

11. 연결되고 나면 newDatabase 불리언^{Boolean} 변수를 체크해 새 데이터베이스가 만들어졌는지 확인한다. newDatabase 변수는 기존 데이터베이스가 이미 존재하는지 여부를 판별해 이 코드 이전에 설정됐다. newDatabase가 true면 CreateDB를 호출하고, 그렇지 않으면 CheckForUpgrade를 호출한다.

12. CreateDB 메소드는 기기에 실제 데이터베이스 파일을 만들지 않는다. 대신 이전에 살펴본 연결 코드에서 이 작업을 수행한다. CreateDB 메소드는 다음과 같이 데이터베이스의 오브젝트 테이블 또는 스키마^{schema}를 인스턴스화한다.

```
private void CreateDB()
{
  Debug.Log("Creating database...");
  var minfo = _connection.GetTableInfo("Monster");
  if(minfo.Count>0) _connection.DropTable<Monster>();
  _connection.CreateTable<Monster>();
  Debug.Log("Monster table created.");
  var vinfo = _connection.GetTableInfo("DatabaseVersion");
  if(vinfo.Count>0) _connection.DropTable<DatabaseVersion>();
  _connection.CreateTable<DatabaseVersion>();
  Debug.Log("DatabaseVersion table created.");

  _connection.Insert(new DatabaseVersion
  {
      Version = DatabaseVersion
  });
  Debug.Log("Database version updated to " + DatabaseVersion);
  Debug.Log("Database created.");
}
```

13. 이 메소드에 Debug.Log문이 너무 많다고 놀랄 필요는 없다. 그냥 도움이 되는 주

석 정도로 생각하자. 설치 로깅logging이 끝나면, 연결 상태에서 GetTableInfo 메소드를 사용해 Monster 테이블이 이미 생성됐는지 여부를 확인한다. GetTableInfo는 테이블의 열이나 속성 정보를 반환한다. 열이나 속성이 설정되지 않은 경우 minfo의 카운트는 0이다. 그러나 테이블이 존재하는 경우, 삭제하거나 무시하고 현재 Monster 속성을 사용해 새 테이블을 만든다.

우리는 다음 테이블인 DatabaseVersion에 대해서도 같은 패턴을 따른다. GetTableInfo가 vinfo.Count> 0을 반환하면 테이블을 삭제하고, 그렇지 않으면 계속한다. InventoryService에 더 많은 오브젝트를 추가할 때 동일한 방식으로 새 테이블을 만들어야 한다.

SQLite4Unity3d 래퍼는 오브젝트를 관계형 데이터베이스 테이블에 매핑할 수 있게 해주는 오브젝트 관계형 매핑Object Relational Mapping(ORM) 프레임워크를 제공한다. 그래서 우리는 때때로 오브젝트와 테이블이라는 용어를 바꿔가며 사용한다. 다음 그림은 매핑이 일반적으로 어떻게 작동하는지 보여준다.

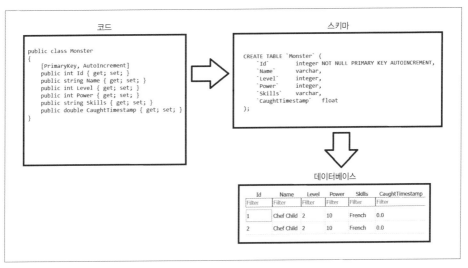

몬스터가 데이터베이스로 가는 ORM 예제

14. 오브젝트 테이블이 생성된 후 새로운 DatabaseVersion 오브젝트를 생성하고

_connection에 Insert 메소드를 사용해 데이터베이스에 저장한다. Database Version 오브젝트는 매우 간단하며 Version이라는 속성 하나만 가지고 있다. 우리는 이 오브젝트/테이블을 사용해 데이터베이스의 버전을 추적한다.

15. 새로운 데이터베이스를 생성할 필요가 없다면 다음과 같이 CheckForUpgrade 메소드를 사용해 업그레이드 여부를 확인한다.

```
private void CheckForUpgrade()
{
  try
  {
    var version = GetDatabaseVersion();
    if (CheckDBVersion(version))
    {
      // 새로운 버전으로 업그레이드 필요
      Debug.LogFormat("Database current version {0} - upgrading to {1}",
version, DatabaseVersion);
      UpgradeDB();
      Debug.Log("Database upgraded");
    }
  }
  catch (Exception ex)
  {
    Debug.LogError("Failed to upgrade database, running CreateDB
instead");
    Debug.LogError("Error - " + ex.Message);
    CreateDB();
  }
}
```

16. CheckForUpgrade 메소드는 먼저 현재 데이터베이스 파일 버전을 가져온 후 CheckDBVersion 메소드의 코드에서 가져온 버전과 비교한다. 코드에서 InventoryService의 DatabaseVersion 설정으로 구성한 한 최신 데이터베이스 버전이 필요한 경우, 데이터베이스를 업그레이드한다. 데이터베이스의 업그레이

드가 필요하지 않은 경우 게임은 현재 데이터베이스를 사용한다. 그러나 버전 확인에 오류가 있거나 다른 오류가 발생하면, 코드는 기존 데이터베이스에 문제가 있다고 가정하고 새 버전을 만든다. 추후에 실제 데이터베이스를 업그레이드하는 데 더 많은 시간을 할애할 것이다.

17. 마지막으로 CatchSceneController에서 호출된 CreateMonster를 검토해보자.

```
public Monster CreateMonster()
{
  var m = new Monster
  {
    Name = "Chef Child",
    Level = 2,
    Power = 10,
    Skills = "French"
  };
  _connection.Insert(m);
  return m;
}
```

18. CreateMonster 메소드는 현재 하드코딩된 Monster 오브젝트를 만들고 _connection.Insert 메소드를 사용해 데이터베이스에 삽입한다. 그런 다음 새 오브젝트를 호출 코드로 반환한다. 관계형 데이터베이스와 SQL 코드를 다뤄본 경험이 있다면, 여기서 Insert가 얼마나 간단한지 알 수 있다. 이 장의 다음 절에서 CreateMonster 및 기타 작업 메소드를 업데이트한다.

▌ 몬스터 CRUD 작동

현재 인벤토리 서비스는 동일한 몬스터만 생성한다. 따라서 새로운 몬스터를 만들고, 몬스터의 읽기, 업데이트, 삭제와 같은 다른 작업도 수행해야 한다. 데이터베이스의 기본 작업인 Create, Read, Update, Delete는 CRUD라고도 불린다. 이제 실제로 약간의 코딩을 통해 몬스터 CRUD를 만들어보자.

본인의 에디터에서 InventoryService 스크립트를 다시 열고 CreateMonster 메소드로 스크롤한다. CreateMonster 메소드를 삭제하고, 다음 설명에 따라 교체하고, 다른 새 메소드도 추가한다.

- CREATE: 다음 메소드로 CreateMonsters 메소드를 교체한다.

```
public Monster CreateMonster(Monster m)
{
  var id = _connection.Insert(m);
  m.Id = id;
  return m;
}
```

하드코딩된 몬스터를 생성하는 대신 몬스터 오브젝트를 가져와서 데이터베이스에 새로운 오브젝트/기록으로 삽입한다. 이 과정에서 Monster 오브젝트에 부여되는 새 자동 증가 id를 반환하고, 호출 코드에게 다시 반환한다. 코드의 다른 부분이 몬스터의 세부 사항을 생성하도록 할 것이다.

- READ(단일): 우리는 두 가지 버전의 read 메소드를 처리한다. 하나는 개별 몬스터를 읽거나 찾는 것이고, 다른 하나는 모든 몬스터를 읽는 것이다. 단일 몬스터를 읽기 위해 다음 코드를 추가해보자.

```
public Monster ReadMonster(int id)
{
  return _connection.Table<Monster>().Where(m => m.Id == id).
FirstOrDefault();
}
```

이 메소드는 id를 사용해 함수 대리자function delegate를 파라미터로 받아들이는 Where 메소드를 사용해 일치하는 오브젝트 몬스터를 테이블에서 찾는다.

코드를 보면 Linq에 SQL을 사용하는 것처럼 보이지만 그렇지 않다. Where
와 FirstOrDefault는 크로스 플랫폼을 유지하기 위해 SQLite 구현의 일부
로 추가됐다.

> iOS는 현재 Linq를 지원하지 않는다. 때문에 일반적인 C# 개발자나 리눅스 또는 맥 등의 플
> 랫폼을 이용해왔던 개발자들에게 혼란을 일으키는 경우가 많다.
>
> 응용프로그램이 여러 플랫폼에 호환될 수 있게 하려면 System.Linq 네임스페이스
> (namespace)는 가급적 사용하지 말아야 한다.

- READ(전체): 모든 몬스터를 읽어들이는 것은 더 간단하다.

```
public IEnumerable<Monster> ReadMonsters()
{
  return _connection.Table<Monster>();
}
```

이 한 줄이 모든 몬스터를 데이터베이스에서 읽어내는 데 필요한 전부다. 이
보다 더 간단하기는 힘들다.

- UPDATE: 몬스터 코드를 다음과 같이 업데이트하자.

```
public int UpdateMonster(Monster m)
{
  return _connection.Update(m);
}
```

UpdateMonster 메소드는 몬스터 오브젝트를 가져와서 데이터베이스에 업데
이트한다. 업데이트된 기록/몬스터의 수를 담은 int 값이 반환된다. 이것은
항상 1을 반환해야 한다. update 메소드에 전달된 몬스터 오브젝트는 기존
ID를 가져야 한다는 것을 유념하자. 몬스터 오브젝트의 Id 속성이 0인 경우,

CreateMonster 메소드를 대신 사용해야 한다. CreateMonster 메소드는 데이터베이스에 새로운 몬스터를 만들고 Id 속성을 설정한다.

- DELETE: 마지막으로 몬스터 오브젝트를 더 이상 사용할 필요가 없다면 다음 코드를 사용해 삭제할 수 있다.

```
public int DeleteMonster(Monster m)
{
  return _connection.Delete(m);
}
```

DeleteMonster 메소드는 UpdateMonster 메소드와 비슷하다. 삭제하려는 몬스터를 가져온 후 데이터베이스에서 삭제한다. 삭제된 오브젝트의 수를 반환하는데, 이 수는 1이어야 한다. 다시 말하지만, monster 오브젝트는 유효한 Id 속성을 가져야 한다. 유효한 ID가 없다면 데이터베이스에 실제로 존재하지 않기 때문이다.

여기서 한 가지 바란다면, 기본 몬스터 CRUD 코딩의 이해가 어렵지 않았으면 좋겠다. SQLite4Unity3d 래퍼^{wrapper}의 일부로 오브젝트 관계형 매핑을 사용함으로써 몬스터 인벤토리에 대한 데이터베이스 지속성을 신속하게 구현할 수 있었다. 지금까지 SQL을 언급한 적도 없고, SQL 코드는 더더욱 작성하지 않았다. 또한 앞으로는 인벤토리 서비스에서 다른 오브젝트를 구현하는 것도 쉬워졌다.

▌ Catch 신 업데이트하기

인벤토리에 몬스터를 저장하기 위한 새로운 CRUD 작업을 구현할 때 기존 CatchSceneController 스크립트를 건드렸다. 기억하겠지만, 이전 샘플 CreateMonster 메소드를 삭제하고 데이터베이스에 몬스터 항목을 만들기 위한 새로운 메소드를 작성했다. 즉, 업데이트된 코드를 수정해야 할 뿐만 아니라 새로운 임의의 몬스터 속성을 인스턴스화할 수 있는 방법이 필요하다.

신 컨트롤러를 수정하기 전에 새롭게 무작위로 몬스터 속성을 생성하는 부분을 다뤄본다. 이상적인 해결책은 무작위로 몬스터를 만들 수 있는 MonsterFactory라는 간단한 정적static 클래스를 만드는 것이다. 다음 설명에 따라 새 MonsterFactory 스크립트를 구성해보자.

1. **Project** 창의 Assets/FoodyGo/Scripts/Services 폴더에서 오른 클릭(맥에서는 Ctrl + 클릭)을 한다. 연관 메뉴에서 **Create ➤ C# Script**를 선택한다. 스크립트의 이름을 MonsterFactory로 변경한다.

2. 새로운 스크립트에 더블 클릭해 본인의 에디터에서 연다.

3. 다음과 같이 스크립트를 수정한다.

```
using packt.FoodyGO.Database;
using UnityEngine;

namespace packt.FoodyGO.Services
{
  public static class MonsterFactory
  {
  }
}
```

4. 우리는 간단한 static class를 원하기 때문에 스크립트의 시작 부분을 없애버렸다.

5. 이어서 몬스터 이름으로 사용될 무작위 이름 리스트를 추가해보자. 다음 사항을 클래스에 추가하자.

```
public static class MonsterFactory
  {
    public static string[] names = {
      "Chef",
      "Child",
      "Sous",
```

```
  "Poulet",
  "Duck",
  "Dish",
  "Sauce",
  "Bacon",
  "Benedict",
  "Beef",
  "Sage"
};
```

6. 다른 이름을 원하는 만큼 리스트에 추가해도 좋다. 마지막을 제외하고 모든 입력 뒤에 콤마를 더하는 것을 잊지 말자.

7. 그런 후 스킬을 담고 있을 새로운 필드와 다른 최대치 속성들을 만들자.

```
public static string[] skills =
  {
    "French",
    "Chinese",
    "Sushi",
    "Breakfast",
    "Hamburger",
    "Indian",
    "BBQ",
    "Mexican",
    "Cajun",
    "Thai",
    "Italian",
    "Fish",
    "Beef",
    "Bacon",
    "Hog",
    "Chicken"
  };

  public static int power = 10;
  public static int level = 10;
```

8. 이름 리스트와 마찬가지로 스킬 리스트에 원하는 만큼 추가해도 좋다. 여기서 스킬이란 스페셜 메뉴나 음식 제품을 의미한다. 추후에 일을 찾기 위해 몬스터를 식당에 보낼 때 이 스킬들을 사용할 것이다.

9. 속성을 끝냈으니 CreateRandomMonster 메소드와 헬퍼들을 작성해보자.

```
public static Monster CreateRandomMonster()
{
  var monster = new Monster
  {
    Name = BuildName(),
    Skills = BuildSkills(),
    Power = Random.Range(1, power),
    Level = Random.Range(1, level)
  };
  return monster;
}

private static string BuildSkills()
{
  var max = skills.Length - 1;
  return skills[Random.Range(0, max)] + "," + skills[Random.Range(0,
max)];
}
private static string BuildName()
{
  var max = names.Length - 1;
  return names[Random.Range(0, max)] + " " + names[Random.Range(0, max)];
}
```

10. 코드는 꽤 직관적이지만 몇 가지 사항들을 살펴보자. 우리는 메인 메소드에 있는 Random.Range와 헬퍼들(BuildName, BuildSkills)을 사용해 임의의 값 범위를 제공한다. 이름 및 스킬 헬퍼 메소드의 경우 해당 임의 값은 문자열 값을 반환하기 위해 이름 또는 스킬 배열에 대한 인덱스로 사용된다. 무작위 값은 이름 또는 쉼표로 구분된 스킬 모음으로 합쳐진다.

11. Power 및 Level 속성은 Random.Range 메소드를 사용해 쉽게 설정할 수 있다. 우리가 위에서 설정한 최대 속성 값에 시작 값인 1을 사용한다.

12. 언제나처럼 스크립트 편집을 마치면 스크립트를 저장한다.

13. 유니티 에디터에서 Assets/FoodyGo/Scripts/Controllers 폴더의 CatchScene Controller 스크립트를 연다.

 코드 에디터에 따라 스크립트 에디터에서 파일을 찾기가 어려운 경우도 있다. 우리가 새로운 스크립트를 열 때 항상 유니티 에디터로 다시 돌아가는 이유가 바로 여기에 있다.

14. 파일의 맨 위에서 Start 메소드를 선택한 후 삭제하자. 다음과 같이 코드를 다시 작성한다.

```
void Start()
{
  var m = MonsterFactory.CreateRandomMonster();
  print(m);
}
```

15. 이 몇 줄의 코드는 CatchScene이 초기화되면 새로운 임의의 몬스터가 생성된다는 것을 의미한다.

16. 편집이 끝나면 파일을 저장하고 유니티 에디터로 돌아간다. 스크립트가 컴파일될 때까지 기다린 후 재생을 눌러 신을 시작하자. 콘솔 창에서 새로운 몬스터 속성의 출력을 체크해보면, 다음과 같은 임의의 값이 보일 것이다.

```
(!) Starting CUDLR Server on port : 55055
    UnityEngine.Debug:Log(Object)
(!) Monster: Chef Beef, Level: 9, Power:6, Skills:Mexican,Indian
    UnityEngine.MonoBehaviour:print(Object)
(!) Final PATH: Assets/StreamingAssets/foodygo.db
    UnityEngine.Debug:Log(Object)
```

콘솔에 무작위로 생성된 몬스터 속성의 출력 예제

이제 CatchScene이 시작될 때 플레이어가 잡을 수 있는 임의의 몬스터가 생성된다. 그러나 우리는 몬스터 속성을 사용해서 플레이어가 생성된 몬스터를 잡는 난이도를 결정하길 원한다. 우리가 해야 할 일은 몬스터를 잡기가 더 어렵게 만들고, 도망갈 수도 있게 하는 코드를 추가하는 것이다. CatchScene에 약간의 난이도를 추가하려면 다음과 같이 수행하자.

1. 우리가 할 첫 번째 일은 CatchSceneController 스크립트에 새로운 필드를 추가하는 것이다. Assets/FoodyGo/Scripts/Controllers 폴더에서 CatchScene Controller 스크립트를 연다.

2. 기존 필드와 Awake 메소드 바로 위에 새 필드를 추가한다.

```
public Transform escapeParticlePrefab;
public float monsterChanceEscape;
public float monsterWarmRate;
public bool catching;
public Monster monsterProps;
```

3. escapeParticlePrefab은 몬스터가 탈출할 때의 파티클 효과다. monsterChance Escape는 도망의 확률을 결정한다. monsterWarmRate는 공격을 받은 후 몬스터가 다시 준비[warm]되는 속도를 설정한다. catching은 루프에서 빠져나오는 bool 변수일 뿐이다. 마지막으로, monsterProps는 무작위로 생성된 몬스터 속성을 저장한다.

4. Awake 메소드의 코드를 다음 코드로 변경한다.

```
monsterProps = MonsterFactory.CreateRandomMonster();
print(monsterProps);

  monsterChanceEscape = monsterProps.Power * monsterProps.Level;
  monsterWarmRate = .0001f * monsterProps.Power;
  catching = true;
  StartCoroutine(CheckEscape());
```

5. 먼저 monsterProps라는 변수에 새로운 무작위 몬스터 속성을 저장한다. 그런 다음 코드를 통해 알 수 있듯이 괴물의 힘과 레벨을 곱해 탈출 확률을 얻는다. 기본 값에 힘을 곱해 준비 속도warm rate를 수정한 후에(지금은 하드코딩된 .0001f에 대해 너무 걱정할 필요는 없다.) catching 상태를 true로 설정하고 마지막으로 CheckEscape 라는 코루틴coroutine을 시작한다.

6. 다음과 같이 CheckEscape 코루틴을 추가한다.

```
IEnumerator CheckEscape()
{
  while (catching)
  {
    yield return new WaitForSeconds(30);
    if (Random.Range(0, 100) < monsterChanceEscape && monster!= null)
    {
      catching = false;
      print("Monster ESCAPED");
      monster.gameObject.SetActive(false);
      Instantiate(escapeParticlePrefab);
      foreach (var g in frozenDisableList)
      {
        g.SetActive(false);
      }
    }
  }
}
```

7. CheckEscape 코루틴에는 catching이 true일 때 지속적으로 실행되는 while 루프가 있다. 루프 내부의 첫 번째 줄은 30초 동안 루프를 일시 중지시킨다. 즉, while 루프의 내용은 30초마다 실행된다. 일시 중지가 끝나면 0과 100 사이의 무작위 값이 monsterChanceEscape보다 작은지 확인한다. 그렇다면 몬스터 (MonsterController)가 null이 아니게 되고, 몬스터는 도망친다.

8. 괴물이 도망치면 몇 가지 일이 일어난다. 먼저 catching 상태를 false로 설정

해 루프를 중지한다. 다음으로 콘솔에 메시지를 출력한다. 그다음에는 monster.gameobject를 비활성화하고, 탈출 파티클을 생성하고, 신 아이템들을 비활성화한다. 신 아이템들을 비활성화하려면 frozenDisableList를 반복한다.

9. OnMonsterHit 메소드의 if문 안쪽에 굵은 글씨로 표시된 새로운 코드를 입력하자.

```
monster = go.GetComponent<MonsterController>();
if (monster != null)
{
    monster.monsterWarmRate = monsterWarmRate;
```

10. 위 라인은 몬스터(MonsterController) monsterWarmRate를 Awake 메소드에서 계산한 값과 같게 업데이트한다.

11. OnMonsterHit 메소드 안의 print("Monster FROZEN"); 줄 바로 뒤에 다음의 굵은 글씨 처리된 라인을 추가한다.

```
print("Monster FROZEN");
// 플레이어 인벤토리에 몬스터를 저장한다
InventoryService.Instance.CreateMonster(monsterProps);
```

12. 이 코드는 몬스터를 포획하고 나면 몬스터 속성이나 몬스터 오브젝트를 데이터 베이스 인벤토리에 저장한다. 기억해야 할 점은 새로운 몬스터를 인벤토리에 추가할 때 CreateMonster 메소드를 사용해야 한다는 것이다.

13. 편집을 끝내면 파일을 저장하고 유니티 에디터로 돌아간다. 코드가 문제없이 컴파일되는지 확인하자.

14. 변경 사항을 테스트하기에 앞서 새로운 escapeParticlePrefab을 만들어 CatchSceneController에 추가해야 한다.

15. Project 창의 Assets/Elementals/Prefabs (Mobile)/Fire 폴더에서 Explosion 프리팹을 Hierarchy 창으로 끌어 놓는다. 신에서 폭발 파티클 효과를 볼 수 있다.

16. Hierarchy 창에서 Explosion 오브젝트를 선택한다. 오브젝트의 이름을 Escape Prefab으로 변경하고, Transform 컴포넌트의 Z 위치를 -3으로 설정한다.

17. 이제 EscapePrefab 오브젝트를 Assets/FoodyGo/Prefabs 폴더로 끌어 놓아 새 프리팹을 만든다. 새로운 프리팹을 만든 이유는 신에서 상대적인 오브젝트의 기본 위치를 변경했기 때문이다.

18. Hierarchy 창에서 EscapePrefab을 선택하고 Delete 키를 눌러 신에서 EscapePrefab을 삭제한다.

19. Hierarchy 창에서 CatchScene 오브젝트를 선택한다. Inspector 창에서 Assets/FoodyGo/Prefabs 폴더의 EscapePrefab을 Catch Scene Controller 컴포넌트의 빈 Escape Particle Prefab 슬롯으로 끌어 놓는다.

20. 신과 프로젝트를 저장한다. 에디터에서 Play를 눌러 게임을 실행하고 테스트해보자. 몇 번이나 신을 실행해보고 이제는 괴물을 잡는 것이 얼마나 쉬워졌는지, 혹은 어려워졌는지의 차이를 눈여겨본다. 높은 레벨의 파워를 지닌 몬스터는 이제 거의 붙잡을 수 없다. 걱정하지는 말자. 추후 다른 장에서 인벤토리에 다른 얼음 볼들을 추가할 때 상쇄시킬 것이다.

21. 게임을 빌드한 후 본인의 모바일 기기에 배포하고 테스트해보자. 지금은 괴물이 탈출하거나 잡힐 때 신이 멈추는 것처럼 보일 것이다. 나중에 GameManager에서 모든 것을 연결하면서 수정할 예정이다.

지금까지는 MonsterFactory에서 랜덤 몬스터를 생성했다. 몬스터 속성은 Catch 신의 난이도를 설정한다. 그런 다음 몬스터가 잡히면 SQLite 데이터베이스 내의 새로운 InventoryService에 속성을 저장한다. 이어지는 절에서는 다음 작업인 인벤토리 UI 제작을 살펴보자.

▌ 인벤토리 신 만들기

게임 콘텐츠를 신으로 나누는 가장 큰 장점은 각 기능을 개별적으로 개발하고 테스트할 수 있다는 점이다. 게임 시작 부분들이나 다른 이벤트들로 인해 개발 속도가 늦어지는 것은 걱정하지 않아도 된다. 그러나 어느 시점에서는 모든 조각을 하나로 모을 필요가 있다. 때문에 게임 전체를 종종 테스트하는 것도 중요하다.

인벤토리 신에 대한 작업을 시작하기 전에 이전 장에서 했던 것처럼 모든 스크립트를 완전히 다시 가져올 것이다. 이와 함께 새로 추가되거나 업데이트된 스크립트를 몇 개 가져올 것이고, 안타깝게도 너무 많아서 광범위한 변경 사항을 자세히 설명할 수 없다는 의미이기도 하다. 이 장이 끝나기 전에 코드의 흥미로운 부분들을 다룰 시간은 없지만, 시간이 남는다면 꼭 둘러보길 권장한다. 스크립트를 직접 변경했다면 따로 백업하는 것이 좋다. 다음 설명에 따라 에셋을 가져오자.

1. 신과 프로젝트를 저장하고, 혹시 보존하고 싶은 변경 사항이 있다면 다른 위치에 프로젝트를 백업한다.

2. 메뉴에서 Assets ➤ Import Package ➤ Custom Package…를 선택해 Import package… 창을 연다.

3. 창에서 다운로드된 소스 코드의 폴더 Chapter_6_Assets로 이동한 후에 Chapter6_import2.unitypackage 파일을 선택한다. 그런 다음 Open을 클릭해 에셋 가져오기를 시작한다.

4. Import Unity Package 창이 열리면 모든 항목이 선택됐는지 확인한 다음 Import 버튼을 클릭한다.

업데이트된 스크립트와 새 스크립트가 불려오면 다음 설명에 따라 새 인벤토리 신을 만들어보자.

1. 메뉴에서 File ➤ New Scene을 선택한다. 카메라와 방향성 라이트^{directional light}가 담겨 있는 새로운 빈 신이 만들어진다.

2. 메뉴에서 File ➤ Save Scene As…를 선택한다. 메시지가 나타나면 신의 이름을 Inventory로 입력하고 저장한다.

3. 메뉴에서 GameObject ➤ Create Empty를 선택한다. Inspector 창에서 새 오브젝트의 이름을 InventoryScene으로 변경하고 트랜스폼을 0점으로 리셋한다.

4. Main Camera와 Directional Light 오브젝트를 Hierarchy 창에 있는 InventoryScene 오브젝트에 끌어 놓는다. 이전 신들에서 했던 것처럼 부자 관계를 다시 설정할 것이다.

5. 메뉴에서 GameObject ➤ UI ➤ Panel을 선택한다. 이것은 Canvas를 부모로 가진 Panel과 EventSystem 오브젝트를 신에 추가할 것이다.

6. Hierarchy 창에서 EventSystem을 선택하고 delete를 눌러 제거한다. 유니티가 자동으로 추가한다는 것을 기억해두자.

7. 부모인 Canvas 오브젝트를 선택하고 Inspector 창에서 이름을 InventoryBag으로 변경한다.

8. Hierarchy 창에서 새 InventoryBag 오브젝트를 InventoryScene으로 끌어와 자식으로 만든다.

9. Hierarchy 창에서 Panel 오브젝트를 선택한다. 그런 다음 Inspector 창의 Image 컴포넌트에서 슬롯을 클릭해 컬러를 변경한다. Color 창이 열릴 것이다. 대화 상자 맨 아래의 Hex 값을 #FFFFFF로 변경한 후 닫는다. 전체 Game 창의 배경이 흰색으로 설정된다.

이것은 InventoryScene의 바탕이다. 몇몇 컴포넌트들을 더 깊게 들여다보기 전에 먼저 인벤토리 아이템 프리팹을 만들자.

1. Hierarchy 창에서 InventoryBag 오브젝트를 선택한다. 그런 다음 메뉴에서 GameObject ➤ UI ➤ Button을 선택한다. 그러면 새 Button 오브젝트가 InventoryBag의 자식으로 추가된다.

2. Button의 이름을 MonsterInventoryItem으로 변경하고, Inspector 창의 Rect

Transform › Anchor Presets를 pivot과 position 키를 같이 눌러 top-stretch로 설정한다.

3. Image 컴포넌트 옆에 있는 기어 아이콘을 클릭하고 드롭다운 메뉴에서 Remove Component를 선택해 컴포넌트를 제거한다.

4. 이제 Button 컴포넌트에 경고 메시지가 보일 것이다. Button 컴포넌트의 Transition 속성을 none으로 변경한다. 이제 경고가 제거됐다.

5. Project 창의 Assets/FoodyGo/Scripts/UI 폴더에서 MonsterInventoryItem 스크립트를 Hierarchy 창의 MonsterInventoryItem 버튼 오브젝트로 끌어 놓는다. 인벤토리 스크립트가 오브젝트에 추가될 것이다.

6. Hierarchy 창에서 MonsterInventoryItem을 마우스 오른쪽 버튼으로 클릭(맥에서는 Ctrl + 클릭)한다. 연관 메뉴에서 UI › Raw Image를 선택한다.

7. Raw Image 오브젝트를 선택한 채로 Inspector 창에서 Raw Image › Texture 옆의 타깃 아이콘을 클릭해 텍스처 속성을 바꾸자. Select Texture 창에서 monster 텍스처를 선택한다. 또한 Rect Transform › width 및 height 속성 값을 80으로 설정한다.

8. Hierarchy 창에서 MonsterInventoryItem의 자식 Text 오브젝트를 선택하고 Ctrl + D (맥에서는 command + D)를 눌러 오브젝트를 복제한다.

9. 첫 번째 Text 오브젝트를 선택하고 Inspector 창에서 TopText로 이름을 변경한다. 또한 컴포넌트 Text › Paragraph › Alignment를 다음 스크린샷과 같이 center-top 으로 변경한다.

UI 텍스트 정렬을 center-top으로 설정

10. 두 번째 Text (1) 오브젝트도 똑같이 작업하지만, 오브젝트의 이름은 BottomText 로, 단락 정렬은 가운데-하단으로 설정한다.

11. Hierarchy 창에서 Raw Image 오브젝트를 MonsterInventoryItem 바로 아래로 드래

그해 첫 번째 자식으로 만든다.

12. Hierarchy 창에서 MonsterInventoryItem을 Project 창의 Assets/FoodyGo/Prefabs 폴더로 드래그한다. MonsterInventoryItem이 프리팹이 될 것이다. 원래 있던 오브젝트는 신에 그대로 둔다.

인벤토리 아이템이 만들어졌으니 이제 돌아가서 인벤토리 가방을 끝내보자.

1. Hierarchy 창에서 InventoryBag 오브젝트를 선택하고, 메뉴에서 GameObject ＞ UI ＞ Scroll View를 선택한다. Panel 옆에 Scroll View가 추가될 것이다. Scroll View를 Panel로 끌어 놓아 다음과 같이 자식으로 만든다.

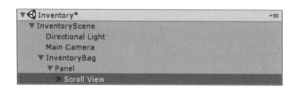

지금까지 InventoryScene의 Hierarchy 창 모습

2. Hierarchy 창에서 Scroll View를 선택한다. 다음과 같이 Inspector 창에서 Rect Transform ＞ Anchor Presets를 pivot과 position 키를 누른 채로 stretch – stretch로 변경한다.

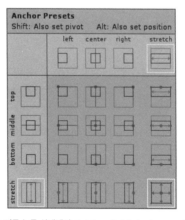

Pivot과 position 키를 누른 상태에서 stretch – stretch Anchor preset을 선택한 모습

238

3. Scroll View를 선택한 상태에서 Scroll Rect 컴포넌트에 있는 Horizontal 스크롤 옵션의 체크를 해제한다. 우리는 인벤토리가 수직으로만 스크롤되길 원한다.

4. Hierarchy 창에서 Scroll View 오브젝트를 확장하고, 자식인 Viewport 오브젝트도 확장한다. 이제 하위 레벨에 있는 Content 오브젝트가 보일 것이다. Content 오브젝트를 선택한다.

5. Inspector 창에서 Rect Transform > Anchor Presets를 pivot과 position 키를 누른 채로 top − stretch로 설정한다.

6. Hierarchy 창에서 Content 오브젝트가 선택된 채로 메뉴에서 Component > Layout > Grid Layout Group을 선택해 컴포넌트를 추가한다. 같은 방법으로 Component > Layout > Content Size Fitter를 선택해서 추가한다.

7. Project 창의 Assets/FoodyGo/Scripts/UI 폴더에서 InventoryContent 스크립트를 Hierarchy나 Inspector 창에 있는 Content 오브젝트로 끌어 놓는다.

8. Inspector 창에서 Content 오브젝트가 선택된 채로 Scroll View 오브젝트를 비어있는 Inventory Content > Scroll Rect 속성에 끌어 놓는다.

9. 그런 후 Project 창의 Assets/FoodyGo/Prefabs 폴더에 있는 MonsterInventoryItem 프리팹을 비어있는 Inventory Content > Inventory Prefab 슬롯에 끌어 놓는다.

10. Rect Transform, Grid Layout Group, Content Size Fitter, Inventory Content의 값이 다음 스크린샷과 일치하도록 설정한다.

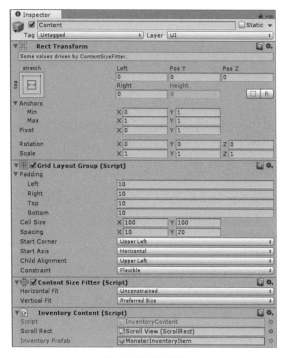

Content 오브젝트 설정

11. 마지막으로 Hierarchy 창에서 MonsterInventoryItem을 Content 오브젝트에 끌어 놓아 자식으로 만든다. 그런 후 Inspector 창 오브젝트 이름 옆에 있는 체크박스를 해제해서 오브젝트를 비활성화한다. 이 오브젝트는 레퍼런스로만 사용할 예정이다. Hierarchy 창의 모습은 이제 다음 스크린샷과 같을 것이다.

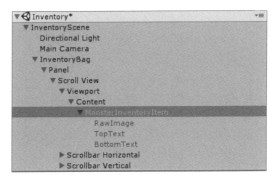

인벤토리 계층(hierarchy)

지금까지 Inventory 신의 대부분을 구성했고, 이제 할 일은 모두를 연결하는 것이다. 다음 설명에 따라 신을 마무리해보자.

1. Project 창의 Assets/FoodyGo/Scripts/Controllers 폴더에 있는 InventoryScene Controller 스크립트를 Hierarchy 창에 있는 InventoryScene에 끌어 놓는다.

2. InventoryScene 오브젝트를 선택한다. Hierarchy 창에서 Content 오브젝트를 Inspector 창의 비어있는 Inventory Scene Controller ➤ Inventory Content 슬롯에 끌어 놓는다.

3. Project 창의 Assets 폴더에서 Catch 신을 Hierarchy 창에 끌어 놓는다. 이렇게 하면 두 신이 서로 겹치는 것을 볼 수 있다.

4. Catch 신의 Services 오브젝트를 Inventory 신에 끌어 놓는다. Inventory 신에 Services가 추가될 것이다. 기억한다면, 이 서비스들을 테스트 용도로만 사용하고 추후에 Catch 신에서 제거할 것이다.

5. Catch 신에 오른 클릭(맥에서는 Ctrl + 클릭)을 해서 연관 메뉴를 연다. Remove Scene을 선택하고 저장할 것인지 물어보면 Save 버튼을 클릭한다.

6. Play를 눌러 신을 실행하고 결과를 지켜보자. 다음은 Catch 신을 테스트하면서 잡은 연습 몬스터들의 스크린샷이다.

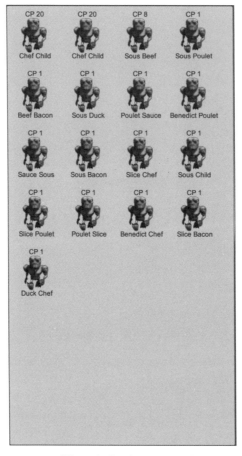

포획한 몬스터들을 보여주는 Inventory 신

ⓘ 3D 캐릭터들은 Reallusion iClone Character Creator에서 디자인했다. 커스텀화된 캐릭
터를 더 만들고 싶다면 http://www.reallusion.com/iclone/character-creator/default.
html을 둘러보길 바란다.

인벤토리Inventory 서비스를 연결한 후에 테스트 Catch 신에서 괴물을 잡는 데 시간을 할애
해 잡힌 몬스터를 볼 수 있길 원한다. 혹시 몬스터가 보이지 않더라도, 이번 장이 끝나기
전에 게임을 연결할 것이므로 걱정하지 말자. 또한 몬스터 인벤토리 아이템이 실제로는

버튼이지만, 아무 기능을 하지 않음을 알았을 것이다. 이 또한 걱정하지 않아도 된다. 추후에 인벤토리의 세부 사항들을 추가할 것이다. 일단 지금은 모든 신을 연결해 그럴듯한 게임의 모습으로 이 장을 마무리하려고 한다.

▌ 메뉴 버튼 추가하기

신들을 연결하기 위해 이벤트를 발동하는 플레이어 입력이 필요하다. 플레이어가 맵 신에서 몬스터를 클릭할 때 이벤트가 발생하는 구성이 이미 존재하지만, 플레이어는 Map/Catch 신에서 Inventory 신 사이를 이동할 수 있어야 한다. 이를 위해 각 신에 UI 버튼을 몇 개 추가할 것이다.

Inventory 신이 이미 열려 있으므로 먼저 해당 신에 새 단추를 추가해보자.

1. Hierarchy 창의 InventoryBag 오브젝트에 오른 클릭을 하고(맥에서는 Ctrl + 클릭) 연관 메뉴에서 UI ➤ Button을 선택한다. 이렇게 하면 Panel 바로 아래에 버튼이 추가된다. Button 오브젝트를 확장한 후 자식 Text 오브젝트를 선택하고 delete를 눌러 제거한다.

2. 새로운 Button 오브젝트를 선택하고 Inspector 창에서 ExitButton으로 이름을 변경한다.

3. Inspector 창에서 Rect Transform ➤ Anchor Presets를 pivot과 position 키를 누른 채로 bottom-center로 설정한다. 그런 다음 Rect Transform 속성의 Width 및 Height를 75로 변경하고 Pos Y를 10으로 변경한다.

4. Image ➤ Source Image 슬롯 옆 타깃 아이콘을 클릭해 Select Sprite 창을 연다. 창에서 button_set11_b 스프라이트를 선택한다.

5. 마지막으로, Button ➤ On Click 이벤트 속성 아래에 있는 +를 클릭해 연결할 것이다. 이렇게 하면 새 이벤트 슬롯이 만들어진다. 그런 다음 Hierarchy 창의 InventoryScene 오브젝트를 빈 None(object) 슬롯으로 끌어 놓는다. No Function

드롭다운 메뉴에서는 InventorySceneController ➤ OnCloseInventory를 선택한다.

6. ExitButton의 설정은 다음 스크린샷과 같다.

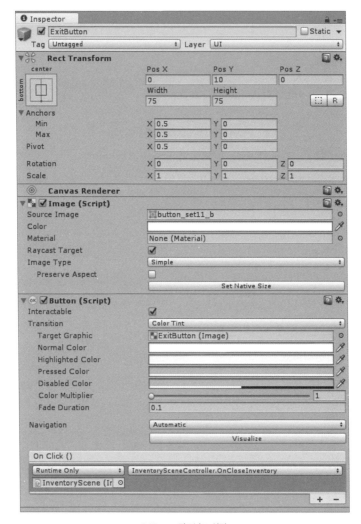

ExitButton 컴포넌트 설정

방금 추가한 ExitButton은 Inventory 신을 닫은 후, 이전 신으로 돌아가기 위한 것이다. Map과 Catch 신을 불러오기 전에 서비스들을 Game 신으로 옮기고 자잘한 업데이트를 처리해야 한다. 다음 설명에 따라 Game 신을 업데이트하자.

1. Project 창의 Assets 폴더에서 Game 신을 Hierarchy 창으로 끌어 놓는다.

2. Inventory 신의 Services 오브젝트를 Game 신에 끌어 놓는다. 이곳이 Services 오브젝트의 새로운 고정 위치가 될 것이다. Inspector 창에서 Services 이름을 _Services로 변경한다. 다시 말하지만 _는 삭제하면 안 되는 오브젝트를 표시하는 것이다.

3. Inventory 신에 오른 클릭(맥에서는 Ctrl + 클릭)을 하고 연관 메뉴에서 Remove Scene 을 선택해 신을 제거한다. 창이 뜨면 Save를 눌러 신을 저장한다.

4. Hierarchy 창에서 _GameManager 오브젝트를 선택하고 다음 스크린샷과 같이 Game Manager 스크립트 신 이름을 업데이트한다.

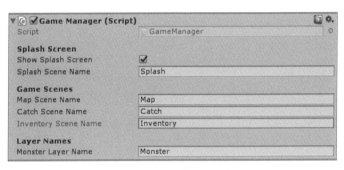

Game Manager 신 이름을 업데이트한 모습

그다음에는 Map 신에서 Inventory 신에 접근할 새로운 버튼을 추가할 것이다. 다음 설명에 따라 새로운 버튼을 추가해보자.

1. Project 창의 Assets 폴더 안에 있는 Map 신을 더블 클릭한다. 이렇게 하면 Game 신이 닫히게 되고, 창이 뜨면 변경 사항을 꼭 저장하자.

2. Hierarchy 창에서 MapScene 오브젝트를 확장하고 오른 클릭(맥에서는 Ctrl + 클릭) 을 해서 연관 메뉴를 연다. 메뉴에서 UI ➤ Button을 선택해 새로운 버튼을 추가 한다.

3. 이전 단계에서 생성한 버튼을 선택하고, Inspector 창에서 이름을 HomeButton으 로 변경한다. Rect Transform ➤ Anchor Presets를 position과 pivot 키를 누른 상태

에서 bottom-center로 설정한다. Rect Transform ❯ Width/Height를 80으로, Pos Y 를 10으로 설정한다. Image ❯ Source Image 옆 타깃 아이콘을 클릭하고 Select Sprite 창에서 button_set06_b를 선택한다.

4. Project 창의 Assets/FoodyGo/Scripts/UI 폴더에서 HomeButton 스크립트를 Hierarchy 창의 HomeButton 오브젝트에 끌어 놓는다.

5. Hierarchy 창의 HomeButton 오브젝트를 선택해 Project 창의 Assets/FoodyGo/ Prefabs 폴더로 끌어 놓아 새로운 프리팹을 만든다.

마지막으로 Catch 신을 작업해 연결을 완료하자. 다음 설명에 따라 신에 HomeButton을 추가해보자.

1. Project 창의 Assets 폴더에 있는 Catch 신을 더블 클릭한다. 이렇게 하면 Map 신이 닫히게 된다. 변경 사항을 저장하는 것은 잊지 말자.

2. Hierarchy 창에서 CatchScene 오브젝트를 확장한다. Project 창에 있는 Assets/ FoodyGo/Prefabs 폴더에서 HomeButton을 Catch_UI 오브젝트에 끌어 놓는다. 신 안에서 HomeButton이 CatchBall 위에 덮어 쓰여지면서 그려진 것을 볼 수 있다.

3. HomeButton을 선택하고 Inspector 창에서 Rect Transform ❯ Anchor Presets를 pivot 과 position 키를 누른 채로 top-right로 설정한다. 그런 후 Pox X와 Pos Y를 -10으로 변경한다.

4. 신과 프로젝트를 저장하자.

이제 신 이동 버튼들의 추가와 모든 스크립트 업데이트, 그 외 부분들의 설정이 모두 끝났으니 이제 한데로 합쳐서 게임을 실행할 차례다.

▌ 게임을 하나로 합치기

이제 우리 게임에 신scene이 다섯 개나 된다. 이제 모두 합쳐서 하나의 게임으로 만들어보자. 모든 요소들이 연결되기 위해 해야 할 몇 가지 일들이 있다. 다음 설명에 따라 빌드 설정을 변경하고 게임을 테스트해보자.

1. 에디터에서 Game 신을 연다. 이 신이 시작 신이 될 것이다.

2. 메뉴에서 File ➤ Build Settings를 선택해 Build Settings 창을 연다. Project 창의 Assets 폴더에 있는 신들을 Scenes in Build 영역으로 끌어 놓는다. 신들을 끌어서 배치해 다음 스크린샷과 똑같이 순서를 바꾼다.

빌드의 신들

3. 빌드하고 나서 본인의 모바일 기기에 게임을 배포한 후 테스트한다. 게임을 플레이하면서 몬스터를 포획해보고, 인벤토리를 체크하는 등 다양한 작동을 해보자.

몇 가지 버그가 보이지만 게임은 잘 돌아간다. 바로 알아차릴 수 있는 것은 버튼과 인벤토리 아이템들이 우리가 디자인한 것과 크기가 다르다는 점이다. 다음 절에서 UI 스케일링 문제를 다룰 것이니 걱정하지는 말자. 그리고 이후 장들을 진행하면서 다른 버그들을 고칠 것이다. 또한 9장, '게임 마무리하기'에서는 코드 안정화에 대해 절 하나를 할애할 것이다.

▌ 모바일 개발 문제들

주의 깊게 보고 있었다면 모바일 기기에 배포했을 때 Splash 신의 텍스트 크기가 올바르게 조절되지 않는 것을 봤을 수 있다. 이 문제를 지금까지 손대지 않았던 이유는 UI의 디자인은 스크린 사이즈와 독립적이어야 한다는 점을 강조하고 싶었기 때문이다.

모바일 개발자가 겪는 고통 중에 하나는 끝없이 다양하게 등장하는 스크린 사이즈를 지원하면서 동시에 일관적인 게임의 모습을 유지해야 한다는 것이다. 어떤 플랫폼에서는 UI를 위해 여러 가지 해상도의 이미지/스프라이트를 개발해야 하는 경우도 있다. 다행히 유니티 UI 시스템은 우리가 신경 쓰고 있는 대부분의 플랫폼에서 큰 문제없이 작동하는 스크린 사이즈 옵션들을 가지고 있다. 하지만 완벽한 해결책이란 존재하지 않으니, 특정 플랫폼에서는 스케일링scaling 문제가 발생할 수 있다는 점을 유념하자.

현재 UI 스크린 렌더링 문제를 해결하기 위해서는 모든 UI 캔버스canvas의 Canvas Scaler 컴포넌트를 설정해야 한다. 다음 설명에 따라 Canvas Scaler를 설정해보자.

1. UI 요소가 들어있는 게임 신들(Map, Catch, Splash, Inventory)을 연다.
2. Canvas 요소를 찾아 선택한다. 다음은 각 신의 Canvas 아이템들의 리스트다.
   - Splash 신: Canvas
   - Map 신: UI_Input
   - Catch 신: Catch_UI, Caught_UI
   - Inventory 신: InventoryBag

3. 만일 Canvas에 Canvas Scaler 컴포넌트가 없다면 Add Component 버튼을 눌러 추가한다.

4. 모든 Canvas Scaler의 속성을 다음과 같이 변경한다.

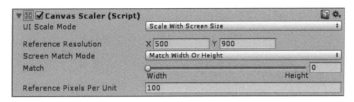

Canvas Scaler 컴포넌트 설정

5. 모든 신과 Canvas 오브젝트에 위 작업을 반복한다. 각 신의 변경 사항을 저장하는 것을 잊지 말자.

6. 모든 작업이 끝나면 변경 사항들을 저장하는 것을 잊지 말고, 빌드한 후 본인의 모바일 기기에 배포한다. 게임을 테스트해보고 UI 요소들이 원래 디자인에 맞게 어떻게 변화하는지 눈여겨보자.

요약

이 장에서는 플레이어가 포획한 몬스터를 저장하는 방법을 다루면서 천천히 시작했다. 그런 다음 SQLite4Unity3d라고 하는 SQLite용 크로스 플랫폼 오브젝트 관계형 매핑 툴의 사용을 결정하기 전에 몇 가지 데이터베이스 옵션을 살펴봤다. 새로운 인벤토리 서비스에 데이터베이스를 래핑wrapping한 후 몬스터 인벤토리 아이템에 대해 CRUD 작업을 진행했다. 그리고 나서 무작위로 몬스터를 생성하는 더 나은 방법이 필요하다고 판단해 몬스터 공장을 개발했다. 이를 통해 우리는 Catch 신으로 돌아가 몬스터를 생성하기 위해 몬스터 공장을 적용해서 신을 완성했고, 포획한 몬스터를 저장하기 위한 인벤토리 서비스를 적용할 수 있었다. 몬스터가 데이터베이스에 저장되고 나서, 포획한 몬스터를 볼 수 있는 새로운 인벤토리 신을 개발했다. 마지막으로, 우리는 모든 요소들을 UI 메뉴 버튼과 함께 묶어 모든 신을 하나의 게임으로 결합했다. 마무리 과정에서는 일부 플랫폼에 배포할 때 생기는 문제를 해결했다.

다음 장에서는 플레이어와 지도 주변의 AR 세계를 다시 한 번 살펴본다. 쓸모 있는 서비스들을 사용해 플레이어가 지도에서 상호작용할 수 있는 대상과 장소를 구현한다. 또한 더 높은 단계의 GIS/GPS 지식을 사용해서 공간 쿼리와 기타 고급 개념을 살펴볼 것이다.

07

AR 세계 만들기

지금까지 우리 게임은 플레이어와 실험체 요리 몬스터 간의 상호작용에 집중했다. 이제 지도에서 몬스터를 쫓을 수는 있지만, 그 외 주변의 모든 것들은 가상 현실로 구현돼 있지 않다. 이 장에서는 이 부분을 수정해보자. 우리가 궁극적으로 만들고 싶은 것은 플레이어와 상호작용할 수 있는 풍부한 AR 세계 안에서 아이템을 찾아 저장하고, 괴물을 훈련시켜 요리 임무를 수행하게 하는 것이다. 그러기 위해서는 플레이어 주변의 세계를 가상 게임 현실로 채워야 한다.

이 장에서는 지도로 돌아가서 플레이어 주변의 세계를 새로운 가상 현실의 장소들로 채우기 시작할 것이다. 이 장소는 게임에 기반하는 것이 아니라 실세계의 장소를 가상 게임 세계의 기반으로 사용한다. AR 세계에서 우리가 채워나갈 장소는 위치 기반 웹 서비스location-based web service에서 가져온다. 다음은 이 장에서 다루는 내용을 요약한 것이다.

- 지도로 돌아가기
- 싱글톤^{singleton}
- Google Places API 소개
- JSON 사용하기
- Google Places API 서비스 구성하기
- 마커 만들기
- 검색 최적화하기

이번 장은 짧지만 꽉 차 있는 장이 될 것이고, 여러 가지 요소들을 빠른 속도로 다룰 것이다. 이전 장에서 여기로 건너뛰어 왔다면, 본인이 숙련된 유니티 개발자이거나 책을 대략적으로 훑어보고 있다고 가정하겠다. 이전 장에서 건너뛰어 왔다면 다운로드한 소스의 Chapter_7_Start 폴더에서 프로젝트를 연다.

▌ 지도로 돌아가기

언젠가는 지도로 다시 돌아와야 함을 아마도 느끼고 있었을 것이다. 지도는 위치 기반 게임의 핵심 요소이기 때문이다. 지도는 가상 게임 현실을 볼 수 있는 창이 됨과 동시에 플레이어에게 현실과 비교할 수 있는 레퍼런스^{reference}를 제공한다. 지금까지 가상 세계에서 얻을 수 있는 유일한 힌트는 괴물을 시각화하고 추적할 수 있다는 것이다. 하지만 괴물은 무작위로 생성되고 있으며, 이 과정에서 주변의 실세계 모습을 고려하지 않는다. 이런 점은 게임의 경험을 엉망으로 만들 수도 있지만, 이를 수정하기 위해 괴물의 행동 패턴을 고치는 일은 책을 하나 더 내야 할 정도로 큰 것이다. 따라서 실제 현실을 나타내는 요소를 가상 오브젝트 및 장소에 반영하기 위해 Google Maps API를 사용해 플레이어 주위의 지도를 채울 것이다.

게임에 새로운 기능을 추가하기 전에 먼저 지난 장의 마지막 부분에서 그냥 지나쳐버린 몇 가지 문제를 수정해본다. 우리 게임을 많이 해봤다면 이미 문제를 알고 있을 것이다.

만일 모른다면 지금 가지고 있는 문제는 다음과 같다. 사용자가 Catch 또는 Inventory 신에서 돌아오면 GPS 서비스가 중지되고 지도가 업데이트되지 않는 문제가 있다. 이전 장에서는 이 문제를 해결할 시간이 없었고, 다음 장에서 문제를 해결할 수 있는 기회를 만들 예정이었다.

당신이 전문 개발자라면 코드 분할, 리팩토링, 수정은 소프트웨어와 게임의 발전에 꼭 필요한 과정임을 잘 알고 있을 것이다. 많은 신입 개발자들은 완벽한 코드를 작성하고, 그 코드를 최대한 고치지 않으려고 너무 많은 시간을 할애한다. 코드는 변경되고 다시 작성돼야 하며, 지워져야 마땅하다. 이와 같은 사실을 더 빨리 깨달을수록 더 좋은 생각을 가진 개발자가 된다. 물론 리팩토링을 위한 시간과 기회는 따로 있지만, 게임이나 제품을 출하하기 전날은 절대 아니다.

GPS 문제를 해결하기 위해 `GPSLocationService` 클래스는 싱글톤으로 재작성했다. 또한 해당 서비스를 사용하는 모든 종속 클래스도 업데이트해야 한다. 다음과 같이 먼저 업데이트된 스크립트를 가져오고, 그런 후 일부 서비스를 이동하자.

1. 유니티에서 지난 장의 프로젝트를 열거나 다운로드한 소스 코드의 Chapter_7_Start 폴더에서 프로젝트를 연다.

2. 메뉴에서 Assets ➤ Import Package ➤ Custom Package…를 선택하고 Import Package… 창이 열리면 다운로드한 소스 코드의 Chapter_7_Assets 폴더로 이동한다.

3. 이전에 했던 것처럼 패키지를 가져온다.

4. Project 창의 Assets 폴더에서 Game을 더블 클릭해 신을 연다.

5. Project 창의 Assets 폴더에 있는 Map 신을 Hierarchy 창에 끌어 놓는다.

6. Hierarchy 창에서 Map ➤ MapScene 오브젝트를 확장한다. Services 오브젝트도 확장한다. Game 신의 _Services 오브젝트도 확장한다. Hierarchy 창은 다음 스크린샷과 같은 모습일 것이다.

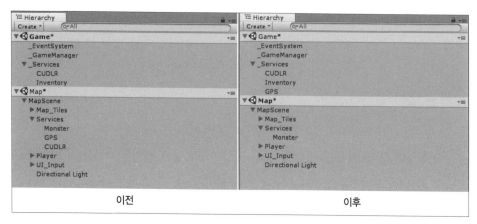

업데이트 전과 후 신의 모습

7. Map ❯ MapScene ❯ Services ❯ CUDLR 오브젝트를 선택하고 Delete를 눌러 제거한다. 마스터 Game 신에 이미 CUDLR이 있기 때문에 두 개는 필요 없다.

8. Map ❯ MapScene ❯ Services ❯ GPS 오브젝트를 Game ❯ Services 오브젝트에 끌어 놓아 자식으로 만든다. 이렇게 하면 GPS 서비스가 마스터 서비스가 된다. 몬스터 서비스는 위 스크린샷에서 본 것처럼 Map 신에 남아있는 유일한 서비스가 될 것이다.

9. Hierarchy 창의 Map 신에 오른 클릭(맥에서는 Ctrl + 클릭)을 해서 연관 메뉴를 연다. 메뉴에서 Remove Scene을 선택하고, 창이 뜨면 저장했는지 확인한다.

10. Ctrl + S(맥에서는 command + S)를 눌러 Game 신을 저장한다.

11. Play를 눌러 게임을 다시 실행한다. GPS 시뮬레이션 모드가 실행되고 있는지 확인한다(만일 어떻게 하는지 잘 모르겠다면 2장, '플레이어 위치 매핑'을 참조한다). Map 신과 Inventory 신 사이를 몇 번 왔다 갔다 해본다. 의도한 대로 GPS가 지속적으로 실행되고 있는지 확인한다.

몇 가지 서비스만 이동시키면 될 것처럼 보일 수 있지만, 실제로 필요한 변경 사항들은 아직도 많다. 이전에 언급한 대로 GPSLocationService는 싱글톤으로 변환됐다. 이전에 GameManager 및 InventoryService 클래스에도 싱글톤 패턴을 사용한 바 있다. 하지만 싱글톤이 어떻게 작동하는지에 대해 자세히 다룬 경우는 없었다. 싱글톤 패턴을 다음 절에서 다뤄보자.

싱글톤

이 게임의 개발을 시작했을 때는 모든 오브젝트를 신scene에서 로컬로 관리했다. 따라서 서비스service나 관리자manager의 수명에 대해 걱정할 필요가 없었다. 하지만 게임이 개발되면서 사용하는 신의 숫자가 늘어난다. 이제 서비스나 관리자 클래스는 자식 신들은 물론 코드에서 쉽게 접근할 수 있어야 한다.

옛날 게임에서는 신들과 스크립트 전체에서 게임 상태를 체크하기 위해 글로벌global이나 정적static 변수를 사용했다. 글로벌 정적 클래스를 사용할 수도 있지만, 다음과 같은 문제점들이 있다.

- 정적 클래스는 지연돼서 불려오고lazy loaded, 유니티에서는 특히 취약할 수 있다.
- 정적 클래스는 인터페이스interface를 구현할 수 없다.
- 정적 클래스는 오브젝트에서만 파생될 수 있다. 그들은 MonoBehaviour에서 상속받을 수 없으므로 유니티에서 컴포넌트로 사용된다. 따라서 유니티의 코루틴 또는 Start, Update 등과 같은 다른 기본 메소드를 사용할 수 없다.

일반적인 MonoBehaviour 게임 오브젝트를 선언할 때와 업데이트된 GPSLocationService 스크립트로 싱글톤을 사용하는 경우의 차이점을 살펴보자.

 따라 하는 동안 본인의 에디터에서 업데이트된 스크립트를 자유롭게 열어봐도 좋다.

이전의 GPSLocationService 구현은 다음과 같이 선언됐다.

```
public class GPSLocationService : MonoBehaviour
```

이것은 여러 번 본 바와 같이 유니티 컴포넌트를 선언하는 일반적인 방법이다. 이제
GPSLocationService의 새로운 클래스 선언과 비교해보자.

```
public class GPSLocationService : Singleton<GPSLocationService>
```

 Singleton 클래스 정의가 어떻게 작동하는지 검토하고 이해해보자. 스크립트는 Assets/
FoodyGo/Scripts/Managers 폴더에 있다.

이상하게 보일 수도 있을 것이다. 싱글톤이라 불리는 일반^{generic} 타입으로부터 상속받는
오브젝트를 선언하면서 타입으로 스스로를 지정한다. Singleton 클래스는 인스턴스를 글
로벌 정적 변수로 변환해 코드의 아무 곳에서나 접근하게 해주는 래퍼다. 다음은 이전에
GPS 서비스를 접근했던 방법과 지금의 방법이다.

```
// 이전에는 GPS 서비스 오브젝트가 에디터에서 설정해야 하는 클래스의 필드로 설정했다
public GPSLocationService gpsLocationService;
gpsLocationService.OnMapRedraw += gpsLocationService_OnMapRedraw;

// 이제 GPS 서비스는 싱글톤으로서 어디에서나 접근할 수 있다
GPSLocationService.Instance.OnMapRedraw += GpsLocationService_OnMapRedraw;
```

이와 같은 방식으로 싱글톤을 구현할 때 알아둬야 할 한 가지 중요한 부분이 있다. 신에서
게임 오브젝트로서 싱글톤 매니저 혹은 서비스가 생성되는지 확실히 해야 한다는 것이다.
이제 구성이 끝났으니 Start, Awake, Update 및 다른 메소드에서 사용할 수 있다. 하지만
신에 이러한 오브젝트를 추가하지 않고 코드에서 접근하려고 하면 접근할 수는 있겠지만
Awake나 Start 메소드에서 일어나는 중요한 초기화 부분을 놓칠 수 있다.

GPSLocationService를 사용하는 클래스인 MonsterService, CharacterGPSCompass Controller, GoogleMapTile을 살펴보자. 작지만 중요하고 감사한 변화들이 존재한다.

이 장에서는 GPSLocationService를 사용하는 개체를 추가하고, 새로운 서비스를 싱글톤으로 만들 것이다. 이 새로운 서비스는 GooglePlacesAPIService가 될 것이며, 다음 절에서 다루겠다.

▌ Google Places API 소개

Google Places API를 사용해 플레이어 주변의 가상 세계를 실제 위치 또는 장소와 비교해가면서 채울 것이다. Google Static Maps API를 이미 사용해봤기 때문에 다른 서비스를 추가하는 것도 어렵지 않다. 하지만 Maps API와 달리 Places API는 사용법이 훨씬 제한적이다. 다시 말해 추가적인 설정 단계도 적용해야 하고, 서비스 접근 방법도 수정해야 한다. 또한 게임을 출시할 때 비즈니스 모델에도 직접적인 영향을 미친다.

 Google Places API의 또 다른 경쟁자는 포스퀘어(Foursquare)다. 포스퀘어는 사용 제한이 훨씬 적지만 추가적 인증 과정이 필요하다. 9장, '게임 마무리하기'에서 이 주제를 다시 한 번 다룰 것이다.

Google Places API를 사용하려면 새 API 키를 등록하고 만들어야 한다. 이 키를 사용하면 앱이나 게임에서 하루에 1,000개의 요청을 할 수 있지만, 다수의 플레이어를 생각하면 이 숫자는 그리 많은 것이 아니다. 다행히도 구글 결제를 신청하면 일일 최대 150,000건의 요청을 할 수 있게 해준다. 이 장에서 사용하는 코드는 테스트 과정에서 1,000번의 요청 제한을 초과하지 않도록 요청 수를 최적화할 것이다.

Google Static Maps API에서 IP 주소당 요청 수는 2,500개로 제한돼 있다. 이 숫자는 훨씬 덜 제한적이므로 이전에는 언급하지 않았다. 더군다나 플레이어가 지도 타일 범위 밖으로 이동할 때만 새 지도를 요청하기 때문이다.

자주 이용하는 웹 브라우저를 열고 다음 설명에 따라 Google Places API 키를 생성하자.

1. https://developers.google.com/places/web-service/get-api-key를 클릭하거나 브라우저에 복사해서 해당 사이트로 이동한다.

2. 다음 스크린샷에서 보는 것처럼 페이지 중앙에 있는 **GET A KEY**라고 적혀 있는 파란색 버튼을 클릭한다.

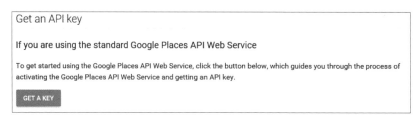

구글 개발자 키 얻기

3. 본인의 구글 계정으로 로그인하거나 (없는 경우) 새로 만든다.

4. 로그인하면 프로젝트를 선택하거나 새로 만들라고 요구하는 창이 나타난다. 다음 스크린샷과 같이 새 프로젝트 만들기를 선택하고 Foody GO나 적절한 이름을 입력한다.

새로운 Google Places API 프로젝트 생성하기

5. **CREATE AND ENABLE API** 링크를 클릭한다. 그러면 API 키와 시작에 필요한 자료의 링크를 보여주는 창이 열린다. 다음 스크린샷에서 보는 것처럼 나오는 키를 꼭 복사해둔다.

키의 예제. 일부러 가려 놓았다.

이제 API 키를 얻었으므로 Google Places API의 REST 서비스를 테스트해보자. 이 과정을 통해 어떤 검색 정보가 돌아오는지 알 수 있을 뿐 아니라 API를 이해하는 데 많은 도움이 될 것이다. 다음 설명을 따라 해보자.

1. URL(https://www.hurl.it/)을 클릭하거나 본인의 브라우저로 복사해서 사이트로 이동하자. Hurl.it을 사용하면 브라우저 창에서 REST API 호출을 쉽고 빠르게 테스트할 수 있다.

2. 양식 상단에서 yourapihere.com 텍스트 입력란에 다음과 같은 Google Places API 기본 URL을 입력한다.

   https://maps.googlapis.com/maps/api/place/nerbysarch/json

3. 이어서 **Add Parameter** 링크를 클릭하고 이름으로 type을, 값으로 food를 입력한다. 다음 표는 이 연습에서 사용하는 파라미터와 값을 정의한 것이다.

이름	값	설명
type	food	검색하고 싶은 장소의 종류. food라는 표현을 사용한다.
location	−33.8670,151.1957	쉼표로 구분된 위도 및 경도 좌표
radius	500	중심점에서부터 검색하길 원하는 영역의 지름(미터)
key	YOUR KEY	위 단계에서 생성한 API 키

4. 위 표와 같이 파라미터들을 채우고, 다음 스크린샷과 같은지 확인한다.

type	food	✕
location	-33.8670,151.1957	✕
radius	500	✕
key	AlzaSyDfv8TnRbff5KYQGdC4oxEtz1TtvGL0baC	✕

+ Add another parameter

For GET, HEAD and OPTIONS requests, parameters will be added to the querystring in the requested URL.

주위 검색을 위해 파라미터를 추가한 모습

5. 파라미터 추가가 끝나면 로봇이 아님을 체크박스를 클릭해 확인한 후 Launch Request를 클릭한다.

6. 파라미터를 올바르게 입력했다면 양식 아래의 응답 메시지가 변경된 것을 볼 수 있다. 이 메시지는 JSON 사용 경험이 없다면 매우 길고 외계어처럼 보일 수 있다.

브라우저를 열어두고 결과 페이지를 그대로 두자. 다음 절에서 출력 결과를 확인하기 위해 다시 돌아올 것이다.

▌ JSON 사용하기

JSON은 JavaScript Object Notation의 약자며 오브젝트 직렬화serialization를 통해 데이터를 전송하는 매우 간단한 형식의 정의다. 다시 말해 Google Places API에서 수신한 메시지는 실제로는 일련의 오브젝트다. 우리가 할 일은 이 오브젝트들을 올바르게 파싱parsing하는 것이며, 검색 결과를 이해하는 것도 그다지 어렵지 않다. 유니티에는 JSON 라이브러리가 내장돼 있지만, 이 책을 쓰는 시점에는 Google Places API의 응답을 파싱parsing할 수 없었다. 다행히 JSON을 파싱하는 데 사용할 수 있는 리소스가 많이 있다.

유니티 엔진이 응답 결과를 효과적으로 파싱할 수 없기 때문에 TinyJson이라는 라이브러리를 사용해보자. TinyJson은 깃허브GitHub에서 가져온 또 다른 오픈소스 라이브러리며, iOS 플랫폼을 지원하기 위해 일부분을 수정했다. 그러나 System.Linq 네임스페이스 namespace에 대한 몇 가지 호출이 아직 남아있다. iOS 장치에서 이 코드를 실행하고자 한다면 스크립트 백엔드backend가 IL2CPP로 설정돼 있는지 확인하자.

 이전에 언급했듯이 iOS를 염두에 두고 개발할 때는 C# 네임스페이스의 사용에 주의해야 한다. iOS에 배포할 때 문제가 될 수 있으므로 System.Linq 네임스페이스는 가급적 사용하지 말자.

이제 큰 그림을 그렸으므로 API에 대한 검색 요청을 수행하는 방법을 보여주는 샘플 코드를 살펴본다.

```
// 이 코드는 코루틴의 일부분으로 실행된다
var req = new WWW("https://maps.googleapis.com/maps/api/place/nearbysearch/
json?location=-33.8670,151.1957&type=food&radius=500&key={yourkeyhere}");

// 서비스가 응답할 때까지 기다린다
yield return req;

// 응답에서 JSON을 빼낸다
var json = req.text;

// TinyJson 라이브러리 JSONParser를 사용해 결과를 분석한 후
// SearchResult 오브젝트에 저장한다
var searchResult = TinyJson.JSONParser.FromJson<SearchResult>(json);
```

이 코드는 Google Static Maps API에서 이미지를 다운로드하는 데 사용된 코드와 매우 흡사하다. 단, 이제는 WWW 메소드를 사용해 JSON 텍스트 문자열을 반환하고 SearchResult라는 오브젝트로 파싱한다. SearchResult는 JSON을 읽고, 속성과 오브젝트 계층 구조를 뽑아 클래스 정의로 변환시키면서 만들어진다. 불행히도 iOS를 지원하려면 동적 코드 생성을 사용할 수 없기 때문에 이 부분은 수동으로 해야 한다. 다행히도 JSON을 필요한 클

래스 정의로 변환할 수 있는 도구가 많이 있다.

JSON의 프로세스와 내부를 볼 수 있도록 온라인 도구를 사용해 SearchResult 클래스 계층을 구성해보자. 다음 설명에 따라 진행해보자.

1. Hurl.it 페이지로 돌아가서 JSON 응답을 복사하자. 시작 중괄호({)부터 맨 아래 중괄호(})까지 모든 것을 포함하도록 한다.

2. **Ctrl + C**(맥에서는 command + C)를 눌러 JSON 텍스트를 클립 보드로 복사한다.

3. http://json2csharp.com/을 다른 브라우저 탭에서 연다.

4. **Ctrl + V**(맥에서는 command + V)를 눌러 이전에 복사한 JSON을 JSON 필드에 붙여 넣는다.

5. 다음과 같이 **Generate** 버튼을 클릭해 C# 클래스를 만든다.

```
public class Location
{
    public double lat { get; set; }
    public double lng { get; set; }
}

public class Northeast
{
    public double lat { get; set; }
    public double lng { get; set; }
}

public class Southwest
{
    public double lat { get; set; }
    public double lng { get; set; }
}

public class Viewport
{
    public Northeast northeast { get; set; }
    public Southwest southwest { get; set; }
}

public class Geometry
{
    public Location location { get; set; }
    public Viewport viewport { get; set; }
}

public class OpeningHours
{
    public bool open_now { get; set; }
    public List<object> weekday_text { get; set; }
}

public class Photo
{
    public int height { get; set; }
    public List<string> html_attributions { get; set; }
    public string photo_reference { get; set; }
    public int width { get; set; }
}

public class Result
{
    public Geometry geometry { get; set; }
    public string icon { get; set; }
    public string id { get; set; }
    public string name { get; set; }
    public OpeningHours opening_hours { get; set; }
    public List<Photo> photos { get; set; }
    public string place_id { get; set; }
    public int price_level { get; set; }
    public double rating { get; set; }
    public string reference { get; set; }
    public string scope { get; set; }
    public List<string> types { get; set; }
    public string vicinity { get; set; }
}

public class RootObject
{
    public List<object> html_attributions { get; set; }
    public string next_page_token { get; set; }
    public List<Result> results { get; set; }
    public string status { get; set; }
}
```

Close   Copy

JSON 응답 메시지로부터 생성된 클래스 계층

6. 그런 다음, 코드를 복사해 코드 편집기에서 스크립트의 일부로 붙여 넣고 RootObject 클래스의 이름을 SearchResult 클래스로 변경한다. RootObject는 응답 중에 루트 또는 이름이 지정되지 않은 최상위 오브젝트에 할당된 이름일 뿐이다.

위에 표시된 샘플 코드와 생성된 클래스 계층 구조는 GooglePlacesAPIService를 작성하는 데 사용됐다. 서비스 자체에는 다른 몇 가지 기능도 있지만, 이제는 서비스 구축 방식의 핵심과 JSON을 사용하는 기타 서비스의 구성 방법을 이해했을 것이다. 다음 절에서는 새로운 서비스를 설정해보자.

Google Places API 서비스 구성하기

이미 업데이트된 스크립트를 가져왔으므로 새로운 서비스를 구성하기가 어렵지 않다. 다음 설명에 따라 GooglePlacesAPIService를 구성하고 테스트해보자.

1. 유니티 에디터로 돌아간다. Map 신을 Project 창의 Assets 폴더로부터 Hierarchy 창으로 끌어 놓는다.

2. Hierarchy 창에서 MapScene과 Services 오브젝트를 확장한다.

3. Services 오브젝트에 오른 클릭(맥에서는 Ctrl + 클릭)을 하고, 연관 메뉴에서 Create Empty를 선택한다. 새로운 오브젝트의 이름을 GooglePlacesAPI로 변경한다.

4. Assets/FoodyGo/Scripts/Services 폴더에서 GooglePlacesAPIService 스크립트를 Hierarchy 창에 있는 GooglePlacesAPI 오브젝트나 Inspector 창에 끌어 놓는다.

5. Hierarchy 창에 있는 MapScene 오브젝트에 오른 클릭(맥에서는 Ctrl + 클릭)을 하고, 연관 메뉴에서 Create Empty를 선택한다. 새로운 오브젝트의 이름을 PlaceMarker로 변경한다.

6. Hierarchy 창에 있는 PlaceMarker 오브젝트에 오른 클릭(맥에서는 Ctrl + 클릭)을 하고, 연관 메뉴에서 3D Object ➤ Cylinder를 선택한다.

7. PlaceMarker 오브젝트를 Assets/FoodyGo/Prefabs 폴더에 끌어 놓아 새로운 프리팹prefab을 만든다. 원래 오브젝트를 신에 그대로 두고, Inspector 창에 있는 오브젝트 이름 옆 체크박스를 해제해서 비활성화한다.

8. GooglePlacesAPI 오브젝트를 선택한다. PlaceMarker 프리팹을 Place Marker Prefab 슬롯에 끌어 놓는다.

9. GooglePlacesAPI 오브젝트가 선택된 상태에서 다음 스크린샷과 같이 속성들을 채워 넣는다.

Google Places API 서비스 설정

10. 이전 절에서 생성한 API 키[API key]를 입력했는지 반드시 확인한다.

11. Map 신에 오른 클릭(맥에서는 Ctrl + 클릭)을 하고, 연관 메뉴에서 Remove Scene을 선택한다. 알림이 나오면 잊지 말고 신을 저장한다.

12. 에디터에서 Play를 눌러 게임을 실행하고, GPS 서비스가 시뮬레이션으로 설정 돼 있는지 확인한다. 만일 아직도 구글 본사(37.62814, −122.4265)를 시뮬레이션 의 시작점으로 사용하고 있다면 캐릭터 근처에 많은 양의 위치 표시 원통들이 보 일 것이다.

 GPS 시뮬레이션에서 구글 본사 좌표를 사용하지 않아 위치가 표시되지 않는다면, 식당이나 식료품점, 또는 음식과 관련된 장소가 많은 곳의 위치를 사용해보자. 그래도 문제가 계속 발 생하면 10장, '문제 해결'을 참조한다.

장소[place] 서비스가 실행되면 플레이어는 주변의 새로운 오브젝트를 볼 수 있다. 아직은 플 레이어가 오브젝트들과 상호작용하게 만들지 않을 것이다. 하지만 마커가 밋밋한 원통인 것도 싫다. 지금 할 일은 훨씬 더 멋진 표식을 만드는 것이므로 다음 절에서 만들어보자.

▌마커 만들기

일반적으로 개발자가 게임이나 게임 신의 프로토타입을 만들 때는 아름다움을 무시하고 못생긴 마커marker들을 사용한다. 아트 팀이 멋진 것을 만들어줄 때까지 문제없이 사용할 수 있지만, 우리는 아트 팀이 없으므로 더 나은 마커를 직접 만들어보자. 한번 해보면 책의 후반부에서 다른 오브젝트를 제작할 때 특히 유용할 것이다.

Map 신을 Hierarchy 창으로 다시 끌어 놓고, 다음 설명에 따라 PlaceMarker를 업데이트해 보자.

1. Map 신에서 PlaceMarker 오브젝트를 찾아내 선택한 후 Inspector 창의 오브젝트 이름 옆에 있는 체크박스를 클릭해 다시 활성화한다.

2. Cylinder 오브젝트를 선택하고 이름을 Base로 변경한다. Inspector 창에서 오브젝트의 Transform ❯ Scale을 X=.4, Y=.1, Z=.4로, Transform ❯ Position을 X=0, Y=−.5, Z=0으로 변경한다. Capsule Collider 컴포넌트 옆 기어 아이콘을 클릭하고 Remove Component를 클릭해서 컴포넌트를 제거한다.

3. PlaceMarker에 오른 클릭(맥에서는 Ctrl + 클릭)을 하고, 연관 메뉴에서 3D Object ❯ Cylinder를 선택한다. 이 과정을 반복해 Sphere와 Cube 자식 오브젝트를 만든다.

4. 새로운 각 자식 오브젝트의 속성을 다음과 같이 설정한다.

게임 오브젝트	속성/컴포넌트	값
Cylinder	Name	Pole
	Transform Position	(0, .5, 0)
	Transform Scale	(.05, 1, .05)
	Capsule Collider	Remove
Sphere	Name	Holder
	Transform Position	(0, 1.5, 0)
	Transform Scale	(.2, .2, .2)
	Sphere Collider	Remove
Cube	Name	Sign
	Transform Position	(0, 2, 0)
	Transform Scale	(1, 1, .1)
	Box Collider	Remove

5. Project 창에 오른 클릭(맥에서는 Ctrl + 클릭)을 하고, 연관 메뉴에서 Create > Folder 를 선택한다. 폴더의 이름을 Materials로 변경한다.

6. Project 창에서 새로 만든 Assets/FoodyGo/Material 폴더를 선택한다. 오른 클릭(맥에서는 Ctrl + 클릭)을 하고, 연관 메뉴에서 Create > Material을 선택한다. 머티리얼의 이름을 Base로 변경한다. 이 과정을 두 번 반복해서 Highlight와 Board 머티리얼 두 개를 생성한다.

7. Project 창에서 Base 머티리얼을 Hierarchy 창의 Base 오브젝트에 끌어 놓는다. Pole과 Holder 오브젝트에도 이 과정을 반복한다. 마지막으로 Board 머티리얼을 Sign 오브젝트에 끌어 놓는다.

8. 새로 생성된 머티리얼은 기본이 흰색이므로 시각적인 변경 사항은 없다. 하지만 오브젝트에 머티리얼이 있으므로 추후 머티리얼을 수정하면 변경 사항을 눈으로 확인할 수 있다.

9. Project 창에서 Base 머티리얼을 선택하고 Inspector 창을 참조하자. 일반적으로

보는 속성 창은 셰이더shader 속성 편집기로 변경됐다. 다음 장에서 이에 대해 다룰 예정이니 셰이더가 무엇인지 잘 몰라도 걱정하지는 말자. 지금은 다음 스크린샷과 같이 속성을 수정한다.

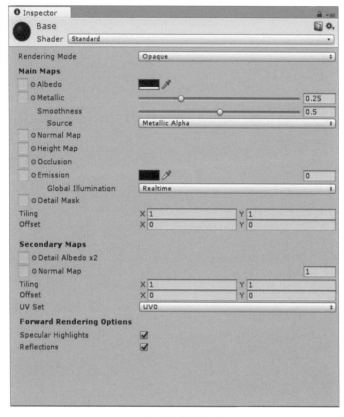

Base 머티리얼 셰이더 속성들

10. 잘 모르겠다면, **Base** 머티리얼을 위한 **Albedo** 컬러는 검은색(#00000000)이어야 한다. 또한 머티리얼을 수정하는 과정에서 PlaceMarker 머티리얼 속성이 어떻게 변하는지도 눈여겨보자.

11. 다음 표와 같이 각 머티리얼의 셰이더 머티리얼 속성을 수정해보자.

머티리얼	속성	값
Base	Albedo Color	#00000000
	Metallic	.25
Highlight	Albedo Color	#00FFE9FF
	Metallic	1
Board	Albedo Color	#090909FF
	Metallic	0
	Smoothness	0

12. Hierarchy 창에 있는 PlaceMarker 프리팹을 선택하고, Inspector 창 상단에 있는 Prefab 옵션 밑 Apply 버튼을 클릭한다. 이렇게 하면 모든 변경 사항들이 프리팹에 적용된다.

13. 그런 후 이름 옆 체크박스를 해제해 신에 있는 오브젝트를 비활성화한다.

14. 저장한 후 Hierarchy 창에서 Map 신을 삭제한다.

15. 에디터에서 Play를 눌러 게임을 테스트한다. 이제 Scene 창에 보이는 것처럼 새로운 PlaceMaker들이 채우고 있는 지도를 볼 수 있다.

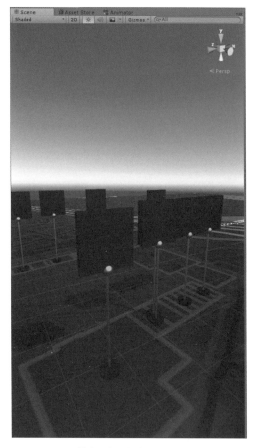

Scene 창에 보이는 새로운 PlaceMarkers들

우리가 만든 장소 마커는 레스토랑 테이블에 놓인 표지판과 칠판 메뉴를 결합한 것이다. 다음 장에서 플레이어가 장소 표식과 상호작용할 수 있을 때까지는 메뉴 부분은 비워둘 것이다. 일단 지금은 Google Places API 검색과 관련된 몇 가지 문제의 해결 방법을 다음 절에서 논의할 것이다.

검색 최적화하기

현재 Google Places API 검색 서비스는 주변을 검색한 후 지도를 다시 그릴 때 자세한 결과 한 페이지(20개)를 반환한다. 물론 검색한 지역에서 결과와 일치하는 장소가 20개 이상일 경우 몇 개의 장소는 누락될 것이다. 결과를 다시 검토하면서 요청을 업데이트할 수는 있지만, 그렇게 하면 지도를 다시 그릴 때마다 여러 번의 요청을 보내야 한다. 우리가 사용 중인 API는 무료가 아니며 요청 수에 엄격한 제한이 있음을 유념하자.

다행히 플레이어 주변의 위치를 얻는 데 사용할 수 있는 또 다른 검색 옵션이 있다. Google Places API는 레이더radar 검색 옵션도 지원한다. 레이더 검색은 우리가 검색하는 지역에 대해 최대 200개의 위치를 반환하지만 결과에는 지오메트리geometry와 ID만 포함된다. 우리에게는 이 방법이 더 나은 방법이므로 코드를 변경하고 테스트해보자.

1. Project 창의 Assets/FoodyGo/Scripts/Services 폴더에 있는 GooglePlacesAPI Service 스크립트를 더블 클릭해 에디터에서 연다.

2. IEnumerator SearchPlaces( ) 메소드로 내려가서 다음과 같이 윗줄 코드를 아래 줄 코드로 변경한다.

```
// 변경할 라인
var req = new WWW(GOOGLE_PLACES_NEARBY_SEARCH_URL + "?" + queryString);

// RADAR로 변경
var req = new WWW(GOOGLE_PLACES_RADAR_SEARCH_URL + "?" + queryString);
```

3. 파일의 변경 사항을 저장하고 유니티 에디터로 돌아가서 컴파일되길 기다린다.

4. Play를 눌러 게임을 다시 실행한다. 이전 모습과 크게 달라진 것이 없음을 눈여겨보자.

5. Map 신을 Hierarchy 창으로 불러온 MapScene > Services > GooglePlacesAPI 오브젝트를 찾는다. Visual Distance 속성의 값을 2000으로 변경한다. 제거 후 Map 신을 저장한다.

6. 에디터에서 게임을 다시 테스트하면, 지도 범위를 벗어나는 거리에 있는 위치 마커가 눈에 띌 것이다. 시야 거리나 탐색 반경으로 사용하기에 2000이라는 값은

너무 크기 때문이다. 그럼 지도 위만 채우기 위해 어떤 값을 사용해야 할까? 여기서 짧게 답한다면, '상황에 따라서'라고 말할 수 있다.

아마 우리의 문제를 시각적으로 본다면, 탐색 거리 문제에 대한 가능한 해결책을 만들 수 있다. 다음 그림을 보자.

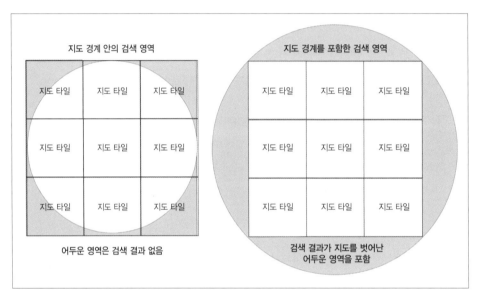

탐색 반경과 지도를 겹친 모습

그림에서 보듯이, 문제는 탐색 반경이 지도 경계 내에 있거나 거꾸로 반경이 맵 경계를 포함해서 발생한다. 검색 반경이 지도 경계 내에 있으면 구글 지도의 일부에 위치가 표시되지 않는다(어두운 영역). 반경에 경계가 포함돼 있으면 매핑할 수 없는 위치(어두운 영역)가 검색 결과로 반환된다. 네모난 구글 지도 경계를 기준으로 검색하는 것이 가장 이상적이지만, Google Places API는 이러한 방식을 지원하지 않는다. 때문에 내부 검색 또는 포함 검색 중에서 하나를 선택해야 한다.

일반적으로 다른 지도 서비스는 상자 형태의 경계 검색을 제공한다. 이 상자는 보통 북서쪽과 남동쪽 지점을 검색 파라미터로 사용해 정의된다. 좀 더 강력한 고급형 지도 서비스는 다각형 검색도 지원한다.

다음 표에서는 이 문제를 문제/해결책 리스트로 분석하고, 장점과 단점을 평가해본다.

문제	해결책	장점	단점
탐색 반경이 지도 경계 안쪽에 있음	탐색 반경이 지도 폭으로 설정됨	• 검색을 필터링(filtering)하지 않아도 됨	• 잦은 검색이 필요함 • 코너를 향해 대각선으로 움직이는 플레이어는 급작스런 지도 오브젝트의 변경을 자주 보게 된다.
탐색 반경이 지도 경계를 포함한다.	탐색 반경이 지도 대각선 길이로 설정됨	• 비교적 적은 검색 • 지도 전체가 커버된다.	• 검색 결과를 필터링해야 한다.

표를 보면 더 나은 접근 방식이 무엇인지 바로 알 수 있으며, 그 방식은 경계를 포함하는 탐색이다. 검색을 필터링하려면 GPSLocationService와 GooglePlacesAPIService 클래스의 코드 일부를 변경해야 한다. 다음 설명에 따라 스크립트 변경 사항을 검토해보자.

1. 메뉴에서 Assets ▶ Import Package ▶ Custom Package…를 선택한 후 Import package 창이 열리면 다운로드한 소스 코드의 Chapter_7_Assets 폴더로 가서 Chapter7_import2.unitypackage 파일을 선택한다. 스크립트 업데이트를 가져오는 이유는 변경 사항이 많아서가 아니라, 파일은 크지만 변화는 아주 적기 때문이다.

2. 본인의 에디터에서 GPSLocationService 스크립트를 연다. 그런 다음 CenterMap 메소드를 찾는다. 이 메소드는 지도를 다시 그리고 나서 여러 가지 중요한 지도 관련 파라미터를 다시 계산한다. 다음과 같이 파일 맨 아래에 mapBounds라는 새 변수의 계산이 추가됐다.

```
lon1 = GoogleMapUtils.adjustLonByPixels(Longitude, -MapTileSizePixels*3/2
, MapTileZoomLevel);
lat1 = GoogleMapUtils.adjustLatByPixels(Latitude, MapTileSizePixels*3/2
, MapTileZoomLevel);
lon2 = GoogleMapUtils.adjustLonByPixels(Longitude, MapTileSizePixels*3/2
, MapTileZoomLevel);
lat2 = GoogleMapUtils.adjustLatByPixels(Latitude, -MapTileSizePixels*3/2
, MapTileZoomLevel);
mapBounds = new MapEnvelope(lon1, lat1, lon2, lat2);
```

3. 이 코드는 지도의 위도와 경도 경계를 계산한다. 필요하다면, 이 코드 위에 있는
   코드(2장, '플레이어 위치 매핑')를 검토하는 것도 좋다.

4. 그런 다음 에디터에서 GooglePlacesAPIService 스크립트를 연다. 파일 상단에
   있는 UpdatePlaces 메소드를 찾는다. UpdatePlaces 메소드는 지도에서 위치들
   을 업데이트하는 곳이다. 이 메소드는 새로운 검색 결과를 반복적으로 체크하면
   서 지도 위에 오브젝트를 배치한다. 이 메소드 안에 있는 다음 코드를 찾자.

```
if(GPSLocationService.Instance.mapBounds.Contains(new MapLocation((float)
lon, (float)lat))==false)
{
  continue;
}
```

5. 추가된 이 코드는 GPSLocationService의 새로운 mapBounds 필드를 사용해 검색
   결과가 위도와 경도의 경계 내에 있는지 확인한다. 검색 결과가 맵 경계를 벗어나
   면 검색 결과가 무시되고 루프는 continue문으로 인해 계속된다.

6. Play를 눌러 게임을 실행하자. 이번에는 신scene 뷰로 이동하고, 카메라를 지도 위
   로 멀리 떨어지게 해서 아래를 내려다보자. 다음 스크린샷과 같이 모든 장소 표
   시가 지도 경계 내에 있는 것을 확인하자.

지도 경계 안에 모든 마커가 들어있는 신 뷰

이제 GooglePlacesAPIService가 지도 전체를 커버하는 결과를 반환하게 만들면서 검색 문제를 해결했다. 모든 요소들이 어떻게 어우러지는지 이해하기 위해 스크립트 나머지 부분을 검토하는 데 꼭 시간을 할애해보자.

▌ 요약

이 장에서는 실세계 위치를 게임에 추가하기 위해 지도로 다시 돌아왔다. 새로운 기능들을 추가하기에 앞서 이전 장 마지막 부분에서 생긴 문제를 해결했다. 이 과정에서 GPS 서비스를 싱글톤 패턴으로 변경했다. 변경하면서 싱글톤이 어떻게 작동하는지도 이해할 수 있었다. 그런 다음 플레이어 주변의 주요 장소를 찾는 데 사용할 웹 서비스 Google Places API를 검토하는 시간을 가졌다. API 키를 생성하고 Hurl.it을 사용해 서비스를 요청하는 방법을 배웠다. Hurl.it을 사용해 쿼리를 테스트한 후 JSON으로 반환된 결과가 TinyJson을 통해 런타임에 C# 오브젝트로 변하는 방법을 다뤘다. 스크립트를 가져와 준비를 마친 후에는 Map 신 안에 새로운 서비스를 구성했다. 그런 다음 기본 3D 오브젝트와 커스텀 머티리얼을 사용해 위치 마커를 만들어서 더 나은 프로토타입을 구성했다. 마지막으로, 검색에서 생기는 몇 가지 문제를 해결할 필요가 있으므로 스크립트를 가져왔다. 그런 후 변경 사항을 검토하고, 만족할 만한 결과를 얻었다.

이제 지도에 장소 마커가 표시된다. 다음 장에서는 플레이어가 마커와 상호작용해서 오브젝트를 수집하거나 몬스터를 배치하게 할 것이다. 이를 위해 이전에 개발한 인벤토리 스크린을 발전시켜야 한다. 또한 게임을 향상시키는 데 필요한 파티클과 비주얼 효과에 어느 정도의 시간을 할애할 것이다.

08

AR 세계와 상호작용하기

우리 게임의 가상 세계는 이제 플레이어가 직접 찾아가서 상호작용할 수 있는 실세계를 기반으로 한 장소들로 채워져 있다. 이번에는 플레이어가 주위에 있는 장소들을 방문해 포획한 요리 몬스터들을 팔 수 있게 만들 예정이다. 만일 해당 장소나 레스토랑이 플레이어가 가진 주방장(몬스터)을 맘에 들어 하면 금액을 제시할 것이다. 플레이어는 제시된 금액을 받아들이거나 떠날 수 있다. 금액을 받아들이는 경우 주방장은 레스토랑의 소유가 돼 몬스터 셰프로 일하게 된다. 몬스터 셰프를 가진 레스토랑은 셰프가 떠날 때까지 새로운 주방장을 고용하지 않는다. 그리고 셰프는 일정 시간이 지나면 레스토랑을 떠나게 된다.

이 장에서는 플레이어가 주위에 있는 장소들을 탐험하는 상호작용 부분을 완성할 것이다. 이 작업을 위해 새로운 Place 신scene을 구성한다. 이 신은 플레이어가 몬스터를 팔고, 몬스터 볼 따위의 아이템과 경험치를 얻을 수 있게 만들 것이다. 때문에 새로운 인벤토리 아이템, 플레이어 경험치와 레벨, 각 장소의 상태를 기록하기 위해 데이터베이스에 새로운 테이블을 추가한다. 또한 크게 눈에 띄지 않겠지만, 게임을 향상시킬 몇 가지 요소들을 추가할 것이다. 이제 마음의 준비를 해보자. 이 장에서는 다음 주제들을 매우 빠르게 다룰 것이다.

- Place 신
- Google Street View를 배경으로 만들기
- Google Places API 사진으로 슬라이드쇼하기
- 판매 UI 상호작용 추가
- 판매 게임 메커니즘
- 데이터베이스 업데이트
- 흩어진 조각들 연결하기

이 장에서 새롭게 다룰 몇 가지 요소들이 있지만, 그 외에 게임에 추가될 내용들은 대부분 이전 장들에서 다룬 개념의 확장이다. 이번에도 이전 장의 끝에 이어서 진행할 것이다. 만일 이 장으로 건너뛰어 왔다면 8장에서 책의 소스 코드를 다운로드하는 절을 참고하길 바란다.

▌ Place 신

이 신도 가상 게임 세계와 실세계가 만나는 콘텐츠가 될 것이다. 실세계 위에 AR 상호작용이 올려진 Catch 신과 비슷한 구성이겠지만, 이번에는 Google Street View를 배경으로 사용할 것이다. 또한 우리 마커marker에 장소의 실제 사진을 사용해 게임 세계의 몰입도를 보강할 것이다.

다음 설명을 따라 새로운 신과 주요 기반 요소들을 구성해보자.

1. 이전 장에서 마무리했던 FoodyGo 프로젝트를 연다. 이 장으로 바로 왔다면 다

운로드한 소스 코드에서 프로젝트를 여는 법을 참고한다.

2. Ctrl + N(맥에서는 command + N)을 눌러 새로운 신을 생성한다.

3. Ctrl + S(맥에서는 command + S)를 눌러 신을 저장한다. 신의 이름은 Places로 저장한다.

4. Ctrl + Shift + N(맥에서는 command + shift + N)을 눌러 새로운 빈 게임 오브젝트를 생성한다. 오브젝트의 이름을 PlacesScene으로 변경하고 트랜스폼transform을 영점으로 리셋한다.

5. Main Camera와 Directional Light 오브젝트를 PlacesScene으로 끌어 놓아 자식 오브젝트로 만든다.

6. Hierarchy 창에서 Main Camera를 선택한다. 그런 후 Inspector 창에서 Transform PositionY = 2로, Z = −2로 설정한다. 카메라를 위로 올리면서 앞으로 내보내기 위해서다.

7. 메뉴에서 GameObject ➤ UI ➤ Panel을 선택한다. Hierarchy 창에 Panel을 자식으로 가진 새로운 Canvas가 생성될 것이다.

8. Inspector 창에서 Canvas 컴포넌트를 찾아 Render Mode를 Screen Space − Camera로 설정한다. 그런 후 Hierarchy 창에서 Main Camera 오브젝트를 Canvas 컴포넌트의 Render Camera 슬롯으로 끌어 놓는다.

9. Hierarchy 창에서 Panel 오브젝트를 선택한다. 그리고 Inspector 창에서 Image 컴포넌트의 컬러 슬롯을 클릭해 Color 창을 열고 16진수 값을 넣어 Color를 #FFFFFFFF로 설정한다.

10. Project 창의 Assets/FoodyGo/Prefabs 폴더에 있는 PlaceMarker 프리팹을 찾는다. 프리팹을 선택하고 Ctrl + D(맥에서는 command + D)를 눌러 프리팹을 복제한다. 복제한 프리팹의 이름을 PlacesMarker로 변경하고 Hierarchy 창에 끌어 놓는다.

11. 마지막으로 Canvas와 PlacesMarker 오브젝트를 Hierarchy 창의 PlacesScene 오브젝트로 끌어와 자식으로 만든다. 이제 Game과 Hierarchy 창은 다음 스크린샷과 같은 모습일 것이다.

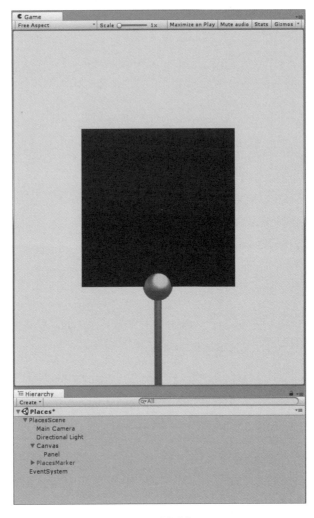

Places 신의 시작

이제 **Places** 신의 기반이 마련됐다. 이제 배경backdrop과 싸인sign 같은 다른 AR 요소를 넣을 차례다.

Google Street View를 배경으로 만들기

카메라를 배경으로 사용했던 Catch 신과 마찬가지로 이번에도 실세계 요소를 배경으로 사용하려 한다. 카메라 대신에 이 신은 Google Street View를 사용한다. Street View를 사용하면 카메라를 사용하지 않고도 흥미를 유발시키는 배경을 만들 수 있다.

시작하기 전에 이전 장에서 Google Maps API 키를 생성한 것과 비슷한 과정을 거쳐야 한다. 다음 URL로 이동해 이전과 같이 Google Street View Image API의 개발자 키를 생성하자.

https://developers.google.com/maps/documentation/streetview/

페이지 상단에 있는 GET A KEY 버튼을 클릭하고 이전에 키를 생성하기 위해 거쳤던 단계를 반복한다.

개발자 키를 생성하고 나면 다음 설명에 따라 Google Street View Image API를 사용하는 배경을 만들어보자.

1. 메뉴에서 Assets ➤ Import Package ➤ Custom Package…를 선택해 Import package 창을 연다. 창에서 다운로드한 소스 코드의 Chapter_8_Assets 폴더로 간다. Chapter8_import1.unitypackage를 선택하고 Open을 클릭한다.

2. Import Unity Package 창이 열리면 모든 것이 선택돼 있는지 확인하고 Import를 클릭한다.

3. Hierarchy 창에서 Panel 오브젝트를 선택한다. Inspector 창에서 Image 컴포넌트 옆 기어 아이콘을 클릭하고 연관 메뉴에서 Remove Component를 선택해 컴포넌트를 제거한다.

4. 메뉴에서 Component ➤ UI ➤ Raw Image를 선택한다. Panel에 Raw Image 컴포넌트가 추가될 것이다. 패널의 이름을 StreetViewTexturePanel로 변경한다.

5. Project 창의 Assets/FoodyGo/Scripts/Mapping 폴더에서 GoogleStreetView Texture를 Hierarchy나 Inspector 창에 있는 StreetViewTexturePanel 오브젝트에 끌

어 놓는다.

6. Inspector 창에서 Google Street View Texture 컴포넌트 속성 값을 다음과 같이 설정한다.

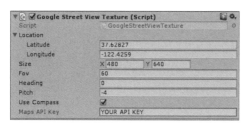

Google Street View Texture 컴포넌트 설정

7. 에디터에서 Play를 눌러 게임을 실행시킨 후, 구글 본사 밖이 배경으로 나오는 것을 눈여겨본다.

8. 메뉴에서 File ▸ Build Settings…를 선택하고 Add Open Scenes를 클릭한 후 Scenes in Build에 Places 신을 추가한다. 그런 후 다음 스크린샷과 같이 Build Settings 창에서 다른 신들의 체크를 해제한다.

Place 신을 기기에서 구동하기 위해 업데이트한 빌드 설정

9. 빌드 후 본인의 모바일 기기에 게임을 배포한다. 신이 실행되고 있는 동안 기기를 회전시키면서 배경이 바뀌는 것을 확인하자. 이제 기기의 방향에 따라 배경이 바뀐다.

Google Street View Image API를 배경으로 사용해 Street View를 보는 플레이어는 몰입도가 훨씬 높아지게 된다. 하지만 모든 장소(위도/경도)가 Street View 이미지를 가지고 있지 않다. 이미지가 없는 경우의 배경을 바꾸는 것으로 수정할 수 있지만, 일단 지금은 그대로 놔두겠다.

GoogleStreetViewTexture 스크립트는 Google Places 및 Google Maps API 스크립트와 비슷하게 동작한다. 스크립트를 열어 다음과 같이 쿼리query를 담당하는 주요 메소드를 둘러보자.

```
IEnumerator LoadTexture()
{
    var queryString = string.Format("location={0}&fov={1}&heading={2}&key={3}&size={4}x{5}&pitch={6}", location.LatLong, fov, heading, MapsAPIKey, size.x, size.y, pitch);

    var req = new WWW(GOOGLE_STREET_VIEW_URL + "?" + queryString);
    // 서비스가 반응할 때까지 기다린다
    yield return req;
    // 먼저 예전 텍스처를 파괴한다
    Destroy(GetComponent<RawImage>().material.mainTexture);
    // 이미지가 반환되면 타일 텍스처로 설정한다
    GetComponent<RawImage>().texture = req.texture;
    GetComponent<RawImage>().material.mainTexture = req.texture;
}
```

언급한 바와 같이 다른 Google API에 접근하기 위해 사용했던 이전 코드들과 매우 비슷하다. 따라서 우리는 API에 요청하기 위한 쿼리 파라미터query parameter에 집중하겠다.

- `location`: 콤마로 구분돼 있는 위도와 경도를 말한다. 추후에 이 스크립트를 GPS 서비스에 연결하면 이 값들을 자동으로 채워줄 것이다.
- `fov`: 시야 범위$^{field of view}$를 각도로 표현한 것으로, 사실상 줌 레벨을 말한다. 여기서는 60을 사용했는데, 기기 화면을 통해 비추는 좁은 시야를 비슷한 모습으로 구현하기 위한 값이다.
- `heading`: 컴퍼스의 방향을 나타내는 북위 각도다. 해당 옵션이 켜져 있는 경우 기기의 컴퍼스 방향이 이 값을 설정하도록 할 것이다. 꺼져 있다면 0이 된다.
- `size`: 요청한 이미지의 크기를 말한다. 최대 크기는 640×640이다. 우리는 기기를 세로로 보기 때문에 430×640을 사용한다.
- `pitch`: 수평선의 위, 혹은 아래의 각도를 말한다. −90부터 90 사이의 값이 나올 수 있다. 우리는 Street View 이미지에서 살짝 땅을 보게 만들기 위해 −4를 사용한다.
- `key`: Google Street View API에서 생성한 API 키를 말한다.

`GoogleStreetViewTexture` 스크립트의 나머지 부분을 자유롭게 둘러봐도 좋다. Google Places와 Maps 스크립트가 비슷함을 알게 될 것이다. 다음 절에서는 Google Places API에서 사용할 수 있는 추가적인 쿼리들을 알아보자.

▍ Google Places API 사진으로 슬라이드쇼하기

이전 장에서는 Google Places API의 레이더 검색을 통해 지도에 장소 마커를 채웠다. 이제는 플레이어가 마커와 상호작용할 수 있도록 만들 것이므로, 해당 장소의 정보를 눈으로 확인할 수 있게 하고 싶다. 해당 장소에 대해 자세한 쿼리를 실행하고, 반환된 추가 정보는 물론 사진까지 같이 볼 수 있게 만들자. 이 사진들은 플레이어가 해당 장소를 방문할 때 보이는 슬라이드쇼를 위해 사용될 것이다.

슬라이드와 함께 장소의 이름과 현재 평가를 보여주는 텍스트를 추가할 것이다. 나중에는 평가 정보를 바탕으로 해당 장소가 어떤 요리 몬스터를 사고 싶은지, 얼마에 사고 싶은지를 보여줄 예정이다.

다음 절의 구성을 완성하기 위해서는 이전에 생성한 Google Places API 키가 필요하다. 다른 장에서 건너뛰어 왔다면 이전 장에서 API 키를 생성하는 과정을 다시 살펴보자.

다음 설명에 따라 우리가 필요한 새로운 요소를 신에 추가해보자.

1. Places 신으로 돌아가서 Hierarchy 창에 있는 PlacesMarker를 찾자.
2. Hierarchy 창에서 PlacesMarker를 확장하고 Sign 오브젝트를 선택한다. Ctrl + D(맥에서는 command + D)를 눌러 오브젝트를 복제한다. 새로운 오브젝트의 이름을 Photo로 변경한다.
3. Inspector 창에서 새로운 Photo 오브젝트를 선택하고, Mesh Renderer > Material을 바꾸기 위해 옆에 있는 타깃 아이콘을 클릭함으로써 Select Material 창을 연다. 그런 후 리스트 아래로 내려가서 Default-Material을 선택한다. 선택이 끝나면 창을 닫고 머티리얼이 변경됐는지 확인한다.
4. Photo 오브젝트의 Transform 속성을 다음 스크린샷과 같게 설정한다.

Photo 오브젝트 속성

5. 메뉴에서 GameObject ➤ UI ➤ Canvas를 선택해 새로운 Canvas 오브젝트를 생성한다. Canvas 오브젝트를 Hierarchy 창에 있는 PlacesMarker 오브젝트에 끌어 놓는다. 오브젝트에 캔버스를 추가한 것은 오브젝트에 직접적으로 텍스트를 추가하기 위해서다.

6. Inspector 장에서 Canvas가 선택된 채로 Canvas ➤ Render Mode를 World Space로 변경하고, 다음 스크린샷과 같이 다른 속성들의 값을 변경한다.

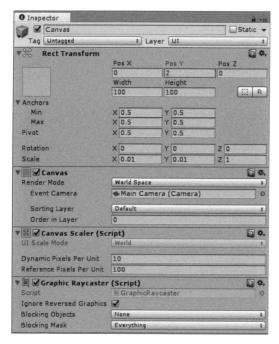

World Space Canvas 설정

 Canvas ➤ Render Mode를 World Space로 변경한 후 직접 Rect Transform 속성을 설정해줘야 한다.

7. Canvas 오브젝트에 오른 클릭(맥에서는 Ctrl + 클릭)을 하고 연관 메뉴에서 UI ➤ Text를 선택한다. 이름을 Header로 변경한다.

8. Inspector 창에서 Heading 오브젝트의 속성을 다음과 같이 변경한다.

- Rect Transform: Pos Z = -.1
- Rect Transform: Width = 90, Height = 70
- Text: Font Size = 10
- Text: Paragraph Alignment = Left and Bottom
- Text: Color = #FFFFFFFF (흰색)

9. Hierarchy 창에서 Header 오브젝트를 선택하고 Ctrl + D(맥에서는 command + D)를 눌러 오브젝트를 복제한다. 오브젝트의 이름을 Rating으로 변경한다.

10. Rating 오브젝트를 선택하고 Inspector 창에서 다음과 같이 속성을 변경한다.

- Rect Transform: Height = 90
- Text: Font Size = 7
- Text: Font = fontawsome-webfont
- Text: Paragraph Alignment = Right and Bottom
- Text: Color = #00FFFFFF (청록색)

11. Rating 오브젝트를 선택하고 Ctrl + D(맥에서는 command + D)를 눌러 오브젝트를 복제한다. Inspector 창에서 오브젝트의 이름을 Price로 변경하고 Text 컴포넌트의 Paragraph Alignment를 Left - Bottom으로 설정한다.

12. Project 창의 Assets/FoodyGo/Scripts/UI 폴더에 있는 GooglePlacesDetailInfo 스크립트를 Hierarchy 창에 있는 PlacesMarker에 끌어 놓는다.

13. Hierarchy 창에 있는 PlacesMarker 오브젝트를 선택한다. 그런 후 Inspector 창의 Google Places Detail Info 컴포넌트에 있는 각각의 슬롯에 다음과 같은 컴포넌트를 끌어 놓는다.

- Photo Panel: PlacesMarker ➤ Photo에 있는 Photo 오브젝트
- Header: PlacesMarker ➤ Canvas ➤ Header에 있는 Header 텍스트 오브젝트
- Rating: PlacesMarker ➤ Canvas ➤ Rating에 있는 Rating 텍스트 오브젝트
- Price: PlacesMarker ➤ Canvas ➤ Price에 있는 Price 텍스트 오브젝트

14. 다음 스크린샷과 같이 컴포넌트에 있는 다른 속성들을 설정한다.

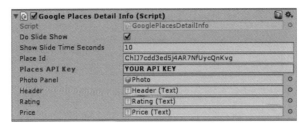

Google Places Detail Info 컴포넌트 설정

 이 예제에서 사용한 Place Id 값은 (ChIJ7cdd3ed5j4AR7NfUycQnKvg)다. 다른 장소를 사용하고 싶다면 이전 장에서 했듯이 수동으로 Google Places API Nearby를 검색해서 다른 장소 Id 값을 사용할 수 있다.

15. 마지막으로 Inspector 창 Prefab 옵션 옆에 있는 Apply 버튼을 클릭해서 Places Marker 프리팹을 저장한다.

16. Play를 눌러 신을 실행한다. 신이 인위적으로 보일 수는 있지만, 추가한 기능들을 확인할 수 있다. 조금 기다려보면, 사인sign에 있는 사진이 슬라이드쇼로 변하는 것을 볼 수 있다. 다음 스크린샷은 Game 창에서 보이는 신의 실행 예제다.

Game 창에서 실행되는 Places 신

눈에 보이는 것처럼 신 개발이 착착 진행되고 있다. 이제 GooglePlacesDetailInfo 스크립트의 몇몇 주요 메소드를 빠르게 살펴보자. LoadPlacesDetail 메소드부터 둘러보자.

```
IEnumerator LoadPlacesDetail()
{
  var queryString = string.Format("placeid={0}&key={1}", placeId, PlacesAPIKey);

  var req = new WWW(GOOGLE_PLACES_DETAIL_URL + "?" + queryString);
  // 서비스가 반응할 때까지 기다린다
  yield return req;
  var json = req.text;
```

```
  ParseSearchResult(json);
}
```

지금쯤이면 코루틴 메소드는 완전히 익숙해졌을 것이다. 이는 이전 장에서 Google Places Radar 검색을 개발했을 때 사용했던 코드와 매우 흡사하다. 첫 번째 줄에서 querystring 변수가 생성되면서 URL 파라미터에 placeid와 키를 사용한다. placeid는 위치의 id고, 키는 당연히 Google Places API 키다.

스크립트가 장소에 대한 자세한 정보를 요청하고 나면, 헤더 텍스트[header text]와 평가[rating] 를 설정한다. 장소에 사진이 있으면, 다음 LoadPhotoTexture 메소드에서 보이는 것처럼 Google Places API Photos에 새로운 쿼리를 실행한다.

```
private IEnumerator LoadPhotoTexture(Photo photo)
{
  var queryString = string.Format("photoreference={0}&key={1}&maxwidth=800",
photo.photo_reference, PlacesAPIKey);

  var url = GOOGLE_DETAIL_PHOTO_URL + "?" + queryString;
  var req = new WWW(url);
  // 서비스가 반응할 때까지 기다린다
  yield return req;
  // 먼저 예전 텍스처를 파괴한다
  Destroy(photoRenderer.material.mainTexture);
  // 이미지가 반환되면 타일 텍스처로 설정한다
  photoRenderer.material.mainTexture = req.texture;
}
```

이 코드는 이 장 초반에 다뤘던 Street View 텍스처를 불러오는 과정과 매우 흡사하다. 차이가 있다면, 전달하는 파라미터가 다르다는 것이다. 여기서는 photoreference(사실상 ID), key(API 키), maxwidth(혹은 maxheight) 이렇게 세 개의 파라미터만 요구한다. photoreference의 값은 이전에 실행한 메인 쿼리[main query]에서 가져온다.

마지막으로 살펴볼 메소드는 Slideshow라 불리는 슬라이드쇼를 실행하는 코루틴이다.

```
private IEnumerator SlideShow(Result result)
{
  while(doSlideShow && idx < result.photos.Count - 1)
  {
    yield return new WaitForSeconds(showSlideTimeSeconds);
    idx++;
    StartCoroutine(LoadPhotoTexture(result.photos[idx]));
  }
}
```

이 메소드에 전달되는 Result 파라미터는 장소를 설명하는 오브젝트 결과다. 이 메소드 안에는 doSlideShow가 true인지, 그리고 result가 보여줄 사진이 남았는지를 체크하는 지속적인 while 루프가 있다. idx는 현재 보이는 사진의 인덱스^{index}로서 0부터 시작한다. 보는 바와 같이 결과를 담은 변수는 Array 속성을 가진 photos며, 장소의 사진에 대한 모든 photoreference 값을 담고 있다. while 루프 안에서는 현재 인덱스(idx)와 사진의 숫자를 비교한다. 사진이 더 있으면 루프가 실행된다. 루프의 첫 번째 문은 showSlideTimeSeconds에서 정의한 시간만큼 루틴을 기다리게 한다. 그런 후 idx를 증가시키고 새로운 사진을 불러온다.

이제 배경과 장소 사인이 작동하므로, 몬스터 판매 상호작용을 다음 절에서 추가해보자.

판매를 위한 UI 상호작용 추가하기

이 장 초반에 설명했듯이 플레이어는 특정 장소에 가서 버튼을 눌러 판매를 시작하고, 소지한 몬스터를 팔 수 있다. 해당 장소나 레스토랑은 플레이어의 몬스터를 검토한 후 가장 좋다고 판단되는 몬스터에 대한 금액을 제시한다. 플레이어는 Yes 버튼을 눌러 제시를 받아들이거나 No를 눌러 거절할 수 있다. 매우 간단한 과정이지만 작업할 요소들이 꽤 많으며 대부분은 UI다.

UI 작업을 섹션으로 나눠서 따라 하기 쉽게 만들 것이다. 첫 번째로 작업할 부분은 다음 설명에 따라 UI 캔버스와 주요 버튼들을 추가하는 것이다.

1. 메뉴에서 GameObject > UI > Canvas를 선택한다. 새로운 캔버스의 이름을 UI_Places로 변경한다. 알고 있을지 모르지만, 이 캔버스는 신에서 서로 다른 공간(Screen Space-Overlay, Screen Space-Camera, World Space)에 렌더링하는 세 번째 캔버스다.

2. Inspector 창에서 새로운 캔버스를 선택하고 Canvas Scaler 컴포넌트 속성을 다음과 같이 변경한다.
   - Canvas Scaler: UI Scale Mode = Scale with Screen Size
   - Canvas Scaler: Reference Resolution: X = 500, Y = 900

3. UI_Places 오브젝트에 오른 클릭(맥에서는 Ctrl + 클릭)을 하고 연관 메뉴에서 UI > Button을 선택한다. 새로운 버튼의 이름을 SellButton으로 변경한다.

4. Hierarchy 창에서 SellButton을 확장하고 Text 오브젝트를 선택한다. Delete를 눌러 버튼에서 Text 오브젝트를 삭제한다.

5. Hierarchy 창에서 SellButton을 선택하고 Ctrl + D(맥에서는 command + D)를 눌러 버튼을 복제한다. 새 버튼의 이름을 ExitButton으로 변경한다.

6. 각 새로운 버튼마다 다음 표와 같이 컴포넌트 속성을 변경한다.

버튼	속성	값
SellButton	Rect Transform − Anchors	Top−Center pivot과 position
	Rect Transform − Pos Y	−130
	Rect Transform − Width, Height	100
	Image − Source Image	button_set03_a
ExitButton	Rect Transform − Anchors	Botton−Center pivot과 position
	Rect Transform − Pos Y	10
	Rect Transform − Width, Height	75
	Image − Source Image	Button_set11_b

이로써 인터페이스에 버튼을 추가하는 것을 마쳤다. 아직은 버튼 작동에 대해 걱정하지 않아도 된다. 대신 신에 필요한 다른 UI 요소들의 작업들을 마무리하자. 다음에는 OfferDialog를 구성해보자.

1. Hierarchy 창의 UI_Places 캔버스에 오른 클릭(맥에서는 Ctrl + 클릭)을 하고 연관 메뉴에서 UI ➤ Panel을 선택한다. 패널의 이름을 OfferDialog로 변경한다. 이 오브젝트가 모든 대화 컴포넌트의 부모 오브젝트가 될 것이다.

2. Hierarchy 창에서 OfferDialog 패널을 선택하고 메뉴에서 Component ➤ Layout ➤ Vertical Layout Group을 선택한다. 그런 후 메뉴에서 Component ➤ UI ➤ Effects ➤ Shadow를 선택한다.

3. Inspector 메뉴에서 Rect Transform, Image, Vertical Layout Group 컴포넌트 속성을 다음 스크린샷과 같이 설정한다.

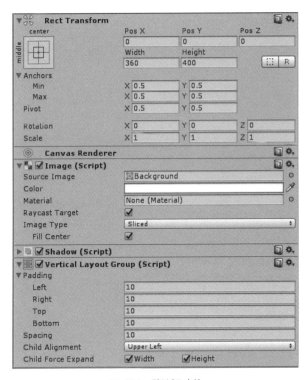

OfferDialog 컴포넌트 속성

4. Hierarchy 창의 **OfferDialog**에 오른 클릭(맥에서는 Ctrl + 클릭)을 하고, 연관 메뉴에서 UI ❯ Panel을 선택한다. 패널의 이름을 PromptPanel로 변경한다.

5. Hierarchy 창에서 PromptPanel을 선택하고 **Ctrl + D**(맥에서는 command + D)를 눌러 오브젝트를 복제한다. 두 번을 더 반복해서 총 세 개의 패널이 존재하게 한다. 새로운 패널의 이름을 각각 MonsterDetailPanel, OfferPanel, ButtonPanel로 변경한다.

6. 레이아웃 그룹layout group 안의 패널들이 공간에 딱 맞게 조절되는지 눈여겨보자. 이제 레이아웃을 추가하고 UI 계층을 구성하는 방식을 알았으니 다음 표에 따라 창dialog을 계속 구성해보자.

패널	UI 계층			컴포넌트	속성	값
PromptPanel				Image : remove		
	PromptText [Text]			Text	Text	Do you want to sell?
				Text	Font Size	18
MonsterDetailPanel				Vertical Layout Group	Spacing	10
	HeaderPanel [Panel]			Horizontal Layout Group	Left, Right, Top, Bottom, Spacing	10
		NameText [Text]				
	DescriptionPanel [Panel]			Horizontal Layout Group	Left, Right, Top, Bottom, Spacing	10
		CP [Text]		Text	Text	CP:
				Text	Font Style	Bold
		CPText [Text]				
		Level [Text]		Text	Text	Level:
				Text	Font Style	Bold
		LevelText [Text]				
	SkillsPanel [Panel]			Horizontal Layout Group	Left, Right, Top, Bottom, Spacing	10
		SkillsText [Text]		Text	Text	Skills
OfferPanel				Vertical Layout Group	Left, Right, Top, Bottom, Spacing	10
	OfferText [Text]					
ButtonPanel				Horizontal Layout Group		
	YesButton [Button]					
		Text		Text	Text	Text
	NoButton [Button]					
		Text		Text	Text	Text

7. 구성이 끝나면 창과 계층이 맞게 됐는지 확인하자.

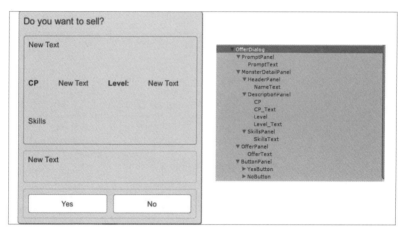

완성된 OfferDialog와 오브젝트 계층

OfferDialog가 끝났으니 다음 설명에 따라 RefuseDialog를 추가해보자.

1. Hierarchy 창에서 OfferDialog를 선택하고 Ctrl + D(맥에서는 command + D)를 눌러 창을 복제한다. 새로운 패널의 이름을 RefuseDialog로 변경한다.

2. Inspector 창에서 Rect Transform – Height = 150으로 변경한다.

3. RefuseDialog를 확장하고 MonsterDetailPanel과 OfferPanel을 삭제한다.

4. Hierarchy 창에서 PromptPanel을 확장하고 PromptText를 선택한다. Inspector 창에서 Text – Text를 This place will not be making an offer for any of your current stock!으로 변경한다.

5. Hierarchy 창에서 ButtonPanel을 확장하고 버튼 중에 하나를 삭제한다. 어느 것이든 상관없다. 남은 버튼의 이름을 OKButton으로 변경한다. 버튼을 확장하고 자식 Text 오브젝트를 선택한다. Inspector 창에서 Text – Text를 OK로 변경한다.

6. 마지막으로 Hierarchy 창에서 UI_Places 오브젝트를 PlacesScene 오브젝트 위에 끌어 놓아 신 루트root의 자식으로 만든다.

UI 요소들이 모두 구성됐으니 이제 판매 상호작용에 필요한 모든 스크립트들을 연결할 때가 왔다. 다음 설명에 따라 컴포넌트 스크립트들을 추가하자.

1. Project 창의 Assets/FoodyGo/Scripts/Controllers 폴더에 있는 PlacesSceneUI Controller 스크립트를 Hierarchy 창에 있는 UI_Places 오브젝트에 끌어 놓는다.

2. UI_Places 오브젝트를 선택하고 Inspector 창의 Places Scene UI Controller 컴포넌트에 있는 알맞은 슬롯들에 SellButton, OfferDialog, RefuseDialog를 끌어 놓는다.

3. Project 창의 Assets/FoodyGo/Scripts/UI 폴더에 있는 MonsterOfferPresenter 스크립트를 Hierarchy 창에 있는 OfferDialog 오브젝트에 끌어 놓는다.

4. OfferDialog 오브젝트를 선택하고, Inspector 창의 Monster Offer Presenter 컴포넌트에 있는 알맞은 슬롯들에 NameText, CPText, LevelText, SkillsText, OfferText를 끌어 놓는다.

5. Project 창의 Assets/FoodyGo/Scripts/Controllers 폴더에 있는 PlacesScene Controller 스크립트를 PlacesScene 루트 오브젝트에 끌어 놓는다.

6. PlacesScene 오브젝트를 선택하고, Inspector 창에 있는 Places Scene Controller 컴포넌트의 알맞은 슬롯들에 다음 스크린샷과 같이 StreeViewTexturePanel, PlacesMarker, UI_Places 오브젝트를 끌어 놓는다.

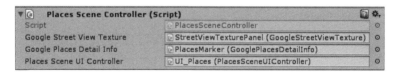

Places Scene Controller 컴포넌트 오브젝트 설정

7. Hierarchy 창에서 ExitButton을 선택하고, Inspector 창에서 플러스(+)를 눌러 새로운 이벤트 핸들러event handler를 추가한다. 그런 후 PlacesScene 오브젝트를 오브젝트 슬롯에 끌어 놓고 함수 드롭다운을 연다. 다음과 같이 PlacesSceneController. OnCloseScene 함수를 선택한다.

ExitButton 이벤트 핸들러 설정

8. SellButton도 똑같은 과정을 반복한다. 하지만 함수 드롭다운에서 `PlacesScene Controller.OnClickSell`을 선택한다.

9. YesButton을 선택하고 새로운 이벤트 핸들러를 추가한다. UI_Places 오브젝트를 오브젝트 슬롯에 끌어 놓고, `PlacesSceneUIController.AcceptOffer()` 함수를 선택한다.

10. NoButton을 선택하고 새로운 이벤트 핸들러를 추가한다. UI_Places 오브젝트를 오브젝트 슬롯에 끌어 놓고, `PlacesSceneUIController.RefuseOffer()` 함수를 선택한다.

11. OKButton을 선택하고 새로운 이벤트 핸들러를 추가한다. UI_Places 오브젝트를 오브젝트 슬롯에 끌어 놓고, `PlacesSceneUIController.OK()` 함수를 선택한다.

이로써 연결이 모두 끝났다. 이제 Places 신을 독립적으로 실행하기 위해 몇 개의 서비스를 추가해야 한다. 다음 설명에 따라 서비스를 추가해보자.

1. 신에 `Services`라 불리는 새로운 빈 게임 오브젝트를 생성한다. PlacesScene 오브젝트에 끌어 놓음으로써 루트 신 오브젝트의 자식으로 만든다.

2. Services 오브젝트에 두 개의 새로운 자식 오브젝트를 만들고, 각각 Inventory와 MonsterExchange로 이름을 변경한다.

3. Project 창의 Assets/FoodyGo/Scripts/Services 폴더에 있는 `InventoryService` 스크립트를 Inventory 오브젝트에, `MonsterExchangeService` 스크립트를 Monster Exchange 오브젝트에 끌어 놓는다.

4. Play를 눌러 신을 실행한다. Sell 버튼을 포함한 다른 버튼들을 눌러본다. 아직 몬스터를 팔 수는 없지만 UI는 제대로 작동하고 있는 것을 확인할 수 있다. 당연히

ExitButton은 아직 안 된다.

이로써 신에 필요한 모든 UI 요소들이 완성됐다. 간단해 보이지만 많은 작업을 필요로 했다. 아직 UI는 기본만 존재할 뿐이고, 개발자로서 본인만의 것을 만드는 일은 자신에게 달려 있다. 원하는 만큼 UI를 뒤져보고 바꿔도 좋다. 눈치챘는지 모르지만 지금은 아이템을 팔 때 플레이어에게 피드백feedback을 제공하지 않는다. 이때 새로운 창이나 사운드를 추가할지 여부는 개발자에게 달려 있다.

다음 절에서는 MonsterExchangeService를 살펴보면서 어떤 방식으로 몬스터들이 평가되는지 알아본다.

▌ 판매 게임 메카닉

많은 게임 개발자가 즐기는 여러 작업들 중에서 게임 메카닉mechanic과 게임 알고리즘algorithm을 만드는 일은 단연 첫손에 꼽을 만큼 흥미롭다. 본인의 게임이나 가상 세계를 돋보이게 만드는 가장 확실한 방법은 게임을 돌아가게 만드는 메커니즘이다. 게임 개발자 혹은 디자이너로서 게임 메카닉을 정의하는 데는 여러 가지 방법이 있다. 강력한 무기나 몬스터를 만들고, 물리가 적용되는 방식을 변경하고, 요리 몬스터를 어떻게 판매하는지 만드는 것도 여기에 속한다. 일반적인 개발 기준으로 봤을 때는 단순하게 만드는 것이 좋으며, 판매 게임 메카닉을 만들 때도 이 철학을 중심으로 개발할 것이다.

여기서는 플레이어의 몬스터 인벤토리를 평가하는 서비스인 MonsterExchangeService의 소스 코드를 직접 들여다보는 대신, 더 보기 편한 수도 코드pseudo code를 살펴본다.

```
MonsterOffer PriceMonsters(PlaceResult result)
{
  // Inventory에서 플레이어 몬스터를 얻는다
  var monsters = InventoryService.ReadMonsters();
  // 해당 장소의 리뷰를 전부 루프로 체크하고
```

```
    // 하나의 텍스트 스트링(string)으로 연결한다
    var reviews = string.empty;
    foreach(var r in result.reviews)
    {
      reviews += r.text + " ";
    }

    // 몬스터를 루프로 체크하면서 각각 가치를 부여한다
    List<MonsterOffer> offers = new List<MonsterOffer>();

    // 요리 몬스터 구매에 해당 장소가 쓸 예산을 계산한다
    var budget = result.rating * result.price * result.types * 100;

    foreach(var m in monsters)
    {
      var value = 0;
      // 리뷰에서 보이는 모든 스킬 단어에 보너스 가치를 추가한다
      // 예를 들어 skill=pizza일 경우 리뷰에 pizza라는 단어가 다섯 번 존재하면 = 500이 된다
      value += CountMatches(m.skills, reviews)*100;
      // 요리 파워(CP)를 추가한다
      value += m.power * m.level * 100;
      if(budget > value)
        // 몬스터를 위한 새로운 제시를 추가한다
        offers.Add(new MonsterOffer{ Monster = m, Value = value });
    }
    offers.sort(); // 낮은 제시부터 높은 제시 순서로 정렬한다
    offers.reverse(); // 순서를 뒤집어서 가장 높은 값이 위로 오게 한다

    return offer[0]; // 최상의 제시를 반환한다
}
```

여기서 사용하는 알고리즘은 꽤 간단한 편이며, 이에 더해 장소 리뷰에 스킬이 언급되는 경우 몬스터 값에 보너스를 더한다. MonsterExchangeService 스크립트를 열어보면 코드가 같은 패턴을 가지고 있음을 알 수 있다. 당연한 소리지만, 원할 경우 게임 메카닉을 마음대로 변경해도 좋다.

요리 몬스터를 위한 숫자 값을 생성하고 나면, 플레이어에게 가격이 제시될 때까지 숫자 값을 변환하지 않는다. 플레이어에게 가격이 제시되면 해당 숫자는 `MonsterExchangeService`의 `ConvertOffer` 메소드를 통해 경험치와 아이템으로 변환된다.

`ConvertOffer` 메소드의 세부 사항을 파고들지는 않겠지만, 코드를 보면 동전 교환 알고리즘과 비슷한 방식으로서 숫자 값에 제한선을 두고 구분을 둔다. 다음 리스트는 스크립트에서 정의된 제한선들이다.

- 1000: Nitro-Ball
- 250: DryIce-Ball
- 100: Ice-Ball

예를 들어 제시 값이 2600일 경우 `ConvertOffer`는 해당 값을 다음과 같이 나눈다.

- 2: Nitro-Balls (2000)
- 2: DryIce-Balls (500)
- 1: Ice-Ball (100)
- 260 경험치: 경험치는 제시 값의 1/10로 계산된다.

여기서도 `MonsterExchangeService` 스크립트를 열고 자유롭게 새로운 아이템을 추가하거나 값을 변경해도 좋다. 이제 요리 몬스터가 평가되는 게임 메카닉을 이해했으니, 다음 절에서는 실제 교환에 대해 다뤄보자.

▌ 데이터베이스 업데이트하기

Places 신의 UI를 테스트할 때 느꼈겠지만 아직 실제로 몬스터를 팔 수는 없다. 그전에 우리 데이터베이스(인벤토리)에 새로운 테이블을 추가해야 하기 때문이다. 다행히도 우리 데이터베이스는 ORM^{object relational mapping} 방식이기 때문에 큰 어려움 없이 새로운 테이블을 생성할 수 있다.

Assets/FoodyGo/Scripts/Services 폴더에 있는 InventoryService 스크립트를 본인의
에디터에서 연다. CreateDB 메소드 부분으로 내려온 후, 다음의 굵은 글씨로 처리된 곳 이
하에 있는 데이터베이스에 새로운 테이블을 추가하는 코드를 살펴보자.

```
Debug.Log("DatabaseVersion table created."); // 시작 부분을 위해 이 라인을 살펴본다
  // InventoryItem 테이블 생성
  var iinfo = _connection.GetTableInfo("InventoryItem");
  if (iinfo.Count > 0) _connection.DropTable<InventoryItem>();
  _connection.CreateTable<InventoryItem>();
  // Player 테이블 생성
  var pinfo = _connection.GetTableInfo("Player");
  if (pinfo.Count > 0) _connection.DropTable<Player>();
  _connection.CreateTable<Player>();
```

위 코드는 새로운 테이블인 InventoryItem, Player를 데이터베이스에 추가한다. 다음은
같은 메소드 안에서 조금 아래로 내려와 굵은 글씨로 처리된, 새로운 시작 플레이어를 생
성하는 코드를 살펴보자.

```
Debug.Log("Database version updated to " + DatabaseVersion);
// 여기서 시작
_connection.Insert(new Player
{
  Experience = 0,
  Level =1
});
```

CreateDB에 새로운 테이블을 추가하고 시작 Player로 채운 후, UpgradeDB 메소드도 업데
이트됐다. 예전 UpgradeDB는 다음 코드로 교체됐다.

```
private void UpgradeDB()
{
  var monsters = _connection.Table<Monster>().ToList();
  var player = _connection.Table<Player>().ToList();
  var items = _connection.Table<InventoryItem>().ToList();
  CreateDB();
  Debug.Log("Replacing data.");
  _connection.InsertAll(monsters);
  _connection.InsertAll(items);
  _connection.UpdateAll(player);
  Debug.Log("Upgrade successful!");
}
```

데이터베이스 업그레이드가 트리거^{trigger}되면 UpgradeDB 메소드가 실행된다. 현재 테이블에 있는 값들을 임시 변수에 저장하고 나면, CreateDB 메소드가 실행되면서 새로운 데이터베이스 테이블을 만들고 데이터는 데이터베이스에 다시 삽입되거나 업데이트된다. 이렇게 데이터베이스를 업그레이드하는 방식은 오브젝트에 새로운 속성을 추가할 수 있게 해준다. 하지만 예전 오브젝트를 망가뜨릴 수 있으므로 기존 속성을 삭제하거나 변경할 수는 없다.

```
// InventoryItem의 CRUD
public InventoryItem CreateInventoryItem(InventoryItem ii)
{
  var id = _connection.Insert(ii);
  ii.Id = id;
  return ii;
}

public InventoryItem ReadInventoryItem(int id)
{
  return _connection.Table<InventoryItem>().Where(w => w.Id == id).
FirstOrDefault();
}
```

```csharp
public IEnumerable<InventoryItem> ReadInventoryItems()
{
  return _connection.Table<InventoryItem>();
}
public int UpdateInventoryItem(InventoryItem ii)
{
  return _connection.Update(ii);
}

public int DeleteInventoryItem(InventoryItem ii)
{
  return _connection.Delete(ii);
}
```

이 코드는 이전 장에서 작성했던 몬스터 CRUD 코드와 거의 같다. 이제 Player를 위한
CRUD 코드를 살펴보자.

```csharp
// Player의 CRUD
public Player CreatePlayer(Player p)
{
  var id = _connection.Insert(p);
  p.Id = id;
  return p;
}

public Player ReadPlayer(int id)
{
  return _connection.Table<Player>().Where(w => w.Id == id).FirstOrDefault();
}

public IEnumerable<Player> ReadPlayers()
{
  return _connection.Table<Player>();
}

public int UpdatePlayer(Player p)
```

```
{
  return _connection.Update(p);
}

public int DeletePlayer(Player p)
{
  return _connection.Delete(p);
}
```

왜 Player를 위해 이 모든 CRUD 메소드들이 필요한지 궁금할 수도 있겠다. 이렇게 한 것
은 다수의 플레이어를 받아들일 수 있는 환경을 만들어서 추후에 유저가 여러 캐릭터 중
하나를 선택해 플레이할 수 있도록 하거나, 더 나아가서 멀티플레이어까지 지원하기 위
해서다.

그다음에는 Places 신으로 돌아가서 새로운 테이블이 적용되도록 데이터베이스를 업
그레이드한다. 모든 스크립트를 저장하고 유니티 에디터로 돌아간다. Hierarchy 창에서
InventoryService를 찾는다. Inspector 창에서 Inventory Service – Database Version을 1.0.1
(현재 값이 1.0.0이라면)로 변경한다. 에디터에서 Places 신을 실행하고 Console 창을 체크한
다. 데이터베이스 업그레이드가 정상적으로 이뤄져서 Upgrade Successful 로그 메시지
log message가 출력됐는지 확인한다.

 미래에 데이터베이스를 업그레이드할 때마다 버전을 더 높은 값으로 증가시킨다. 버전 1.0.3
은 1.0.1보다 높고, 2.0.0은 1.0.22보다 높다.

InventoryService 코드와 데이터베이스가 업데이트됐으니 이제 플레이어가 해당 장소에
몬스터를 주고 경험치와 아이템을 보상으로 받는 교환을 처리할 차례다. 본인의 에디터에
서 PlacesSceneUIController 스크립트를 열고 AcceptOffer 메소드로 내려간다.

```
public void AcceptOffer()
{
  OfferDialog.SetActive(false);
  SellButton.SetActive(true);

  var offer = CurrentOffer;
  InventoryService.Instance.DeleteMonster(offer.Monster);
  var player = InventoryService.Instance.ReadPlayer(1);
  player.Experience += offer.Experience;
  InventoryService.Instance.UpdatePlayer(player);
  foreach(var i in offer.Items)
  {
    InventoryService.Instance.CreateInventoryItem(i);
  }
}
```

이 메소드에서 처음 두 줄은 대화 창과 버튼을 활성화/비활성화한다. 그런 후 CRUD 메소드를 사용해 인벤토리에서 몬스터를 제거한다. 그다음에는 플레이어의 경험치를 업데이트하고 아이템들을 새로운 InventoryItem 테이블에 추가한다. 이 장에서는 새로운 아이템들을 사용하지 않겠지만, 이제는 저장할 공간이 생겼다.

유니티로 돌아가서 Places 신을 실행한다. 이제 몬스터 판매를 시도해보자. 몬스터가 해당 장소에 판매되는 것을 확인할 수 있다. 여러 번 더 몬스터를 판매해보고 정상적으로 작동하는지 재확인하자. 몬스터를 팔 때마다 새 몬스터가 새로운 이름과 다른 스킬을 가지고 있는 것을 볼 수 있다.

 에디터에서 게임을 실행시키는 경우 InventoryService는 인벤토리에 언제나 무작위의 새로운 몬스터가 존재하게 만든다. 이 기능은 디버깅(debugging)을 위해 만든 것이다. 하지만 해당 장소가 몬스터를 구매하고 싶지 않을 경우 테스트가 멈추게 된다. 10장, '문제 해결'을 보면서 데이터베이스를 직접 검토하고 수정하는 방법을 찾아보자.

Places 신이 완성됐다. 신에 있는 요소들을 원하는 만큼 확장해도 좋다. 다음 절에서는 Places 신을 다시 게임에 포함시키고, 플레이어가 장소를 방문할 수 있게 만들 것이다.

▮ 흩어진 조각들 연결하기

Places 신이 완성됐으니 Game 신에 다시 포함시켜야 한다. 다음 설명에 따라 Places 신을 설정해 GameManager가 불러올 수 있게끔 만들자.

1. Project 창 Assets 폴더에서 Game 신을 Hierarchy 창으로 끌어온다.
2. Places 신에서 인벤토리Inventory 서비스를 선택하고, Inspector 창에서 Inventory Service – Database Version의 설정을 눈여겨본다. 그런 후 Game 신에서 인벤토리 서비스를 선택하고, Inventory Service – Database Version을 똑같은 값으로 변경한다.

> ⓘ 이 작업을 거치지 않으면 데이터베이스가 손상돼, 업데이트된 오브젝트 정보와 함께 깔끔하게 지워질 수 있다. 지금은 별문제가 아니지만, 추후 게임 업데이트를 만들 때 유저에게 큰 불편을 안겨줄 것이다.

3. 인벤토리 서비스는 한 개만 필요하기 때문에 Places 신에 있는 인벤토리 서비스를 선택하고 delete를 눌러 삭제한다. Places 신에서 EventSystem 오브젝트도 선택해 삭제한다.
4. Hierarchy 창에서 PlacesScene 오브젝트를 선택하고, Inspector 창의 오브젝트 이름 옆 체크박스를 해제해 비활성화한다. 루트 오브젝트를 비활성화하는 것은 시작하면서 신을 불러올 것이기 때문이다.
5. Places 신에 오른 클릭(맥에서는 Ctrl + 클릭)을 하고 연관 메뉴에서 Remove Scene을 선택한다. 신에 적용한 변경 사항들이 저장됐는지 확인한다.

6. Hierarchy 창에서 _GameManager 오브젝트를 선택한다. Inspector 창에서 Game Manager – Places Scene Name 속성을 Places로 설정한다.

7. 메뉴에서 File › Build Settings를 선택해 Build Settings 창을 연다. 다음 스크린샷 과 같이 모든 신들이 추가되고 선택돼 있는지 확인한다.

Places 신이 추가된 Build Settings

안타깝게도 에디터에서 게임을 실행해보면, 아직은 장소를 클릭해서 Places 신을 열 수 없다. PlaceMarker가 콜라이더collider 역할을 해줘야 하는데 이전 장에서 이 작업을 안 했기 때문이다. 다음 설명에 따라 PlaceMarker에 콜라이더와 기타 설정들을 추가하자.

1. 이전 장에서 만든 Assets/FoodyGo/Prefabs 폴더에 있는 PlaceMarker 프 리팹을 Hierarchy 창으로 끌어 놓는다. 주의해야 할 점은 이번 장에서 수정한 PlacesMarker가 아니라 PlaceMarker를 수정한다는 것이다.

2. Hierarchy 창에서 PlaceMarker를 선택하고, 메뉴에서 Component › Physics › Box Collider를 선택한다.

3. PlaceMarker를 더블 클릭해서 오브젝트가 Scene 창 포커스에 오게 한다. 오브젝트 아래에 보이는 초록색 박스가 콜라이더다.

4. Inspector 창에서 Box Collider – Center와 Size를 다음 리스트와 같이 변경한다.

   - Box Collider: Center: X = 0, Y = 2, Z = 0
   - Box Collider: Size: X = 1, Y = 1, Z = .2

5. 오브젝트 레이어를 Monster로 변경한다. 콜라이더는 상위 오브젝트에만 있으니 알림 창은 신경 쓰지 않아도 된다. 충돌 감지를 위해 새로운 레이어를 생성하는 것이 좋겠지만 일단은 이 정도면 된다.

6. 다음 스크린샷과 같이 Inspector 창의 오브젝트 속성들이 똑같은지, Scene 창이 비슷한 모습인지 확인한다.

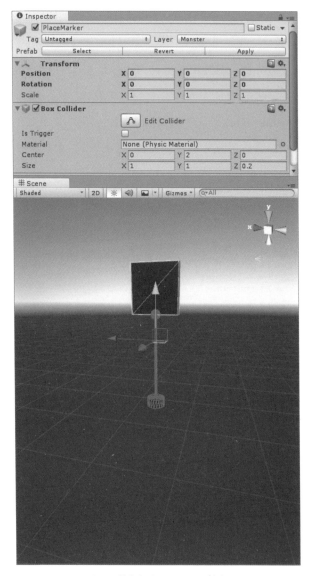

Scene 창에서 보는 Box Collider 설정

7. Inspector 창의 Prefab 옵션 옆에 있는 Apply 버튼을 클릭해서 변경 사항들을 저장한다. 그런 후 Hierarchy 창에서 PlaceMarker를 삭제한다.

8. 에디터에서 Play를 눌러 게임을 실행한다. GPS 서비스가 시뮬레이션 모드로 실

310

행 중인지 확인한다. 신에 있는 아무 PlaceMarker 사인을 클릭하면 Places 신이
열릴 것이다.

9. 언제나처럼 빌드하고 본인의 모바일 기기에 배포해 테스트한다. 모든 연결 부분
들이 예상대로 작동하는지 확인한다.

 게임 실행에 문제가 생기면 10장, '문제 해결'을 참조한다.

위 구성은 비교적 간단했으니, 충돌을 처리하는 코드를 빠르게 살펴보자. 본인의 에디터
에서 GameManager 스크립트를 열고, HandleHitGameObject 메소드로 내려간다. 메소드 상
단에는 플레이어가 몬스터를 클릭하면 Catch 신으로 이동하는 이전 코드가 있다. 그 밑에
PlaceMarker가 충돌할 때(선택될 때)를 처리하는 부분이 있다.

```
if (go.GetComponent<PlacesController>() != null)
{
  print("Places hit, need to open places scene ");
  // 신이 이미 실행됐는지 확인
  if (PlacesScene == null)
  {
    SceneManager.LoadSceneAsync(PlacesSceneName,LoadSceneMode.Additive);
  }
  else
  {
    // 신이 실행된 적이 있으면 다시 활성화한다
    var psc = PlacesScene.RootGameObject.GetComponent<PlacesSceneController>();
    if (psc != null)
    {
      var pc = go.GetComponent<PlacesController>();
      psc.ResetScene(pc.placeId, pc.location);
    }
    PlacesScene.RootGameObject.SetActive(true);
  }
```

```
    MapScene.RootGameObject.SetActive(false);
}
```

위 코드를 보면, 몬스터 오브젝트(MonsterController)가 충돌하거나 선택됐을 때 사용한
코드와 매우 흡사한 것을 알 수 있다. 주석을 읽어보면 어렵지 않게 이해할 것이다. 보는
것처럼, 같은 패턴을 사용하면 상호작용하길 원하는 다른 오브젝트도 손쉽게 추가할 수
있다.

지금은 장소가 플레이어로부터 아무리 멀어도 상호작용할 수 있다. 일부러 이렇게 만들
었지만, 충돌을 체크하는 레이ray의 길이를 조종해서 쉽게 수정할 수 있다. 위로 스크롤
해서 RegisterHitGameObject 메소드 코드를 보면, 레이의 길이가 무한으로 설정된 것을
알 수 있다.

```
public bool RegisterHitGameObject(PointerEventData data)
{
    int mask = BuildLayerMask();
    Ray ray = Camera.main.ScreenPointToRay(data.position);
    RaycastHit hitInfo;
    if (Physics.Raycast(ray, out hitInfo, Mathf.Infinity, mask))
    {
        print("Object hit " + hitInfo.collider.gameObject.name);
        var go = hitInfo.collider.gameObject;
        HandleHitGameObject(go);

        return true;
    }
    return false;
}
```

이 값을 숫자 100처럼 하드코딩된 값으로 집어넣거나, GPS 정확도를 논의했던 기억을 되
살려서 현재 기기의 정확도에 따라 설정할 수도 있다. 어떤 경우든 간에 손쉽게 수정할 수
있는 게임 메카닉의 일부며, 게임플레이에 큰 영향을 미칠 수 있다.

요약

이번 장은 가상 세계와 게임 월드가 어우러진 공간에서 플레이어가 상호작용할 수 있는 장소를 만들기 위해 Places 신을 구성한 알찬 단원이었다. 먼저 신의 기반을 만들었다. 그런 후 Google Street View 이미지를 신의 배경으로 사용해 게임에서 실세계의 느낌을 더욱 강조했다. Google Places Photos에서 얻은 사진 슬라이드쇼와 이름, 평가, 가격을 마커 사인에 적용해서 수준을 향상시켰다. 그리고 해당 장소에 대해 자세한 정보를 얻은 후, 상호작용과 창 사용을 위한 버튼을 추가했다. 이 과정에서 레이아웃^{layout}과 스택^{stack}을 포함한 유니티 uGUI 요소들을 본격적으로 다루는 경험을 쌓았다. 상호작용 요소들이 구성되고 나서는 판매 메카닉을 논의했다. 메카닉에 대한 이해는 인벤토리 아이템과 플레이어를 위해 새로운 테이블과 CRUD 메소드를 사용하는 인벤토리 데이터베이스 업그레이드 작업으로 연결됐다. 그런 후 모든 부분들을 연결하고 Places 신을 게임에 추가했다. 마지막으로 박스 콜라이더를 추가해 플레이어가 Map 신에서 마커와 상호작용이 가능하게 함으로써 모든 요소들을 한데로 묶었다.

이제 게임의 완성이 가까워졌다. 다음 장에서는 조금 다른 주제를 다루면서 네트워크상에서 멀티플레이 지원을 구현할 것이다. 또한 시간을 할애해서 파티클과 시각적 효과를 통해 게임 수준을 높일 것이다.

09

게임 마무리하기

이전 장을 마치면서 게임에 넣고자 계획했던 주요 기능들을 대부분 완성했다. 책의 나머지 장들을 게임의 작은 세부 사항들을 다루는 데 할애할 수도 있지만, 매우 반복적인 작업이 될 뿐만 아니라 지루해서 책을 덮는 독자도 생겨날 것이다. 사실 우리가 만든 게임은 위치 기반 AR 게임 개발의 개념을 즐겁게 보여주기 위한 결과물이다. 내 바람은 본인이 지금까지 이 책과 함께해오면서 독특한 게임 디자인을 머릿속에 상상하고, 자신의 게임에 어떻게 적용할 수 있을지 스스로 고민했으면 하는 것이다. 따라서 Food GO 게임을 더 개발하는 대신에 다음 주제들을 다룰 예정이다.

- 남은 주요 개발 작업들
- 부족한 개발 기술
- 에셋 정리하기

- 게임 출시하기
- 위치 기반 게임의 어려움
- 위치 기반 멀티플레이어 게임
- 멀티플레이어 플랫폼 Firebase
- 다른 위치 기반 게임 아이디이들
- 장르의 미래

▌남은 주요 개발 작업들

Foody Go 데모의 개발이 끝났으니 이제 상업적 출시를 위해 남아있는 주요 개발 작업들을 살펴보자. 이 과정은 향후 게임의 상업적 출시를 계획하고 있는 신규 개발자들에게 좋은 연습이 될 것이다.

80/20 규칙을 들어봤는지 모르겠다. 80%의 일을 마치기 위해 20%의 노력이 들고, 나머지 20%의 일을 마치기 위해 80%의 노력이 든다는 말이다. 거의 모든 일에 이 규칙이 적용되지만, 특히 소프트웨어와 게임 개발에 딱 들어맞는다. 지금까지 80%의 데모 게임을 만들었다고 생각하면, 게임을 완성하기 위해서는 지금부터 네 배의 노력(여섯 장에 걸친 개발 × 4 = 24개 장)이 더 든다. 지금까지 완성한 작업을 돌아보면 엄청나게 많은 양이라고 생각하겠지만, 앞으로 남은 일들은 무엇인지 여기서 한번 요약해보자.

- Map 신
  - 음향 효과와 음악
  - 시간에 따라 변하는 낮과 밤의 스카이박스skybox
  - 중앙 서버가 관리하는 향상된 몬스터 생성
  - 비주얼 셰이더visual shader 효과
  - 지도 스타일
- Catch 신

- 음향 효과와 음악
- 비주얼 셰이더 효과
- 자이로^{gyro} 카메라
- AR(배경 카메라)을 활성화/비활성화할 수 있는 옵션
- 인벤토리에서 얼음 볼 변경
- 신에서 도망치기
- 기기의 카메라로 사진 찍기
- Inventory(Home) 신
  - 아이템 인벤토리
  - 몬스터 세부 사항
  - 캐릭터 세부 사항, 능력치, 레벨
  - 다른 몬스터나 생물을 추가할 경우 필요한 몬스터 인덱스^{index}
- Places 신
  - 음향 효과와 음악
  - 비주얼 셰이더 효과
  - 자이로 카메라
  - AR이나 Street View 배경을 활성화/비활성화할 수 있는 옵션
  - 특정 장소의 셰프 관리
  - 몬스터 애니메이션
  - 향상된 UI
- Splash 신
  - 음향 효과와 음악
  - 불러오는^{loading} 효과
  - 이미지
- Game 신
  - 캐릭터를 선택/커스터마이즈(남/여)하는 옵션

- 다양한 몬스터와 캐릭터 제작
- 사운드 서비스, 혹은 매니저
- MMO^{Massively Multiplayer Online} 옵션
- 에셋 정리
- 버그 수정(전체 신에 걸쳐 수행)

이후에 다룰 멀티플레이어 항목을 제외하면, 다른 부분들은 그다지 어렵지 않지만 많은 시간을 들여야 완성할 수 있다. 특히 비주얼 효과(셰이더), 스타일, 버그 수정은 개발 기간을 한없이 잡아먹을 수 있는 블랙홀이 되기도 한다. 게임에 딱 들어맞는 비주얼 스타일을 찾기 위해 몇 달 이상을 소모하는 경우도 흔히 볼 수 있다. 80/20 규칙이 본인의 게임에도 그대로 적용된다는 사실을 받아들이면 좋다.

물론 데모 게임에 원하는 대로 새로운 기능과 게임 메카닉을 추가해서 본인만의 위치 기반 AR 게임으로 완성시켜도 좋다. 하지만 게임 개발 및 완성을 위해 들이는 노력을 유심히 지켜볼 필요가 있다. 첫 번째 게임이라면 더욱 그렇다. 출시 날짜를 정하고, 해당 날짜에 게임의 알파/베타/출시 버전을 배포할 수 있도록 최선을 다하라. 이렇게 하면 게임이 플레이어에게 정기적으로 전달될 수 있고, 어떠한 형태가 됐든 피드백도 바로 받을 수 있다. 이 방식은 마감 시한^{deadline}을 더 생각하게 하고, 노력과 보상(피드백)의 관계를 예상할 수 있게 해준다.

비주얼 효과를 찾고 작업하는 과정에서 얼마나 많은 시간을 쉽사리 쏟을 수 있는지 느껴보기 위해 다음 설명을 따라 해보자.

1. 유니티에서 아무 신을 연다. 데모 게임의 신도 좋고, 신을 그냥 생성해도 좋다.
2. 메뉴에서 Assets > Import Package > Effects를 선택한다. Unity Standard Assets Effects 패키지를 가져올 것이다. 이전에 했던 것처럼 가져오는 과정을 진행한다.
3. 신에서 Main Camera를 찾는다. 어디 있는지 모르겠다면, Hierarchy 창 상단의 검색 기능을 사용하자. 검색란에 main camera나 camera를 입력하면 신에 있는 카

메라가 Hierarchy 창에 보일 것이다.

4. 카메라를 선택하고, 메뉴에서 Component > Bloom & Glow > Bloom을 선택한다.
   이제 카메라에 Bloom 필터가 적용되고, Game 창의 모습은 더 밝은 색조[hue]로 바
   뀌었을 것이다.

5. 자유롭게 카메라에 비주얼 효과(필터)를 추가해보자. 가끔 신을 실행해보면서 필
   터의 영향도 체크한다. 엄청나게 많은 선택지와 옵션을 보다 보면 어느새 몇 시간
   이 훌쩍 지났음을 알게 될 것이다. 다음 예제는 Foody Go 게임의 Map 신이다.

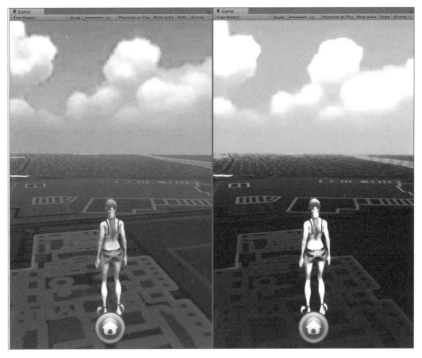

여러 카메라 이미지 효과가 적용된 전후를 비교한 스크린샷(스카이박스는 이미 추가됐다.)

6. 여러 가지 효과를 추가하는 데 그치지 말고, 카메라에 적용된 효과들의 순서도
   바꿔보자. 다음 스크린샷은 위 예제에 사용한 카메라 이미지 효과들을 보여준다.

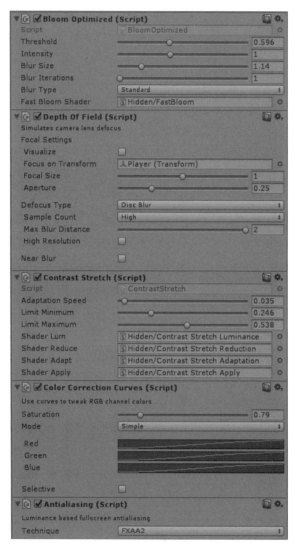

신에 적용한 카메라 이미지 효과들

앞으로 남은 작업들 중에는 살짝 다루고 넘어가거나 전혀 언급하지 않은 기술들도 포함돼
있다. 우리가 만든 게임에 중추적 역할을 하는 기술이 아니므로 일부러 다루지 않았지만,

사실 모든 게임에 꼭 필요한 기술들이다. 다루지 않은 기술 중에서 꼭 필요한 기술들을 모아 다음 절에서 다뤄본다.

▌ 부족한 개발 기술

데모 게임을 개발할 때 전혀 다루지 않거나 언급만 하고 넘어간 부분들이 있지만, 이는 두각을 나타내는 상업용 게임이나 멋진 게임이라면 매우 중요한 부분이다. 다음은 우선순위에 따라 정리한 개발 기술 리스트며, 이 책을 다 읽고 나서 찾아볼 만한 유용한 자료들을 그 아래에 나열했다.

- 셰이더shader(비주얼 효과와 라이팅): 매우 광범위한 주제다. 직접 셰이더를 제작하는 경우는 드물지만, 효과적으로 사용하는 방법은 배울 필요가 있다. 게임 개발에서 셰이더는 인간에게 공기와 같은 것이다. 반드시 필요하고 모든 부분에 존재한다. 셰이더를 직접 제작하는 것은 고급 기술이지만 조금만 알아두면 두고두고 도움을 준다. 셰이더를 만들 계획이 없더라도 다음 자료들은 살펴볼 가치가 있다.
  - WikiBooks(https://en.wikibooks.org/wiki/Cg_Programming/Unity)는 셰이더 프로그래밍에 대한 좋은 소개 글과 훌륭한 자료들을 담고 있다. 다만 초심자나 책을 통해 막 배우기 시작한 사람들에게는 다소 부담스러울 수도 있다.
  - 『Mastering Unity Shader and Effects』(packt, 2016)는 셰이더 개발을 처음 접하는 사람에게 매우 훌륭한 소개 자료를 담은 책이다.
  - 『Unity 5.x Shaders and Effects Cookbook』(packt, 2016)[1]은 훌륭한 구성을 갖춘 좀 더 고급 수준의 책이다. 이 책을 마지막으로 보자.
- 파티클 효과particle effects: 셰이더와 마찬가지로 직접 개발하는 방법을 배울 필요는 없다. 하지만 독특하고 특이한 파티클 효과가 필요할 때가 있기 마련이며, 이를 위해 커스텀 파티클 효과를 구성하거나 수정할 수 있는 지식이 필요하다. 유

---

[1] 한국어판은 『유니티 5.x Shader와 Effect 제작』(에이콘, 2016)이다. - 옮긴이

니티 파티클 시스템이 제공하는 여러 가지 설정을 아는 것만으로도 필요한 파티클 시스템을 만드는 데 큰 도움이 된다. 다음은 유니티 파티클 시스템을 학습하는 데 유용한 자료들이다.

- o 'Unity Learning'(https://unity3d.com/learn/tutorials/topics/graphics/particle-system)은 파티클 시스템에 대한 좋은 소개 자료다.

- o 『Mastering Unity Shader and Effects』(packt, 2016)는 파티클 효과를 위한 셰이더 제작을 다룬 절이 포함돼 있다.

- 멀티플레이어multiplayer(네트워킹): 만일 데모 게임을 MMO 게임으로 변모시키려 한다면 이 기술은 꼭 필요하다. 하지만 여기에 필요한 기술과 지식은 게임이 사용하는 네트워크 기반에 좌우된다. 좌우되는 이유와 다양한 네트워크 솔루션 및 자료들을 다음 장에서 살펴본다.

- 애니메이션(메카님mecanim): 많은 개발자들이 애니메이션과 메카님은 캐릭터와 인간형을 애니메이션하는 데 필요한 것이라 생각한다. 맞는 말이긴 하지만 메카님을 가지고 캐릭터 애니메이션을 포함한 여러 가지 다른 일도 할 수 있다. 다음은 유니티 애니메이션에 대한 훌륭한 자료들이다.

- o 'UnityLearning'(https://unity3d.com/learn/tutorials/topics/animation/animate-anything-mecanim)은 메카님 사용에 대한 좋은 튜토리얼이다.

- o 『Unity Animation Essentials』(packt, 2015)[2]는 애니메이션에 대한 훌륭하고 간결한 소개 자료다.

- o 『Unity Character Animation with Mecanim』(packt, 2015)[3]도 좋은 내용을 가득 담고 있다.

- 오디오: 좋은 게임에 꼭 필요하지만 쉽사리 소홀하게 여겨지는 기술이다. 물론 유니티 게임에 사운드와 음악을 추가하는 좋은 예제를 다룬 정보가 매우 적다는 점도 문제다. 책으로 만들기에 매우 좋은 주제처럼 보이지만, 그런 책이 나오기 전

---

2 한국어판은 『유니티 애니메이션 에센셜』(에이콘, 2017)이다. – 옮긴이
3 한국어판은 『유니티 5 메카님 캐릭터 애니메이션』(에이콘, 2016)이다. – 옮긴이

까지는 다음의 자료들을 보자.

- ○ 'Unity Learning'(https://unity3d.com/learn/tutorials/topics/audio/audio-listeners-sources?playlist=17096)은 좋은 시작점이다.
- ○ 'Unity Learning'(https://unity3d.com/learn/tutorials/topics/audio/sound-effects-unity-5?playlist=17096)에는 사운드 효과에 대한 좋은 논의가 담겨 있다.

- 텍스처링texturing: 3D 모델에 2D 이미지를 입히는 기술이다. 개발 밖의 영역이긴 하지만 본인의 게임을 만드는 인디indie 개발자라면 이 부분의 지식은 확실히 도움이 된다. 이 기술은 3D 모델링의 일부분으로 인식된다. 또한 셰이더와 셰이더 프로그래밍의 확장 영역이기도 하다. 다음은 유니티에서 물체 기반 요소physically-based substance(텍스처/머티리얼)에 대한 좋은 시작점이 될 것이다.

- ○ 'Unity Learning'(https://unity3d.com/learn/tutorials/modules/intermediate/graphics/substance/introduction)은 알레고리드믹Allegorithmic에서 개발한 Substance Designer의 고급 튜토리얼 시리즈며, 차세대 게임 개발 기술에 대해 알고자 하는 경우 좋은 자료다.

- 3D 모델링(캐릭터 개발): 이 기술도 게임 개발자가 꼭 배울 필요가 없고, 없어도 크게 문제없는 부분이다. 외부에서 구할 수 있는 3D 콘텐츠가 많기 때문이다. 하지만 3D 오브젝트와 캐릭터를 모델링하는 작업 흐름을 배워두면 개발에 큰 도움이 된다. 특히 인디 개발자라면 3D 모델링 프로그램을 열어 커스텀 모델을 구성해야 하는 경우가 반드시 생길 것이다. 물론 이 영역에서 배우게 될 기술은 사용하는 소프트웨어에 따라 크게 좌우된다. 다음은 특정 소프트웨어와 관련해 튜토리얼을 포함하는 좋은 시작점이 될 패키지들이다.

- ○ iClone Character Creator(Reallusion)(https://www.reallusion.com/iclone/game/)는 커스텀 캐릭터를 만들기 위한 비디오 튜토리얼을 동반한 훌륭한 소프트웨어다. 우리가 게임에 사용한 캐릭터들은 Reallusion에서 무료로 제공한 iClone 캐릭터들이다.
- ○ Blender(https://www.blender.org)는 3D 콘텐츠 모델링을 위해 무료로 제공

되는 유명한 툴이다. 익숙해지려면 초반에 시간이 좀 필요하다.

위 영역들의 기술을 배울 시간이 없다면 유니티 에셋 스토어Unity Asset Store에서 기능까지 완벽하게 구현한 에셋을 찾을 수 있다. 다음 절에서는 에셋의 선택과 사용에 대해 몇 가지 가이드라인을 논의해본다.

▌ 에셋 정리하기

유니티를 사용해 개발할 때 에셋 스토어는 축복이자 저주다. 스토어는 게임 개발에 엄청난 도움이 되는 훌륭한 에셋들을 제공한다. 하지만 너무 많은 에셋을 사용하거나 에셋이 데모 신scene 혹은 다른 패키지들과 같이 제공될 때 문제를 발생시킬 수 있다. 이미 에셋 패키지를 다루긴 했지만, 그와 별개로 다음은 언제 어떻게 에셋을 구하거나 구매할지 결정하는 데 도움을 주는 가이드라인이다.

- 에셋이 왜 필요한지 스스로 질문해보자.
    - 직접 제작하려면 시간이 너무 오래 걸린다. 대부분의 에셋들은 미화 100달러 미만이기 때문에 구매의 당위성은 상당히 높다. 특히 에셋이 본인에게 필요한 여러 가지 일을 대신 해주고, 그로 인해 절약하는 시간을 귀하게 여긴다면 더더욱 그렇다. 하지만 에셋이 무료라고 하더라도 다음 가이드라인을 모두 읽고 결정하길 바란다.
    - 콘텐츠가 본인 기술 밖의 영역을 다룬다: 아마 에셋을 구하는 가장 큰 이유는 유니티나 게임 개발을 처음 시작하는 경우일 것이다. 구매 전에 다음 가이드라인을 마저 읽고 수긍될 때 구매하길 바란다.
    - 세일을 하고 있다: 이 함정은 피해야 한다. 세일은 구매에 언제나 이차적 이유가 돼야 한다.
    - 리뷰가 매우 좋다: 리뷰는 좋은 잣대다. 하지만 왜 이 에셋이 필요한지 다시 생각해보자. 에셋을 에디터 툴의 일부라고 생각할 수도 있지만, 결국 프로젝

트 공간을 차지하게 된다.

- 다른 게임도 사용하고 있다: 이 역시 함정이다. 똑같은 기능과 구조를 만들고 있는 것이 아니라면 필요한 이유를 다시 한 번 생각해보자.

- 에셋의 지원 유형을 알아본다.
  - 에셋 버전이 유니티 버전과 호환돼야 한다. 버전이 안 맞는 경우 악몽이 펼쳐질 수 있기 때문에 새로 시작하는 사람들에게는 특히 중요하다. 경력이 있는 개발자의 경우 큰 문제가 안 될 수도 있다.
  - 에셋 개발자가 업데이트를 지원하는지 확인하자. 에셋 페이지를 체크하고 개발자가 에셋을 지원하는지 확인한다. 아트 에셋과 같은 경우 큰 문제가 아닐 수 있다. 소스 코드를 같이 지원하는 경우도 큰 문제가 아닐 수 있다. 하지만 물, 지형, 애니메이션과 같이 기능성이 강하고 결합도가 높은 에셋들의 경우 개발자가 자주 업데이트를 지원하는 것이 좋다.
  - 리뷰가 최신이고 긍정적이다. 에셋에 대한 리뷰가 얼마 되지 않았고 반응이 좋은지 확인한다. 무료 에셋의 경우 다른 개발자가 리뷰를 남기는 경우가 적어서 큰 문제가 되지는 않는다. 하지만 유료의 경우는 결정적일 수 있다. 에셋에 대한 문제를 언급한 부분이 보인다면 피하는 것이 좋다.
  - 유니티 게시판에 해당 에셋에 대한 항목이 있다. 에셋 개발자가 코멘트와 버그 수정에 잘 반응하는지 알 수 있는 좋은 척도가 된다. 게시글과 날짜, 질문 유형들을 살펴보자. 일반적으로 이를 통해 에셋의 작동 원리를 이해하게 되고 에셋이 프로젝트에 어떻게 도움이 될지 판단할 수 있다.
  - 에셋에 대한 문서가 무료로 제공된다. 요즘 에셋들은 구매하지 않아도 관련 공식 문서에 대한 링크를 제공한다. 빠르게 훑어보고 문서는 잘 정리돼 있는지, 본인 프로젝트에 잘 맞을지 판단하자.

- 에셋 패키지 콘텐츠를 리뷰해본다.
  - 에셋이 플러그인plugin 폴더를 가지고 있다. 이는 게임을 배포할 때 특별한 설정이 필요한 컴파일된 라이브러리가 존재한다는 의미다. 그러므로 문제가 될

수도 있으니 잘 알아두는 것이 중요하다. 그래서 어떤 개발자는 모든 소스 코드가 공개된 에셋만 검토하기도 한다. 하지만 컴파일된 플러그인의 형태가 더 뛰어난 성능을 보이는 경우가 있으므로 장단점을 고려하자.

- 에셋이 추가적인 콘텐츠를 포함하고 있다. 추가적으로 데모 파일을 포함하고 있는 에셋은 매우 좋은 교육 자료가 될 수 있다. 하지만 어떤 에셋은 유니티 기본 에셋 패키지Unity Standard Asset package를 포함하기도 하며, 이미 가지고 있는 에셋들과 충돌하는 경우도 있다. 이로 인해 해당 에셋을 피해야 할 필요까지는 없지만, 본인의 프로젝트에 에셋을 포함시키기 전에 반드시 숙지해야 한다. 일반적으로 테스트 프로젝트의 경우 데모에 에셋을 포함시키는 것이 유익하지만, 본인 프로젝트에는 꼭 필요한 에셋들만 골라서 가져올 수 있어야 한다.

- 에셋 콘텐츠 구조가 잘 정리돼 있다. 여러 개의 루트 레벨 폴더를 생성하는 에셋은 피하는 것이 좋다. 에셋 관리에 문제가 되는 것은 물론, 불러올 필요가 없는 것들까지 불려오는 경우가 많기 때문이다.

- 에셋이 본인의 배포 플랫폼에 맞춰 디자인돼 있어야 한다. 이것은 큰 부분이다. 데스크톱을 위해 디자인된 콘텐츠를 모바일 기기에서 사용하려고 생각하면 안 된다. 에셋이 본인 플랫폼용으로 디자인되지 않았다면 다른 것을 찾아보자.

- 에셋 스크립트가 선호하는 언어로 돼 있다. 반드시 이럴 필요는 없지만 나중에 알게 되는 경우는 없어야 한다. 예를 들어 C#을 선호한다면 모든 콘텐츠 스크립트 파일들이 .cs로 끝나는지 확인한다.

- 대안들과 비교한다.

  - 해당 에셋에 대한 경쟁이 치열하다. 일반적으로 개발자에게는 매우 좋은 일이다. 제공하는 기능에 비해 가격이 적절하기 때문이다. 또한 해당 에셋을 직접 만드는 것이 시간 낭비라는 뜻이기도 하다. 하지만 경쟁이 치열한 영역의 경우 서로 겹치는 기능들이 많아서 어떤 에셋이 본인 프로젝트에 맞을지 선택하기가 부담스러울 수 있다.

- 해당 에셋은 경쟁이 없다. 스토어를 보면 너무나 잘 만들어진 에셋들이 몇 개 있다. 유니티와 게임 개발에 관해 매우 높은 수준의 지식을 필요로 하므로 다른 사람들은 경쟁을 시도조차 하지 않는다. 또한 새로운 개발 개념을 다루기 때문에 스토어에 처음 공개되는 경우도 있다. 지금까지의 가이드라인을 잘 따른다면 선택하는 데 큰 문제가 없을 것이다.
- 다른 고려 사항들
  - 목표하는 플랫폼과 에셋이 호환돼야 한다. 해당 플랫폼에 배포할 때 제대로 작동하는지 100% 확신해야 한다. 많은 경우 시작조차 못할 수 있다.
  - 에셋의 무료 버전이 존재한다. 에셋의 무료 버전이 있으면 결정하는 데 많은 도움이 된다. 물론 에셋을 다운로드하고 본인의 프로젝트에 맞게 설정해야 한다. 그런 후 에셋이 제대로 동작하지 않으면 콘텐츠 제거의 귀찮음을 감수해야 한다. 무료라고 하더라도 시간을 낭비할 수 있으므로 조심하자.
  - 에셋이 게임 스타터 팩^{game starter pack}이거나 대규모 framework.Starterpacks다. 프레임워크가 훌륭하기는 하지만 이런 에셋을 사용할 때는 각별히 주의해야 한다. 물론 이 책도 위치 기반 AR 게임의 스타터 팩 개발이다. 하지만 이 책을 읽으면서는 프로젝트의 방향과 뉘앙스에 대해 알 수 있지만, 전혀 모르는 스타터 키트를 다운로드한 경우라면 그렇지 못하다. 스타터를 사용해서 본인의 게임을 만들려고 한다면 키트의 뉘앙스를 완전히 숙지하고 사용하자.

본인 프로젝트를 위해 에셋을 고르는 대규모 가이드라인을 다뤘으니, 이제는 프로젝트에 필요 없는 에셋들을 정리하고 제거하는 방법을 알아보자. 다음은 에셋을 관리하는 방법과 기본적인 프로젝트를 정리하는 방법의 리스트다.

- 가져올 때 필요 없는 콘텐츠를 블록한다. 미리 충분히 알아봤다면 가져오길 원하는 에셋이 무엇인지 잘 알고 있을 것이다. 실제로 가져오기 전에 빈 프로젝트나 테스트 프로젝트로 가져와서 미리 확인하는 습관을 들이면 좋다. 이렇게 하면 어떤 콘텐츠가 필요하고 어떤 부분이 데모에 사용되는지 알 수 있다. 그런 후 실제

프로젝트로 가져올 때 필요 없는 콘텐츠의 체크를 해제할 수 있다.

- A+ Assets Explorer는 충분한 값어치를 하는 유료 버전 툴이며, 많은 양의 에셋을 가진 프로젝트에 사용하기 좋은 툴 모음이다. 이 툴은 에셋을 정리해주지는 않지만, 어디에 문제가 있는지 알려준다.

- 가져온 에셋 콘텐츠를 옮기지 말자. 미래에 에셋 개발자가 업데이트할 수 있는 에셋 콘텐츠는 절대 옮기지 말자. 업그레이드를 할 때 파일이 복제되거나 옳지 않은 폴더에 옮겨지는 경우가 있으므로 문제를 야기할 수 있다. 반대로 업그레이드되지 않을 것이 확실하면 이동해도 무방하다. 물론 수동으로 가져온 콘텐츠는 여기에 해당되지 않는다.

- 전체 프로젝트 에셋 내보내기^{export}를 수행한다. 에셋을 정리해도 될 정도거나 필요 없는 에셋을 삭제해도 무방할 정도로 프로젝트가 진행됐다면, 다음과 같이 전체 에셋을 내보내서 정리한다.

  1. 유니티 에디터에서 게임을 열고 모든 신과 프로젝트가 저장됐는지 확인한다.

  2. 모든 커스텀 게임 콘텐츠(스크립트, 프리팹, 신, 머티리얼, 이미지 등)들이 루트 프로젝트 폴더에 있는지 확인한다.

FoodyGo 프로젝트를 예로 들면, FoodyGo 폴더 아래에 새로운 Scenes 폴더를 만든 후 Asset 폴더에 있는 모든 신들을 새로 만든 Assets/FoodyGo/Scenes 폴더에 끌어 놓는다. 그러면 모든 커스텀 콘텐츠가 Assets/FoodyGo 폴더에 담길 것이다.

---

  3. 최상위 커스텀 콘텐츠 폴더를 선택하고 메뉴에서 Assets > Export Package…를 선택하면 Exporting package 창이 열린다. 다음 스크린샷과 같이 가장 아래에 있는 Include dependencies 체크박스가 체크돼 있는지 확인한다.

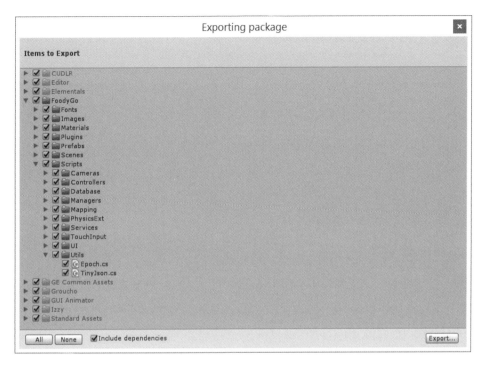

4. 창에서 Export⋯ 버튼을 클릭해 Export package⋯ 창을 연다. 패키지를 저장할 적당한 위치를 선택하고 기억하기 쉬울 만한 이름을 입력한 후 Save를 클릭한다.

5. 빈 프로젝트의 유니티를 새롭게 별도로 연다. 메뉴에서 Assets › Import Package › Custom Package⋯를 선택하고 창이 열리면 위에서 저장한 파일을 선택한다. 그런 후 Open을 클릭해 패키지를 가져온다.

6. Import package 창이 열리면 모든 커스텀 및 독립 콘텐츠들이 있는지 확인한다. 만일 이전에 프로젝트를 정리하지 않았다면 콘텐츠가 상당히 줄어있을 것이다. Import 버튼을 클릭해서 패키지를 가져온다.

게임이 정상적으로 작동되는지 테스트한다. 지금 시점에서는 필요 없다고 확신이 드는 것부터 삭제해가면서 5 단계를 반복한다. 그리고 다시 테스트한 후 5 단계를 또 반복한다.

> 에셋 거대화를 줄여주는 다른 툴이나 방법도 존재한다. 하지만 위 방법은 별도의 환경에서 게임의 독립성을 테스트함과 동시에 게임의 백업도 만들 수 있다.

에셋 관리는 콘셉트concept 단계를 지난 게임이라면 반드시 해야 하는 일이다. 사용하지 않는 에셋을 정리하고 제거하는 과정은 게임을 출시하기 전에 꼭 거쳐야만 한다. 이제 게임 출시를 논의해보자.

▌ 게임 출시하기

취미든, 오락이든, 교육 목적이든 간에 게임을 개발하고 있다면 언젠가는 출시해야 한다. 본인 게임에 대한 피드백을 받고 나면 흥분될 수도 있고, 겸손해질 수도 있으며, 혹은 매우 실망할 수도 있다. 지적을 받고 나서 낙담하지 말고, 좋든 나쁘든 테스터의 코멘트에 관심을 가져보자. 리뷰를 위해 게임이 아닌 스크린샷이나 영상을 보내주는 것만으로는 부족하다.

다음은 본인 게임의 성공 가능성을 높여줄 또 다른 가이드들이다. 단지 친구들에게만 배포하더라도 말이다.

- 목표 플랫폼에 게임을 배포하고 테스트한다. 안드로이드와 같이 기기의 종류가 많은 경우에는 어려울 수도 있다. 하지만 단 한 대의 안드로이드 기기에서 테스트해보는 것만으로도 플레이어가 경험할 문제들을 다수 발견할 수 있다.
- 작은 목표 고객을 대상으로 테스트한다. 게임이 목표하는 고객과 같은 부류의 사용자를 선택하는 것이 중요하다. 이런 사람이 주위에 없다면 나가서 찾아보자. 다행히도 정직한 게임 테스터들을 찾을 수 있는 다양한 게임 개발 사이트와 게시판이 존재한다.

- 버그를 고친다. 이쯤 되면 테스터 피드백에 흥분돼 프로젝트 완성도를 더 높이거나 프로젝트를 완전히 포기하게 될 것이다. 지적은 좋은 것이므로, 조언을 결코 두려워하지 말자. 프로젝트를 솔직한 눈으로 바라보고, 개발로 돌아가서 중요한 문제나 버그를 고칠 필요가 있는지 다시 한 번 생각해보자.

> ℹ️ 치명적인 버그(critical bug)는 일반적으로 예상치 못한 게임 크래시(crash)나 데이터 유실을 말한다. 이와 달리 심각한 버그(serious bug)는 게임플레이를 방해하거나 플레이어의 진행을 어렵게 만드는 것들을 말한다.

- 좀 더 많은 고객들에게 배포한다. 가능하면 더 큰 고객층에게 다시 한 번 해본다. 모든 프로젝트가 이렇게 해야 하는 것은 아니다. 특정 경우에는 그냥 출시하는 것이 더 나을 수도 있다.
- 앱스토어에 출시한다. 목표하는 플랫폼에 따라 큰 작업일 수도, 아닐 수도 있다. 게임을 저렴한 가격으로나 무료로 출시하더라도 매우 좋은 경험이 될 것이다.
- 과정을 자동화한다. 앱스토어에 배포하는 경험이 즐거웠다면, 다시 한 번 게임을 업데이트하고 버그를 수정하고 싶을 것이다. 업데이트를 내는 과정에서 에러와 지연을 줄이기 위해 출시 과정을 자동화할 필요가 있다. 출시 자동화는 변화에 신속히 반응하게 해줄 뿐만 아니라 버그를 수정하고 새로운 기능을 개발할 시간을 만들어준다.

지금까지 기술, 에셋, 배포에 대한 가이드라인을 알아봤으니, 이제 위치 기반 게임의 어두운 비밀에 대해 알아볼 차례다. 다음 절에서는 위치 기반 게임을 개발하는 과정에서 겪게 되는 어려움을 다뤄본다.

위치 기반 게임의 어려움

위치 기반 게임은 모바일 기기의 GPS를 다양하게 이용하는 비교적 새로운 장르다. 이 분야는 기술적으로 끊임없이 진화하고 있으며, 개발자들은 이 장르가 플레이어들과 자연스럽게 어우러질 수 있는 방법을 찾고 있다. 이제 위치 기반 게임이 가지고 있는 주요한 문제들을 살펴보고, 이 문제들을 해결하기 위해 어떤 옵션들을 고려할 수 있는지 알아보자.

- GIS 매핑 서비스^{mapping service}: 지도에 위치를 표시하기 위해 반드시 필요한 게임의 중심이다. 다음 리스트는 처리하는 방법의 옵션들이다.
  - 자체 GIS 서버 사용: 충분히 가능성 있는 옵션이고, 훌륭한 오픈소스 GIS 플랫폼도 존재한다. 서버를 직접 마련해야 하고 GIS 플랫폼은 많은 CPU 파워를 사용한다는 점을 고려해야 한다.
  - Google Static Maps 사용: 이 책에서 사용한 옵션이며, 깔끔히 적용됐다. 하지만 구글 스태틱 맵스^{Google Static Maps}는 사용 제한이 있다는 것을 염두에 두자. 한 IP 주소당 하루에 2,500개의 요청을 할 수 있다.
  - Google Maps 사용: 구글 맵스^{Google Maps}는 제공하는 SDK를 사용한다는 전제로 현재 안드로이드와 iOS 플랫폼에서 무료며, 미래에는 유니티에 기본으로 포함될 수도 있겠다.
  - 다른 서비스 사용: 시장에는 다른 무료 GIS 서비스가 존재한다. 지도 스타일만 맞는다면 괜찮은 옵션이다. 셰이더를 사용해, 게임에 맞는 비주얼 스타일로 수정해서 사용할 수 있다.
- 위치 데이터: 위치 기반 게임은 태생 자체가 실세계와 가상 세계의 위치 데이터로 묶여 있다. 다음 리스트는 위치 데이터에 접근할 수 있는 몇 개의 옵션이다.
  - 자체 GIS 서버 사용: 위에서 말했듯이 돈이 많이 드는 옵션이지만 확실한 장점은 있다. 예를 들어 수준 높은 GIS 규칙을 사용해 몬스터나 생물체를 생성할 수도 있다. 이 옵션은 GIS에 대해 고급 지식이 필요하며, 이 책에서 다룰 수준을 넘어선다.

- Google Places 사용: 이 책에서 사용한 방법이고 훌륭하게 작동하지만 안타깝게도 사용 제한이 엄격해서 확장이 어려울 수 있다. 하지만 구글에서 사용 라이선스를 구매함으로써 제한을 늘릴 수 있다. 따라서 돈을 벌고 있는 상황이라면 좋은 옵션이다.
- 다른 서비스 사용: 포스퀘어Foursquare와 같이 유사한 다른 위치 기반 데이터 서비스도 존재한다. 필요 사항이나 지역에 따라 더 나은 데이터를 제공하는 경우도 있다. 이 책에서 배운 기술을 사용해 다른 서비스와 연결 작업을 하고 싶다면 괜찮은 옵션이다.

- 멀티플레이어 지원: 다른 장르와 달리 위치 기반 게임은 시중에서 구할 수 있는 멀티플레이어 서비스를 그대로 사용할 수 없다. 위치 기반 게임은 지속적으로 연결돼 있어야 하고, 플레이어는 더 긴 시간을 플레이한다. 또한 플레이어들은 물리적으로 일정 거리 내에 있을 때만 상호작용을 허락해야 한다. 다음 절에서 멀티플레이어 네트워킹에 대한 세부 사항을 다루겠지만, 일단 다음에 멀티플레이어 옵션을 나열했다.
  - Photon PUN: Photon은 훌륭한 멀티플레이어 서비스로서 구성이 쉽고 빠르게 실행해볼 수 있다. 하지만 다른 멀티플레이어 네트워킹 서비스와 마찬가지로 확장 상태 전환extended state transition이 제한적이다. 다시 말해, 잠시 떨어져 있다가 다시 접속하는 플레이어에게 업데이트 메시지가 쏟아질 수 있다.
  - Unity UNET: 유니티 멀티플레이어 네트워킹 시스템Unity multiplayer networking system의 약자인 UNET은 피어 투 피어peer to peer 게임을 위한 충실하고 사용성이 높은 프레임워크다. 하지만 확장 상태와 지역 필터가 필요한 게임에는 무용지물이다.
  - 다른 멀티플레이어 플랫폼: 적용할 수 있는 많은 옵션들이 널려 있다. 유념할 부분은 세션 간의 상태 관리와 지역적 영역에 따른 플레이어 상호작용 제한 기능이다. 가장 좋은 선택은 필요에 따라 서버를 직접 커스터마이즈하게 해주는 플랫폼이다.

- 자체 서버 개발: 만일 자체 GIS 데이터 서버를 마련하는 방법을 선택했다면 자체 멀티플레이어 서버 개발도 고려해볼 만하다. 다음 절에서 좀 더 이야기 해본다.
- 온라인 실시간 클라우드 데이터베이스 사용: 상식을 벗어난 괴짜 같은 방법이 라 생각할지 모르지만 충분히 가능성 있는 옵션이며, 다음 절에서 멀티플레이 어 네트워킹을 논할 때 진지하게 다뤄볼 예정이다.

위치 기반 게임 개발의 어려움을 이야기하는 것이 여러분을 겁먹게 하지는 않았으면 좋겠다. 책의 시작에서 언급했듯이 위치 기반 게임은 독특하고 어려운 문제들, 특히 멀티플레이어 지원과 같은 어려움을 가지고 있다. 하지만 다음 절에서 위치 기반 멀티플레이어 게임을 개발하는 방법들에 대해 논의해본다.

▌위치 기반 멀티플레이어 게임

위에서 이야기했듯이 위치 기반 게임에 멀티플레이어 지원을 넣는 것은 쉽지 않다. 솔직히 멀티플레이어 지원은 복잡함을 야기하기에 데모 게임에 포함시키지 않았다. 하지만 그와 동시에 서버와 멀티플레이가 없어도 제대로 동작하는 위치 기반 게임을 만들 수 있음을 보여줬다. 상황이 어찌됐든 이제는 게임에 어떻게 멀티플레이어 지원을 넣을지 고민해보자.

위 절에서 멀티플레이어 지원을 추가할 수 있는 옵션들을 살펴봤다. 자체 서버, 기존 플랫폼의 확장, 또는 온라인 실시간 클라우드 데이터베이스 등이다. 각각 매력적인 옵션이긴 하지만, 세부 사항들을 이야기하기 전에 위치 기반 멀티플레이어 게임이 기본적으로 가지고 있는 문제점들을 다음과 같이 나열해보자.

- 게임이 지속적이다: 지구 전역에 있는 플레이어의 상태를 지속적으로 저장해야 한다. 지속적으로 저장하는 작업이 얼마나 큰일인지 감이 잡히지 않는다면 잠시 상상해보자. 플레이어가 다시 접속하면 접속 전 위치에 상관없이 현재 위치의 주

위 세계가 즉각적으로 업데이트돼야 한다. 상태를 저장하는 크기에 따라 어려운 작업이 될 수 있다. 바로 이 점 때문에 우리 게임의 위치 기능을 구글 서비스로 사용한 것이다.

- 플레이어 간 소통을 구현한다면 지역 한정으로 한다: 위치 기반 게임들, 그중 특히 어린이들을 대상으로 하는 게임들은 플레이어들 간의 소통을 구현해서 엄청난 우려와 지적을 낳았다. 따라서 플레이어 간의 소통은 지역 내에 있는 장소, 상점, 혹은 가상 장소를 통해서만 하는 것이 좋다. 지역 내 소통의 예제로는 특정 장소에 미끼를 설치하는 것이 있다. 모든 플레이어가 미끼의 덕을 보겠지만 직접적으로 소통하지는 않는다.

- 게임 상태는 지역 필터를 필요로 한다: 플레이어는 본인의 지도 영역 안에 있는 세계만 보게 되고 상호작용할 수 있어야 한다. Google Places 서비스를 검색했을 때도 장소와 반경이 필터링돼야 했다. 이상적인 모습이라면, 플레이가 필요한 게임 상태를 가져올 때 어떠한 방식으로도 지역 검색이 가능해야 한다. 이는 절대 쉬운 작업이 아니며, GIS에 대한 경험이 없다면 더더욱 그렇다. 다행히 조만간 이 부분의 해결책을 알아볼 것이다.

이제 각 해결 부분에 대한 어려움을 이해했으니 다음 표를 통해 각 부분을 해결하는 데 필요한 기능 리스트를 알아보자.

기능/요구 사항	자체 서버 개발	기존 멀티플레이어 서버 확장	실시간 클라우드 기반 데이터베이스
보안(접근)	본인이 스스로 접근 방식과 데이터베이스를 개발해야 한다.	기존 접근 방식을 사용하거나 커스터마이즈한다.	다양한 유저 접근 옵션을 가진 탄탄하고 안전한 플랫폼
보안(데이터)	자체적으로 보안 메커니즘 개발	데이터 보호와 플레이어 치팅(cheating) 지원	데이터 보안을 위해 데이터베이스를 수정해야 할 수도 있음
게임 상태	지속적인 상태를 위해 백엔드 데이터베이스 필요	이미 데이터베이스가 구현돼 있음	이미 데이터베이스임
지속적 게임 상태	데이터베이스에 완벽한 권한	MMO나 MMORPG 지원이 가능한 서버 필요	데이터베이스에 대한 완벽한 권한
지역으로 제한하는 플레이어 상호작용	지오해시(geohash)*를 사용해 플레이어를 지역으로 제한	지역과 지오해시*를 사용하도록 세계를 커스터마이즈해야 함	지오해시*를 사용해 플레이어를 지역으로 제한
지역으로 제한하는 게임 상태 업데이트	지오해시*에서 관리	커스텀화한 지오해시*에서 관리	지오해시*에서 관리
확장성: 플레이어 추가	추가 서버와 인프라를 관리해야 함	추가 서버와 인프라를 관리해야 함. 돈을 더 낼 수도 있음	클라우드 솔루션은 확장성을 염두에 두고 만들어짐
확장성: 게임 기능 추가	개발 후 서버와 클라이언트에 업데이트 배포	개발 후 기능을 서버와 클라이언트에 배포	쉽게 데이터베이스 버전 관리가 가능하고 필요에 따라 클라이언트 업데이트
데이터 백업	자체적으로 지원해야 함	자체적으로 해결해야 할 가능성 높음	데이터베이스 백업은 지원하겠지만 제한적일 수 있음
인프라(서버)	적어도 하나의 서버는 언제든지 작동해야 함	적어도 하나의 서버는 언제든지 작동해야 함	클라우드 지원됨
가격	존재하는 인프라(서버)에 따라 저렴하거나 무료임	멀티플레이어 소프트웨어 가격 더하기 인프라 가격(서버)	시작은 무료일 가능성이 높음

지오해시*에 대해서는 좀 더 설명할 것이다. 지오해시란 문자열을 고유한 ID로 사용하는 공간형 그리드를 계층 구조로 구성한 것을 말한다. 예제 없이는 이해하기가 어려우므로 다음 그림을 보고 눈으로 이해해보자.

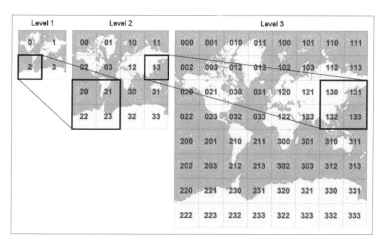

지오해시가 세계를 여러 단계로 나누는 방식을 보여주는 그림

위 그림에서 보이는 그리드는 타일 지오해시 방식을 보여주지만, 우리가 사용할 방법은 기준처럼 사용되는 Geohash-36으로서 모든 지역을 36개 섹션으로 나눈다. 본인이 살고 있는 도시나 위치의 지오해시가 궁금하다면 http://geohash.gofreerange.com/을 살펴보길 바란다.

장소나 지역을 지오해시 방식으로 알 수만 있다면 매우 빠르고 효율적으로 지역 단위 메시지 정렬이 가능하다. 예를 들어 플레이어의 지오해시가 9q8y(캘리포니아 샌프란시스코 지역)라면, 해당 지오해시로 시작하는 메시지를 따로 구분할 수 있다. 따라서 알카트래즈 섬[4]에 있는 다른 플레이어의 지오해시가 9q8znn이면 첫 네 개의 문자가 다르기 때문에 서로의 행동을 볼 수 없다.

다음 스크린샷은 http://geohash.gofreerange.com/에서 위 예제를 구현한 것이다.

---

4 샌프란시스코 지역에 있는 섬 – 옮긴이

샌프란시스코 지역의 지오해시 레벨 모습

지도를 자세히 보면 알카트래즈 지역에 더 작은 단위의 지오해시 그리드가 있는 것을 알수 있다. 점처럼 작은 지역까지 내려갈 수 있지만(지오해시 레벨 12), 그 레벨을 사용할 일은거의 없다. 예제는 지오해시 레벨 4를 사용하고 있지만 지역 메시지를 위해 더 높거나 낮은 지오해시 레벨을 사용해도 문제없다.

 다운로드한 FoodyGo 마지막 소스 코드의 Chapter 9 Assets 폴더에는 geohash-36 라이브러리가 포함돼 있다.

위 표에서도 알 수 있듯이 실시간 클라우드 데이터베이스가 가장 좋아 보인다. 물론 본인이 특정 해결책을 더 선호할 수 있지만 각각의 단점에 대해서는 충분히 숙지하길 바란다. 표에서는 하이 레벨 요구 사항을 다루고 있지만 소프트웨어 개발은 언제나 세부 사항이 중요하다.

시장에는 실시간 클라우드 기반 데이터베이스 솔루션이 있지만, 그중 몇 개만 유니티와직접 연결할 수 있다. 첫 번째는 구글에서 나오는 Firebase다. 이는 앱 플랫폼으로서 실시간 데이터베이스는 물론 분석, 광고, 크래시 보고, 호스팅, 저장 같은 기능을 가지고 있다.

두 번째로, 이 책을 저술하고 있는 시점에 Firebase와 유사한 기능을 갖춘 실시간 데이터베이스를 유니티도 개발하고 있다. 불행히도 유니티는 언제나 경쟁자보다 한 발짝 뒤에서 따라가고 있으며, 현재는 제한적인 알파 단계다. 따라서 다음 절에서는 Firebase를 멀티플레이어 플랫폼으로 사용하는 방법을 다루겠다.

▌ Firebase를 멀티플레이어 플랫폼으로

많은 개발자들에게 클라우드 기반 실시간 데이터베이스는 너무 먼 이야기라서 고려해보지도 않는다. 물론 개발하고 있는 게임에 따라 상황이 다를 수 있다. FPS를 위해 실시간 데이터베이스를 쓰지는 않을 것이며, 이 경우 유니티가 훌륭한 옵션을 제공하고 있다. 위치 기반 게임의 경우 위에서 언급한 이유들 때문에 실시간 데이터베이스의 사용을 충분히 고려할 만하다.

 위치 기반 게임도 아니고 초고성능의 업데이트를 요구하지 않는 게임을 개발하고 있더라도 Firebase를 고려해볼 만하다. Firebase의 무료 버전은 100명의 동시 접속자를 지원하고, 첫 번째 유료 단계는 무제한 동시 접속자를 지원한다. 다른 멀티플레이어 플랫폼은 보통 동시 접속자가 20명을 넘어가면 결재를 요구한다.

이 책을 통해 개발한 예제 게임 Foody GO에 Firebase를 멀티플레이어 플랫폼으로 추가하지는 않을 것이다. 그러려면 적어도 몇 장 분량, 아니 책 한 권 분량을 가득 채워야 세부 사항까지 다룰 수 있다. 대신 별도의 예제를 통해 Firebase를 구성하고 사용하는 방법을 살펴본다. 다음 과정을 따라 예제 Firebase SDK 데이터베이스 프로젝트를 다운로드하는 것으로 시작하자.

1. 웹 브라우저를 열고 다음 URL로 이동한다.
   https://github.com/firebase/quickstart-unity
2. 깃허브^{GitHub} 페이지에 있는 설명에 따라 SDK 예제를 ZIP 파일로 다운로드하거

나, 깃Git을 사용해 저장소를 본인의 컴퓨터로 복제한다. 예제 파일을 ZIP으로 받았다면 기억하기 쉬운 위치의 폴더에 압축을 풀어둔다.

3. 새로운 유니티 인스턴스를 열고 프로젝트 선택 창 상단의 Open 버튼을 클릭한다. 압축을 풀어 놓은 폴더나 SDK 예제를 복제한 폴더로 이동한다. 그런 후 database 폴더를 열고 testapp 폴더를 유니티 프로젝드 폴더로 선택한다. Open 버튼을 클릭해서 프로젝트를 불러온다.

4. 프로젝트가 열리면 컴파일 에러들이 보일 것이다. 당연한 결과이니 걱정할 필요는 없다. 곧 해결할 것이다.

5. Project 창의 Assets/TestApp 폴더에 있는 MainScene 신을 더블 클릭해서 MainScene을 연다. 아무것도 없는 신이 열릴 것이다.

만일 유니티에서 모바일 레이아웃을 사용하고 있다면 이 예제를 진행하는 동안에는 Default 레이아웃으로 변경하는 것이 좋다. 메뉴에서 Window › Layouts › Default를 선택한다.

데이터베이스 예제 프로젝트가 준비됐으니 이제 Firebase 계정을 만들고 설정할 차례다.

1. 웹 브라우저에서 Firebase 사이트(https://firebase.google.com/)로 간다.

2. 페이지 상단에 Get Started for Free라고 써 있는 큰 버튼이 보일 것이다. 이 버튼을 클릭하고 알림이 나오면 본인의 구글 계정으로 로그인한다. 이전에 Google Places API 키를 만들 때 사용한 계정과 같으면 좋다.

3. 로그인하고 나면 Console로 이동하고, 새로운 프로젝트를 불러오라고 할 것이다. 일단 지금은 새로운 프로젝트를 생성한다.

4. 프로젝트의 이름과 지역을 입력하자. 다음과 같이 프로젝트 이름을 TestApp으로 입력하고 본인의 위치에 맞게 지역을 선택한다.

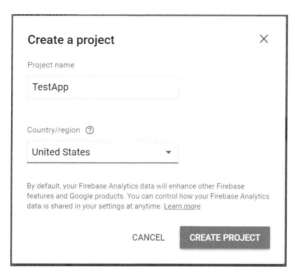

Firebase 프로젝트 생성 창

5. 그런 후 Create Project 버튼을 눌러 새로운 프로젝트를 생성한다. 프로젝트가 생성되면 해당 프로젝트의 Firebase 콘솔로 이동한다.

6. 왼쪽 사이드 패널에서 Database를 선택해 Real-time Database 패널을 연다. 패널 상단에 있는 Rules를 선택한다. 다음 스크린샷은 예제의 모습이다.

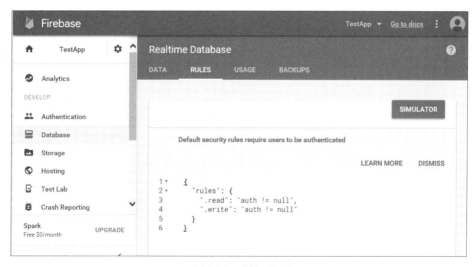

데이터베이스 읽기/쓰기 규칙

7. 이 예제에서는 보안 구성에 대해 신경 쓰지 않을 것이다. 물론 실제 앱이나 게임에서는 보안이 첫 번째 우선순위가 돼야 한다. 다음 스크린샷과 같이 모든 값을 true로 설정해 읽기/쓰기 데이터베이스 보안을 모두 비활성화할 수 있다.

데이터베이스에서 읽기/쓰기 보안 제거

8. 값을 변경하고 나면 패널 상단에 있는 Publish 버튼을 클릭한다.

> 💡 **TIP** 데이터베이스에 있는 모든 요소들이 JSON처럼 보이는 것을 눈치챘는가? 실시간 데이터베이스 전체가 JSON이기 때문이다.

9. Data 탭으로 돌아간다. 기본 보안 규칙에 대한 코멘트를 눈여겨보자. 위에서 언급한 바와 같이 이 예제에서는 보안을 비활성화할 것이다. 알림 옆 Dismiss 링크를 클릭한다. 이렇게 하면 첫 번째 단계의 인증이 비활성화된다.

10. Data 탭 상단에는 설정한 프로젝트 이름(testapp)을 포함하는 프로젝트 URL이 있다. 텍스트를 선택하고 Ctrl + C(맥에서는 command + C)를 눌러 URL 전체를 클립보드에 복사한다. 브라우저에서 Firebase 콘솔은 열린 채로 놔둔다.

> 💡 **TIP** Firebase는 OAuth, 커스텀 OAuth, 구글, 페이스북, 트위터, 그리고 정부에서 인정한 인증을 지원한다. 또한 노드(node) 레벨에서 적용할 수 있는 다단계 데이터베이스 규칙도 지원한다.

이제 Firebase 실시간 데이터베이스가 설정됐으니 유니티로 돌아가서 프로젝트를 설정하자.

1. Project 창의 Assets/TestApp 폴더에 있는 UIHandler 스크립트를 더블 클릭해 본인의 에디터에서 스크립트를 연다.

2. 아래로 스크롤해서 다음 코드와 같은 InitializeFirebase 메소드를 찾은 후 검토한다.

```
void InitializeFirebase() {
  FirebaseApp app = FirebaseApp.DefaultInstance;
  app.SetEditorDatabaseUrl("https://YOUR-FIREBASE-APP.firebaseio.com/");
```

3. 위 코드에서 강조된 URL 텍스트를 선택하고, 이전에 클립보드에 복사한 URL을 Ctrl + V(맥에서는 command + V)를 눌러 붙여 놓는다. 혹시 클립보드에 다시 복사해야 한다면 위 단계를 다시 반복한다.

4. 파일을 저장하고 유니티로 돌아온다. 스크립트가 컴파일되길 기다린 후 Play를 클릭해 테스트 앱을 에디터에서 실행시킨다.

5. Game 창에서 UI가 나올 것이다. 이메일 주소와 스코어를 입력하고 Enter Score 버튼을 클릭한다. 몇 번을 더 반복해서 스코어들을 입력한다. 다음 스크린샷처럼 어떻게 스코어들이 리스트에 채워지는지 눈여겨보자.

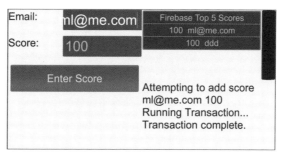

실시간 데이터베이스에 스코어 추가 테스트를 하는 TestApp 인터페이스

6. 게임을 멈춘 후 다시 시작한다. 스코어가 자동으로 추가되는 부분을 눈여겨보자. 테스트가 끝나면 에디터에서 게임이 실행되고 있는 상태로 둔다.

예제 앱이 데이터베이스에 스코어를 추가하는 것 같다. 그러므로 이제는 데이터가 클라우드 데이터베이스에 저장되는지, 클라이언트에 실시간으로 업데이트되는지 확인해보자. 다음 설명에 따라 데이터베이스의 실시간 기능을 테스트해보자.

1. Firebase 콘솔이 열려 있는 브라우저로 돌아간다. 맨 먼저 Leaders라는 새로운 자식이 데이터베이스에 추가된 것을 볼 수 있다. 다음 스크린샷에서 보는 것처럼, 해당 노드를 확장해 데이터가 유니티에서 입력한 예제 데이터와 같은지 확인한다.

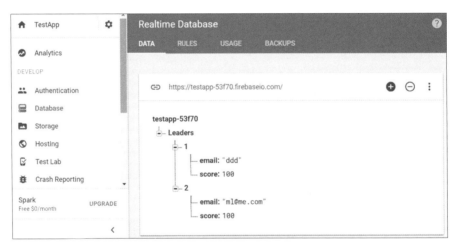

유니티에서 추가한 Leaders 데이터베이스

2. Console에서 값을 직접 수정한 후, 실행되고 있는 유니티로 돌아온다. 스코어 리스트에 있는 값이 거의 바로 변경된 점에 주목하자.

3. Console에서 Leaders 리스트에 값을 추가하거나 삭제해보자. 유니티 클라이언트에 자동으로 업데이트되는 점을 주목하자. 이것이 바로 실시간 데이터베이스와 자동 클라이언트 업데이트의 힘이다.

다른 네트워크 솔루션을 사용해본 적이 있다면, 이 시점에서는 그다지 놀라지 않았을 것이다. Photon PUN과 UNET도 별다른 수정 없이 유사한 지원을 하고 있으며, 유니티 트랜스폼 오브젝트와 컴포넌트들을 자동으로 업데이트해주는 메커니즘을 갖추고 있다. 하지만 위에서 언급했듯이 자동 트랜스폼 업데이트는 플레이어가 언제나 세계 중심에 있는 위치 기반 게임에서는 거의 쓸모없다.

 일부 독자들은 플레이어가 세계 중심에 있는 게임에서 사용 가능한 또 다른 솔루션을 통해 실세계 좌표(미터)를 사용하는 방식을 고려할 수도 있다. 이는 거리가 짧다면 정상적으로 작동하겠지만(100,000미터 이하의 경우 0, 0), 그 이외의 세계 대부분 지역에서 일어날 오류가 엄청날 수 있다.

물론 실시간 클라우드 데이터베이스가 어울리는 곳이 단지 위치 기반 게임만은 아니다. 어울리는 다른 장르를 살펴보면 보드, 제국 건설, 전략, 퍼즐, 카드 게임 등이 있다. 다른 타입의 게임 이야기가 나온 김에 다음 절에서 다른 타입의 위치 기반 게임을 다뤄보면 어떨까?

▌ 기타 위치 기반 게임 아이디어

1장, '시작하기'부터 눈치챘겠지만 Foody GO는 2016년에 출시돼 선풍적인 인기를 끈 유명 게임 프랜차이즈의 복제판이다. 데모 게임은 이 유명 게임이 어떻게 구성돼 있는지 보여주기 위해 제작한 것이지만, 그 과정에서 본인이 직접 만들고 싶은 아이디어가 떠올랐다면 더 좋을 것 같다. 물론 우리가 한 것처럼 유명 게임을 복제하는 것은 피했으면 한다. 이제 다음 리스트를 보면서 다른 위치 기반 게임의 가능성을 살펴보자.

- 전략(제국 건설): 플레이어는 왕, 군주, 혹은 그룹 회장으로서 주위 지역을 기반으로 건설하거나 자원을 모으는 역할을 한다. 예를 들면 〈Parallel Kingdom〉, 〈Parallel Mafia〉, 〈Resources〉, 〈Turf Wars〉 등이 있다.
- 초자연물(서바이벌): 플레이어는 귀신이나 좀비 사냥꾼으로서 초자연물을 사냥하거나 피해 다닌다. 예를 들면 〈Zombies〉, 〈Run〉, 〈Spec Trek〉 등이 있다.

- 보물 찾기: 플레이어는 트레저헌터가 돼 숨겨진 보물에 대한 힌트를 찾거나 지역을 뒤진다. 예를 들면 〈Geocaching〉, 〈Zaploot〉 등이 있다.
- 스파이(간첩): 플레이어는 비밀 조직에서 일하며, 정보를 발견하고 탐험하면서 다른 조직의 성공을 막는다. 예를 들면 〈Ingress〉, 〈CodeRunner〉 등이 있다.
- 타워 디펜스: 플레이어는 가상 공격으로부터 동네를 지킬 수 있는 능력을 가졌으며, 실세계와 타워 디펜스 게임이 결합한다. 예를 들면 〈Geoglyph〉가 있다.
- 사냥(추적): 어린 플레이어를 위한 게임은 아니다. 플레이어는 사냥꾼과 사냥감의 역할을 맡는다. 사냥꾼은 일정한 실제 거리 안을 움직이면서 사냥감을 잡는다. 예를 들면 〈Shift〉가 있다.
- 롤플레이(RPG): 플레이어는 게임 캐릭터가 돼서 실세계를 돌아다니며 가상 미션을 수행하고, 그룹에 가입하고, 다른 플레이어와 상호작용한다. 예를 들면 〈Kingpin: Life of Crime〉 등이 있다.
- 수집가: 보물 찾기와 비슷하지만, 플레이어는 수집한 아이템으로 액션을 취한다. 그 유명한 〈포켓몬 고〉를 빼놓고 이 장르를 생각할 수는 없을 것이다.

위 리스트에 훌륭한 아이디어들이 정리돼 있지만, 위치 기반 장르가 발전하면서 더 좋은 아이디어들이 쏟아져나올 것이다. 이 장르의 미래는 다음 절에서 살펴본다.

▌ 장르의 미래

〈포켓몬 고〉의 흥행과 함께 일어난 문화의 변화를 보면, 위치 기반과 AR 장르가 이제 주요 게임 플랫폼이 됐음을 깨닫게 된다. 이전에는 모바일 기기에서 GPS 기능이 아주 가끔 쓰였지만 이제는 중심적인 기술 흐름이 됐다.

이 변화는 모바일 기기의 GPS 기능 향상을 가져왔고, 그로 인해 앱과 게임에서 더 정확한 위치 데이터를 사용할 수 있게 됐다. 또한 앞으로 GPS의 전력 소모도 줄어들 것이며, 두 가지 장점이 합쳐져 위치 기반 앱이나 게임에 긍정적인 영향을 미칠 것이다.

향후 앱과 게임들이 더 많은 GPS와 GIS 데이터를 구글 등에서 사용하기 시작하면 가격은 내려가고 데이터 제한은 더 느슨해질 것이다. 반대 현상이 생길 것이라 생각할지 모르겠지만, 구글은 사용 패턴의 추적을 원하기 때문에 위 서비스들을 싸게 공급할 수 있다. 구글은 이러한 사용 패턴을 이용해서 이동의 흐름이나 관련된 다른 서비스들을 향상시킨다. 구글의 경우 추적하는 유저가 많을수록 데이터 표본이 더 정확해진다. 안드로이드와 iOS 앱에서 구글 맵스가 무료인 이유가 이것이다.

여러 가지 요소를 조합해보면, 위치 기반 장르는 게이머와 개발자들 사이에서 점점 인기가 높아질 것으로 예상된다. 이 장르의 다음 히트 타이틀은 무엇일지 기대된다.

▍ 요약

이 장은 이 책을 통해 진행한 게임 개발을 정리하는 시간이었다. 처음에는 Foody Go 게임을 출시하기 위해 어떤 부분들이 완성돼야 할지 알아봤다. 그다음에는 시간을 들여 배울 만한 가치가 있는 중요한 기술들에 대해 논의했다. 그런 후 부족한 기술을 메울 수 있는 유니티 에셋을 구하는 가이드라인을 알아봤다. 그리고 나서 프로젝트에 필요치 않은 에셋을 관리하고 정리하는 방법을 배웠다. 그다음에는 분야를 조금 바꿔 위치 기반 게임을 개발할 때 직면하는 어려움에 대해 알아봤고, 그러면서 게임에 멀티플레이어를 적용하는 논의로 이어졌다. 논의하면서 위치 기반 게임이 가지는 고유한 문제들로 인해 쉽게 적용할 수 있는 솔루션이 없음을 알게 됐다. 대신 커스텀 멀티플레이어 솔루션의 적용에 대해 살펴봤고, 구글이 제공하는 실시간 클라우드 기반 데이터베이스인 Firebase Real-time의 적용 가능성을 진지하게 알아봤다. 또한 멀티플레이어 플랫폼으로 사용하기 위해 유니티와 Firebase를 설정하는 짧은 예제를 다뤘다. 그런 후 영감을 얻기 위해 다른 위치 기반 게임 아이디어를 논의했다. 마지막으로 위치 기반 장르의 미래가 어떨지 예측해봤다.

다음 장은 데모 게임을 만들면서 직면할 수 있는 문제 해결 부분에 할애할 것이다. 유니티에서 유용하게 활용할 수 있는 디버깅 지식, 콘솔 트릭, 기타 문제 해결 팁들을 담을 것이다.

10

문제 해결

모든 개발자들이 개발의 진행을 막는 전혀 예상치 않은 이슈나 문제에 직면한다. 작게는 눈에 잘 띄지 않는 신텍스 에러^{syntax error}부터 시작해 더 심각한 것일 수도 있다. 무엇이 됐든 개발자는 자신이 가진 모든 도구를 사용해 문제를 해결해야 한다. 이 장에서는 모바일 유니티 개발자들을 위해 준비된 여러 가지 문제 해결 툴들을 소개하고 익숙해지도록 도울 것이다. 그런 다음 특별히 어려운 문제들이 생길 때 사용할 수 있는 전문화된 고급 툴들을 살펴본다. 물론 이슈들을 추적하고, 더 나아가 예방할 수 있는 방법도 다룰 예정이다. 이 장의 마지막 부분에서는 이 책을 진행하면서 맞닥뜨릴 수 있는 이슈와 해결책을 담은 표를 참조용으로 제시했다. 다음은 이 장에서 다룰 주요 주제들이다.

- Console 창
- 컴파일러 에러와 경고

- 디버깅
- 리모트 디버깅
- 고급 디버깅
- 로깅logging
- CUDLR
- 유니티 애널리틱스Unity Analytics
- 장별 이슈와 해결책

만일 이슈가 생겨 더 이상 진행할 수 없는 탓에 이 책의 다른 곳에서 이 장으로 건너뛰어 왔다면 이 장의 마지막 절인 장별 이슈와 해결책으로 바로 넘어가길 바란다.

Console 창

Console 창은 이슈가 생길 때마다 가장 먼저 체크해야 한다. 메뉴에서 Window ❯ Console 을 선택해 접근할 수 있고, 열린 Console 창은 에디터 내부의 원하는 곳에 고정시킬 수 있다. 본인의 성향이나 경험에 따라 Console이 언제나 보이는 것을 선호할 수도 있다. 어느 경우든 간에 무언가 잘못되면 가장 먼저 체크하자.

이 장의 여러 주제에 걸쳐 중심적인 역할을 할 것이므로 Console 창의 세부 사항들을 빠르게 살펴보자.

- 유니티 에디터를 열자. Console 창이 열려 있지 않다면 메뉴에서 Window ❯ Console을 선택해 연다.
- 창을 살펴보면서 버튼과 연관 메뉴들을 숙지한다. 다음은 일반적인 구성에서 볼 수 있는 Console 창의 스크린샷이다.

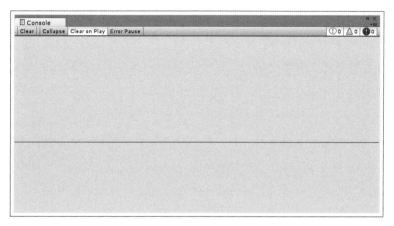

일반적인 구성의 Console 창

이제 각 버튼의 기능과 유니티 공식 문서에서는 찾기 어려운 도움이 될 만한 힌트들을 알아보자.

- Clear: 현재 창의 모든 메시지를 지운다. 테스트 과정이 길어지면 로그[log]를 지우는 것이 유용할 수 있다.
- Collapse: 같은 내용의 로그 메시지를 한데로 모아 줄이면서 숫자를 표기한다. 반복되는 메시지를 추적하고 싶지만 창이 메시지로 뒤덮이는 것을 막고 싶다면 유용하다.
- Clear on Play: 에디터에서 새로운 세션이 실행될 때마다 로그를 지우고 시작한다. 이 기능은 매우 유용하므로 항상 켜두자.
- Error Pause: 실행 중 에러가 발생하면 에디터를 멈추게 한다. 에러가 일어날 때를 잡아낼 수 있는 훌륭한 기능이지만, 안타깝게도 에러의 종류를 제한해서 추적할 수는 없다.

창 오른쪽에 있는 아이콘들을 설명하면 다음과 같다.

- Info Filter: 오른쪽에 있는 첫 번째 버튼이다. 이 필터는 Console로 보내지는 모든 정보나 일반 디버깅 메시지를 켜고 끌 수 있으며, 어지럽게 되는 것을 막고 싶을

때 유용하다.

- **Warning Filter**: 양보 사인 모양을 한 이 버튼은 창의 어지러움을 줄이기 위해 경고 메시지를 켜고 끌 수 있다. 하지만 경고를 끄는 것은 피하길 바란다. 경고는 결국 해결해야 할 문제들의 알림 역할을 하기 때문이다.
- **Error Filter**: 에러 메시지를 켜고 끌 수 있는 오른쪽 마지막 버튼이다. 일반적인 경우 항상 켜두는 것이 좋다. 하지만 경우에 따라서는 특정 디버그 메시지를 추적하기 위해 창을 가득 채우는 에러를 끄고 싶을 때 유용하다.

연관 메뉴를 설명하면 다음과 같다.

1. Console 창 오른쪽 최상단에 있는 연관 메뉴 아이콘을 클릭한다. 다음과 같이 연관 메뉴가 열린다.

Console 창 연관 메뉴 모습

2. 상세한 설명을 위해 다음과 같이 로그 메뉴 아이템을 살펴보자.
   - **Open Editor Log**: 에디터의 세부 로그를 연다. 로깅에 대한 절에서 더 자세히 다룬다.
   - **Stack Trace Logging**: Console 로그에서 추적돼 쌓이는 수량을 설정할 수 있다. 일반적으로 스크린샷에서 보는 것처럼 ScriptOnly로 설정한다. 이 부분 역시 로깅에 대한 절에서 더 자세히 다룰 것이다.

이제 문제가 생기면 꼭 Console 창을 열자. 다음 절에서는 Console에서 나오는 컴파일러 메시지들을 살펴본다.

▌컴파일러 에러와 경고들

에셋을 가져오거나 스크립트가 변경되는 경우 프로젝트 게임 스크립트가 재컴파일되며,
Console 창에서 컴파일러 메시지가 가득 찬다. 컴파일 에러가 심각하면 에디터에서 프로
젝트를 실행할 수 없다. 에러가 아닌 경고는 피해가 없거나 적지만, 에러와 마찬가지로 중
요하게 생각하며 살펴봐야 한다. 다음은 흔히 접할 수 있는 에러와 경고 리스트다.

- Compiler Errors: 상태 창status bar에 빨간 텍스트로 나오거나 Console 창에 에러
  아이콘으로 보여진다.
  - Syntax error: 가장 흔히 접할 에러다. 이슈를 더블 클릭해서 스크립트를 열
    면 에디터에서 에러 지점을 보여준다. 스크립트를 수정해서 신텍스 에러를 해
    결한다.
  - Missing script: 에셋을 가져올 때 일어날 수 있는 골치 아픈 문제다. 스크립
    트가 이동됐거나 이름 충돌name conflict이 있을 수 있다. 존재하지 않거나 문제
    가 있는 스크립트는 게임 오브젝트에서 해당 컴포넌트가 제거된다. 잘못된 에
    셋을 다시 불러오거나, 이름 충돌을 관리해서 해결한다.
  - Internal compiler error: 또 다른 골치 아픈 에러로서 찾기가 어렵다. 플러
    그인을 사용할 때 흔히 일어나지만 메소드 시그니처method signature를 변경할 때
    일어나기도 한다. 문제가 발생하는 곳을 제한한 후 메소드나 파라미터의 사
    용을 체크한다.
- Compiler Warnings: 상태 창에 노란 텍스트로 나오거나 Console 창에서 경고
  아이콘으로 나타난다. 경고를 더블 클릭해서 스크립트를 열면 에디터에서 경고
  지점을 보여준다.
  - Obsolete code: 더 이상 사용하지 않는 속성이나 메소드를 사용하는 코드
    를 알려준다. 본인이 사용하는 유니티 버전에 호환되지 않는 옛날 에셋을 사
    용할 때 흔히 나타난다. 새로운 메소드를 사용하도록 코드를 업데이트하면 경
    고를 제거할 수 있다.

- Inconsistent line endings: 에디터를 변경하거나 코드를 가져올 때 일어날 수 있는 짜증나는 경고다. 본인의 코드 에디터에서 consistent line endings 설정을 변경해 해결할 수 있다. 모노디벨롭은 Project › Solution Options › Source Code › Code Formatting에서 설정하고, 비주얼 스튜디오는 File › Advanced Settings에서 설정한다.
- General warnings: 사용하지 않은 필드나 변수가 있는 경우다. 치명적이지는 않지만, 게임 출시 전에 게임과 스크립트를 정리해 없앨 필요는 있다.

> ⓘ 모든 경고를 에러로 변경해서 모든 경고를 고치도록 강제하는 방법도 있다. 일부 개발자들은 이 방식을 선호하지만 권장하는 방법은 아니다.

좋은 습관은 스크립트를 수정하거나 에셋을 가져오기 전에 Console 창을 비우는 것이다. 이렇게 하면 컴파일러 이슈들을 추적하거나 필터링하기 쉽다. 컴파일러 이슈들을 해결하고 나면 그다음은 실행 중 에러나 경고를 추적할 차례다. 다음 절에서 다뤄보자.

▌ 디버깅

유니티는 게임이 실행되고 있는 동안에 게임 오브젝트와 컴포넌트의 상태를 관찰하거나 수정할 수 있는 훌륭한 인터페이스를 제공한다. 보통 이런 방식으로 본인의 게임을 디버그하겠지만, 그래도 더 자세히 들여다봐야 하는 스크립트 로직 같은 문제가 있을 수 있다. 다행히 게임 실행 중에 에디터에서 스크립트를 디버깅할 수 있는 툴도 유니티에서 제공하고 있다. 디버그 세션을 어떻게 시작할 수 있는지 알아보자.

1. 유니티를 열어 빈 프로젝트에서 시작한다.

ℹ 본인이 비주얼 스튜디오를 사용하고 있다면, 이후 예제에서는 필요한 툴 익스텐션 (extension)을 이미 설치했고 에디터 환경에 대한 설정을 마쳤다고 가정한다.

2. 메뉴에서 Assets ➤ Import Package ➤ Custom Package…를 선택하고 다운로드한 소스 코드의 Chapter_10_Assets 폴더로 간다. Chapter10.unitypackage를 선택하고 Open을 클릭한다.

3. 패키지가 작으니 금방 가져올 수 있을 것이다. Import Unity Package 창의 Import 버튼을 클릭한다.

4. Project 창의 Assets/Chapter 10/Scenes 폴더에서 Main 신을 찾은 후 더블 클릭해서 연다.

5. Project 창의 Assets/Chapter 10/Scripts 폴더에서 RotateObject 스크립트를 찾은 후 더블 클릭해 본인의 에디터에서 연다.

ℹ 여기서는 모노디벨롭과 비주얼 스튜디오를 위한 디버거(debugger) 사용을 보여줄 것이다. 다른 코드 에디터를 사용하고 있다면 진행이 다를 수 있다.

6. 다음 스크린샷과 같이 Update 메소드 속 한 줄의 코드에 브레이크포인트breakpoint 를 설정한다.

7. 이 단계는 본인이 사용하는 에디터에 따라 다르다. 본인 에디터에 맞게 다음 설

명을 따라 디버깅을 시작하자.

- 모노디벨롭: 툴바에서 Play 버튼을 눌러 디버깅을 시작한다. Attach to Process 창이 보일 것이다. 프로젝트가 불려온 유니티 프로세스를 선택하고 Attach를 클릭한다.

- 비주얼 스튜디오: 툴바에서 Play(Attach to Unity) 버튼을 눌러 디버깅을 시작한다. 비주얼 스튜디오는 똑똑해서 유니티 에디터를 직접 찾아 연결한다.

8. 유니티로 돌아온 후 Play 버튼을 눌러 프로젝트를 실행한다.

9. 조금만 기다리면 스크립트 에디터에서 설정한 브레이크포인트 지점으로 이동될 것이다. 다음 스크린샷처럼 마우스를 텍스트 위에 올려서 변수의 속성을 살펴본다.

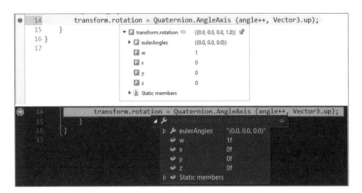

모노디벨롭과 비주얼 스튜디오의 브레이크포인트와 타입 검사 예제

워치watch와 같은 다른 디버깅 옵션들도 있지만, 위 예제는 디버깅의 시작점이라 생각하면 된다. 물론 때에 따라 배포하는 모바일 플랫폼에 맞는 기기에서 직접 디버깅하고 싶을 때가 있다. 그 방법을 다음 절에서 다뤄보자.

리모트 디버깅

에디터에서 프로젝트의 스크립트를 디버깅할 수 있는 것은 훌륭한 기능이다. 물론 개발자가 바라는 가장 이상적인 상황은 목표한 플랫폼에 배포되는 동안 스크립트를 디버깅하는 것이다. 더 이상 기기에서 스크립트/코드가 어떻게 돌아갈지 예측하지 않아도 되고, 리모트 디버깅remote debugging을 하면서 직접 코드가 실행되는 것을 볼 수 있다.

리모트 디버깅은 이미 오랜 시간 동안 존재해온 강력한 기능이지만, 기능의 한계가 있을 뿐 아니라 연결 문제가 생기기도 한다. 리모트 디버깅을 하기 전에 본인의 모바일 기기에 문제없이 배포할 수 있는지 확인하자. 만일 기기에 배포하는 데 문제가 있다면 이 절은 도움이 되지 않을 것이다. 대신 이 장 마지막에 있는 '장별 이슈와 해결책' 절을 살펴보자.

다음 설명에 따라 본인의 에디터에서 리모트 디버깅을 설정하자.

1. 이전 디버깅 예제에서 다뤘던 프로젝트를 사용하자. 여기로 바로 왔다면 1~4 단계를 진행해서 프로젝트를 열고 신을 구성한다.

2. 메뉴에서 File ➤ Build Settings를 선택한다. Build Settings 창이 열리면 Add Open Scenes 버튼을 클릭하고 빌드에 Main 신을 추가한다. 그런 후 다음 스크린샷처럼 배포 플랫폼을 선택하고 Development Build 체크박스를 활성화한다.

신이 추가되고 플랫폼이 선택된 Build Settings 창

3. 본인이 선택한 플랫폼에 따라 이 시점에서는 추가적인 Player Settings를 설정해야 한다. Player Settings… 버튼을 클릭해서 Inspector 창에 PlayerSettings 패널을 연다. 그리고 선택한 플랫폼(iOS 혹은 안드로이드)에 따라 필요한 설정을 적용한다.

4. 다음 단계는 본인의 게임이 어떤 플랫폼에 배포되느냐에 따라 다르다.

   ○ iOS

      ▸ 개발 컴퓨터와 본인의 모바일 기기가 같은 네트워크(와이파이Wi-Fi)에 있는지 확인한다.

      ▸ 게임 배포 후 USB 케이블 연결은 해제해도 된다.

   • 안드로이드

      ▸ 터미널/CMD 프롬프트를 열고 Android SDK/platform-tools 폴더로 간다.

      ▸ 다음 명령을 입력한다.

```
adb tcpip 5555
```

○ 다음과 같은 메시지가 출력될 것이다.

```
restarting in TCP mode port: 5555
```

○ 본인의 기기를 열고 Settings ❯ About ❯ Status를 열어 IP 주소를 찾는다.
○ 본인의 IP 주소를 적거나 기억한 후 다음 명령을 본인 기기의 IP 주소로 대체해 입력한다.

```
adb connect DEVICEIPADDRESS
```

• 본인의 IP 주소로 대체된 다음과 같은 메시지가 출력될 것이다.

```
connected to DEVICEIPADDRESS:5555
```

• 다음 명령을 실행해서 기기가 설치됐는지 확인한다.

```
adb devices
```

• 다음과 비슷한 메시지가 출력될 것이다(본인의 기기 이름이 보일 수도 있다).

```
List of devices attached
DEVICEIPADDRESS:5555 device
```

5. 창에서 Build and Run 버튼을 클릭하고, 패키지 확인자package identifier에 설정한 이름에 따라 파일을 저장한다.

6. 간단한 데모가 불려오고 기기에서 실행되면 USB 연결을 해제한다. 그런 후 스크립트 에디터로 돌아간다. 본인 에디터에 맞춰 다음 설명을 진행한다.

- 모노디벨롭
  - Play 버튼이나 F5를 눌러 디버깅을 시작한다.
  - 본인의 플랫폼과 기기에 맞는 사항을 선택하고 Attach 버튼을 누른다.

> ℹ️ 브레이크포인트에 도달하면 기기의 게임이 멈출 것이다. 그러면 로컬에서 게임을 디버깅할 수 있다.

- 비주얼 스튜디오(2015)
  - 메뉴에서 Debug ➤ Attach Unity Debugger를 선택한다.
  - Select Unity Instance 창이 열리면 다음과 같은 인스턴스instance 리스트가 보일 것이다.

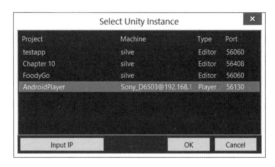

유니티 인스턴스를 보여주는 창

  - 본인 기기(Type=Player)에 맞는 인스턴스를 선택하고 OK를 클릭한다.
  - 이제 디버거를 로컬에서 사용할 수 있다.
7. 리모트 디버깅을 할 때 변수 검사와 같은 특정 액션 때문에 대기해야 할 때가 있으므로 여유 있게 기다리자. 이런 일이 생기는 이유는 에디터가 로컬이 아닌 리모트 기기에서 상태를 얻어와야 하기 때문이다.
8. 디버깅이 끝났으면 모노디벨롭이나 비주얼 스튜디오에서 Stop 버튼을 클릭한다. 디버거가 제거되고 게임은 지속적으로 실행될 것이다. 간혹 에디터(주로 모노디벨

롭)가 멈추면 에디터를 닫아버리자.

리모트 디버깅은 개발 중에 코드를 디버깅하기 위한 훌륭한 방법이지만, 때때로 좀 더 고급 툴이 필요할 수 있다. 다음 절에서는 모바일 애플리케이션을 디버깅하기 위한 고급 툴 몇 가지를 살펴본다.

▌ 고급 디버깅

유니티 에디터에서 아무리 시간을 많이 보낸다고 해도, 고급 디버깅 옵션이 있으면 확실히 도움이 된다. 특히 개발 기기와의 연결이 완전히 끊긴 상태에서 실행된다면 더욱 그렇다. 다음 표는 사용을 고려해볼 만한 고급 디버깅 툴들이다.

툴	사용 난이도	설명	소스/링크
HUDDebug	쉬움: 에셋 스토어에서 다운로드	플랫폼에 통합된 훌륭한 디버깅 툴을 생성한다. 콘솔, FPS, 메모리, 힙(heap), 익스텐션 지원	유니티 에셋 스토어에서 HUDDebug 검색
Unity Remote 5	쉬움-어려움: 연결 문제가 생길 수 있음	작동된다면 환상적인 툴이다. 모바일 기기에서 게임이 실행되면서, UI와 게임 입력을 에디터에서 추적할 수 있다. 하지만 연결 문제로 인해 실행에 애를 먹을 수 있다. 미래에는 이런 문제들이 해결되길 바란다.	앱스토어에서 Unity Remote 검색
Charles Proxy	중간-어려움	Charles Proxy는 본인의 모바일 기기로부터 나온 네트워크 트래픽을 개발 기기를 통해 지나가게 하면서 동시에 모니터링할 수 있다. 모바일 기기에서 웹 서비스로 호출하는 데 문제가 있거나 고급 네트워킹을 구성하고 있다면 이 툴이 필요하다. 무료 툴은 아니지만 네트워크 이슈를 찾는 데 꼭 필요하다.	www.charlesproxy.com 본인 기기에서 Charles Proxy setup 검색

디버깅은 이슈를 해결하기 위해 꼭 필요한 툴이지만, 항상 하고 싶은 일은 아니다. 본인의 게임이 실행되는 구조를 이해하는 데 필요한 더 나은 방법은 로그를 추가하는 것이다. 다음 절에서 살펴보자.

▌ 로깅

이 책에서 몇 장이라도 진행해봤다면 게임이 의도한 대로 실행되는 데 로깅logging이 얼마나 큰 역할을 하는지 느끼고 있을 것이다. 유니티에서는 따로 파일이나 서비스에 기록하는 커스텀 로거logger를 만들지 않는 이상 모든 로그 메시지가 콘솔console에 출력된다. 이 절 후반에서는 커스텀 로거를 만들 것이다. 일단 지금은 다음 리스트를 통해 유니티가 제공하는 로깅 옵션을 알아보자.

- print: Debug.log와 같은 기능을 하는 짧은 버전이다.
- Debug.Log, Debug.LogFormat: 기본 정보 메시지를 포맷되지 않거나 포맷된 상태로 출력한다. 메시지는 Console 창에서 정보 아이콘과 함께 나타난다.
- Debug.LogError, Debug.LogErrorFormat: 에러 메시지를 포맷되지 않거나 포맷된 상태로 출력한다. 메시지는 Console 창에서 에러 아이콘과 함께 나타난다.
- Debug.LogException: 예외exception를 Console 창에서 에러 아이콘과 함께 나타낸다.
- Debug.LogWarning, Debug.LogWarningFormat: 경고 메시지를 포맷되지 않거나 포맷된 상태로 출력한다. 메시지는 Console 창에서 경고 아이콘과 함께 나타난다.
- Debug.LogAssertion, Debug.LogFormatAssertion: 표명assertion 메시지를 포맷되지 않거나 포맷된 상태로 출력한다.

로깅 기능을 사용하기 위해서는 위 문장statement들을 스크립트의 도입이나 출구, 그 외 다른 부분들에 추가한다. 다음은 각 로깅 타입들이 어떻게 쓰이는지 보여주는 예제다.

```
using UnityEngine;
using System.Collections;
using System;

public class LoggingExample : MonoBehaviour {

  public GameObject target;
```

```
  public float iterations = 1000;
  private float start;
  // Use this for initialization
  void Start () {
    Debug.Log("Start");

    if (target == null)
    {
      Debug.LogWarning("target object not set");
    }

    if (iterations < 1)
    {
      Debug.LogWarningFormat("interations: {0} < 1", iterations);
    }

    Debug.LogFormat("{0} iterations set", iterations);
    start = iterations;
  }
  // Update is called once per frame
  void Update () {
    // 데모를 위한 try/catch 사용
    // update 메소드에서는 절대 사용하면 안 됨
    try
    {
      iterations--;
      Debug.LogFormat("Progress {0}%", (100 - iterations / start * 100));
    }
    catch (Exception ex)
    {
      Debug.LogError("Error encountered " + ex.Message);
        Debug.LogErrorFormat("Error at {0} iterations, msg = {1}", iterations,
ex.Message);
      Debug.LogException(ex);
    }
  }
}
```

LoggingExample 클래스는 유니티에서 제공하는 다양한 로깅 타입을 사용하는 예제다.

LoggingExample에서 초기 iterations가 0으로 설정되면 무슨 일이 일어날까? 어떤 변화를 주면 예외 상황이 생길 수 있을까?

대부분의 상황에서 **Console** 창에 로그 메시지를 출력하는 것은 아무 문제없다. 특히 개발 중이라면 더욱 그렇다. 하지만 테스트 목적이든, 출시 목적이든 간에 게임이 배포되고 난 후에도 메시지들을 추적하고 싶은 경우가 있다. 다행히 그런 경우에도 다음 클래스와 같이 손쉽게 커스텀 로그를 출력하는 방법이 있다.

```csharp
using System;
using System.IO;
using UnityEngine;

public class CustomLogHandler : MonoBehaviour
{
    public string logFile = "log.txt";
    private string rootDirectory = @"Assets/StreamingAssets";
    private string filepath;
    void Awake()
    {
        Application.logMessageReceived += Application_logMessageReceived;

#if UNITY_EDITOR
        filepath = string.Format(rootDirectory + @"/{0}", logFile);
        if(Directory.Exists(rootDirectory)==false)
        {
            Directory.CreateDirectory(rootDirectory);
        }
#else
        // Application.persistentDataPath에 파일이 있는지 체크한다
        filepath = string.Format("{0}/{1}", Application.persistentDataPath, logFile);
#endif
    }

    private void Application_logMessageReceived(string condition, string
```

```
stackTrace, LogType type)
  {
    var level = type.ToString();
    var time = DateTime.Now.ToShortTimeString();
    var newLine = Environment.NewLine;

    var log = string.Format("{0}:[{1}]:{2}{3}", level,time, condition, newLine);

    try
    {
      File.AppendAllText(filepath, log);
    }
    catch (Exception ex)
    {
      var msg = ex.Message;
    }
  }
}
```

CustomLogHandler는 Awake 메소드 안에서 Application.logMessageReceived 이벤트에 붙어 작동한다. 이 이벤트는 유니티에서 콘텐츠가 로그될 때마다 발생한다. 클래스의 나머지 부분은 정확한 파일 경로를 설정하고 필요한 경우 폴더를 생성하며, Application_logMessageReceived 메소드에서 실제 로깅이 발생할 때 출력을 포맷한다. 이 클래스는 모바일 플랫폼에서 사용하기가 쉽지 않지만, 에디터나 데스크톱에 배포할 때 로그 메시지를 추적하는 데는 이만한 것이 없다. 다음 두 절에서는 이렇게 로그를 다루는 방법이 어떻게 디버깅과 출시 버전을 배포하는 데 사용될 수 있는지 알아본다.

CUDLR

이 책에서 몇 장 이상 진행해봤다면 이미 CUDLR에 익숙할 것이다. CUDLR은 훌륭한 리모트 로깅, 디버깅, 검사 툴이다. 2장, '플레이어 위치 매핑'에서 CUDLR을 설정하는 법을 놓쳤더라도, 여기서 다시 한 번 다룰 테니 걱정하지 말자. 혹시 CUDLR에 문제가 있어서 여기로 왔다면, 이 장의 마지막 절인 '장별 이슈와 해결책'을 보길 바란다.

CUDLR은 본인의 게임 안에 있는 내부 웹 서버에서 돌아가는 리모트 콘솔remote console이다. 로그 출력을 출력하기 위해 사용했던 것과 동일한 테크닉을 쓰지만, 동시에 오브젝트 검사와 커스터마이제이션도 지원한다. 다음 설명에 따라 CUDLR을 구성하자(이미 구성했다면 대략만 훑어봐도 좋다).

1. 이미 Chapter 10 프로젝트를 구성한 상태가 아니라면 새로운 유니티 프로젝트를 열고 다운로드한 소스 코드의 Chapter_10_Assets 폴더에서 Chapter10.unitypackage를 가져온다.

2. Assets/Chapter 10/Scenes 폴더에서 Main 신을 연다.

TIP CUDLR은 Chapter10 패키지에 포함돼 있다.

3. 메뉴에서 GameObject > Create Empty를 선택한다. 오브젝트의 이름을 CUDLR로 변경하고 트랜스폼을 영점으로 리셋한다.

4. Project 창의 Assets/CUDLR/Scripts 폴더에 있는 Server 스크립트를 CUDLR 게임 오브젝트에 끌어 놓는다.

5. 기본 설정에서 CUDLR은 포트 55055에서 실행하도록 돼 있다. 이 설정은 CUDLR 게임 오브젝트의 Inspector 창에서 변경할 수 있다. 지금은 기본값으로 그냥 둔다.

6. 에디터에서 Play를 눌러 신을 실행한다. 신을 계속 실행해둔다.

7. 브라우저를 열고 다음 URL을 입력한다.
   http://localhost:550555

8. 다음 스크린샷의 모습처럼 브라우저에서 CUDLR 창이 열릴 것이다.

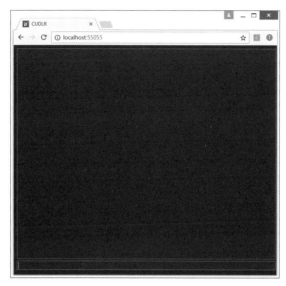

브라우저(크롬)에서 열린 CUDLR 창

9. 창 아래에 다음 명령어를 입력한다.

```
help
```

10. 이 명령은 다음을 출력한다.

```
Commands:
object list : lists all the game objects in the scene(신에 있는 모든 게임 오브
젝트를 리스트한다)
object print : lists properties of the object(오브젝트의 속성을 리스트한다)
clear : clears console output(콘솔 출력을 지운다)
help : prints commands(명령들을 출력한다)
```

11. 다음 명령을 입력한다.

```
object list
```

12. 이 명령은 다음을 출력한다.

```
CUDLR
Directional Light
Cube
Main Camera
```

13. 다음 명령을 입력한다.

```
object print Cube
```

14. 이 명령은 다음을 출력한다.

```
Game Object : Cube
  Component : UnityEngine.Transform
  Component : UnityEngine.MeshFilter
  Component : UnityEngine.BoxCollider
  Component : UnityEngine.MeshRenderer
  Component : RotateObject
```

이 책에서 여러 절을 통해 살펴봤듯이 CUDLR은 모바일 기기에서 실행되는 게임의 로깅 활동을 포착하는 데 매우 유용하다. CUDLR을 사용하면 여러 기기에서 동시에 출력되는 로깅을 추적할 수도 있다. 물론 CUDLR은 디버깅이나 테스트를 할 때 로그를 포착하기 위해서만 사용된다. CUDLR이 생성하는 내부 웹 서버는 출시 버전 게임에 절대로 포함시키면 안 된다.

만일 게임이 출시된 후에 치명적인 에러나 예외 로그를 추적하고 싶다면 어떻게 해야 할까? 다행히 유니티에서 그렇게 할 수 있는 옵션들이 마련돼 있고, 그중 하나를 다음 절에서 다뤄본다.

▌ 유니티 애널리틱스

유니티 애널리틱스^{Unity Analytics}는 게임을 출시할 때 항상 켜두면 좋은 부분이다. 플레이어들에 대한 피드백이나 게임의 배포 상황, 그 외 많은 지표들은 무척 중요하다. 이 절에서는 유니티 애널리틱스에 대한 기본을 다룬 후, 이 툴을 사용해 치명적 에러와 예외를 추적해본다. 이 정보에 접근함으로써 게임을 출시하거나 먼 지역에서 테스트할 때 더 나은 지원을 할 수 있게 된다.

다음 설명에 따라 유니티 애널리틱스를 본인 프로젝트에서 활성화하자.

1. 메뉴에서 Window ➤ Services를 선택한다. 보통 Services 창은 Inspector 창이 있는 곳에서 열린다.

> TIP Performance Reporting도 에러 리포트가 가능하지만 유니티 계정 업그레이드가 필요하다.

2. 리스트에서 Analytics 그룹을 찾은 후 다음 스크린샷과 같이 오른쪽에 있는 켜고 끄는 버튼을 On 위치로 설정한다.

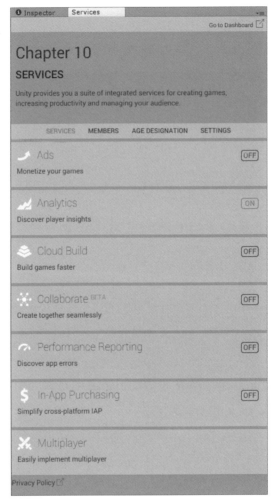

유니티 애널리틱스 활성화하기

3. Services 창에서 Analytics 패널을 클릭한다. 본인 게임의 나이 제한을 확인하라
   는 메시지가 나올 수도 있다. 그런 경우에는 나이를 13세 이상으로 선택하고 계
   속한다.

4. Services 창에 Analytics 페이지가 열릴 것이다. 메인 텍스트 바로 아래에 있는 Go
   to Dashboard 버튼을 클릭한다. 그러면 기본 브라우저가 열리면서 유니티 애널

리틱스 사이트로 이동할 것이다. 알림이 나오면 유니티 계정으로 로그인한다.

5. 페이지가 열리면 다음 스크린샷과 비슷한 모습을 볼 수 있다.

유니티 애널리틱스 페이지

지금은 플레이어, 세션, 그 외 다른 지표가 모두 0일 것이다. 방금 프로젝트의 애널리틱스를 활성화했으니 예상했던 상황이다. 이대로 두면 유니티 애널리틱스는 로깅 메시지를 추적하지 않는다. 하지만 커스텀 이벤트 메커니즘을 활용해서 에러와 예외 로그를 추적할 수 있다. 다행히 모든 작동은 이미 `AnalyticsLogHandler` 스크립트에 담겨 있다.

 유니티 애널리틱스는 실시간으로 돌아가지 않는다. 때문에 결과를 보려면 일반적으로 12-14시간 정도 기다려야 한다. 그래서 디버깅용으로는 전혀 소용없지만 전 세계 플레이어에게 배포됐을 경우 유용한 지표가 될 수 있다.

다음 설명에 따라 스크립트를 설정하자.

1. 메뉴에서 GameObject ➤ Create Empty를 선택한다. 오브젝트의 이름을 AnalyticsLogHandler로 변경하고 트랜스폼을 영점으로 리셋한다.

2. Project 창의 Assets/Chapter10/Scripts 폴더에 있는 `AnalyticsLogHandler` 스크립트를 AnalyticsLogHandler 오브젝트에 끌어 놓는다.

3. 예제 Main 신의 Cube에 첨부돼 있는 `RotateObject` 스크립트는 오브젝트가 한 바퀴 회전할 때마다 에러 메시지를 로그한다.

4. 에디터에서 Play를 눌러 신을 실행한다. 회전 에러 메시지가 상태 바[status bar], Console 창, 혹은 CUDLR 창에 로그되기를 기다린다. 불행히도 유니티 애널리틱스 대시보드[dashboard] 페이지에서 메시지를 보고 싶다면 12-14시간을 기다려야 한다.

5. 14시간이 지나면 다음 스크린샷처럼 애널리틱스 대시보드로 돌아와 Event Manager 탭을 선택한 후 이벤트 뷰어 메시지를 검토한다.

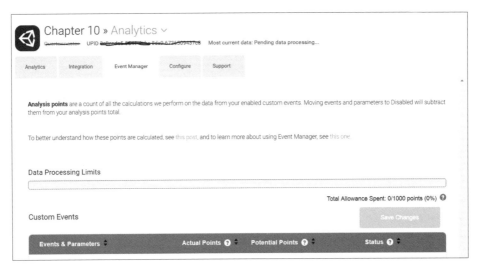

유니티 애널리틱스 대시보드의 Event Manager 탭

그럼 이제 `AnalyticsLogHandler` 스크립트를 살펴보자.

```
using UnityEngine;
using UnityEngine.Analytics;

public class AnlyticsLogHandler : MonoBehaviour
{
  public LogType logLevel = LogType.Error;
  void Awake()
  {
    Application.logMessageReceived += Application_logMessageReceived;
  }

  private void Application_logMessageReceived(string condition, string
stackTrace, LogType type)
  {
    if (type == logLevel)
    {
      Analytics.CustomEvent("LOG", new Dictionary<string, object>
      {
        { "msg", condition },
        { "type", type.ToString() }
      });
    }
  }
}
```

스크립트는 간단하지만, 적용은 이전에 봤던 CustomLogHandler 스크립트와 유사하다.
가장 큰 차이점이라면, Analytics 오브젝트가 자동으로 유니티 애널리틱스에 보내는
CustomEvent를 생성하는 것이다. 이 경우에는 해당 메소드를 사용해 로깅 메시지나 다른
에러 상황을 추적한다. 물론 게임에서 커스텀 이벤트를 추적하고 싶을 경우 아무 곳이나
코드를 가져다 붙이면 된다.

Event Manager는 포인트 시스템을 통해 얼마나 많은 이벤트를 추적하고 다른 분석을 수행할 수 있는지 결정한다. 모든 프로젝트는 1,000점으로 시작하며, 대부분의 추적 용도에 부족함이 없다.

에러가 됐든, 일반적 게임 활동이 됐든 커스텀 이벤트를 수집하기 시작하면 수집된 지표를 다른 지표와 비교할 수 있다. 예를 들어 사용자 한 명당 에러 수, 혹은 한 게임 세션당 에러 수를 비교하면 해당 에러가 얼마나 치명적인지, 혹은 경미한지 알 수 있고, 얼마나 빨리 반응해야 할지 판단할 수 있다. 지표 구성은 이 책의 영역을 벗어난 주제지만, 시간이 있다면 유니티 사이트에서 공부해볼 만한 부분이다.

눈으로 보듯이, 애널리틱스는 플레이어 활동을 추적하는 훌륭한 툴일 뿐만 아니라 에러나 커스텀 이벤트 같은 다른 곳에서도 쓰일 수 있다. 이어지는 이 책의 마지막 절에서는 지금까지 이 책의 내용을 진행하면서 직면했을 수 있는 이슈와 가능한 해결책을 살펴본다.

▌ 장별 이슈와 해결책

장별로 정리한 다음 표에서는 지금까지 겪었을 수 있는 에러들과 각각의 가능한 해결책을 보여준다.

장/절	이슈	해결책
1. 안드로이드 개발 환경 구성	adb 명령으로 기기를 찾을 수 없음	• 기기에 USB로 연결돼 있는지 확인한다. • 케이블이 다른 기기에서 잘 작동하는지 확인한다. • USB 포트가 정상적으로 작동되는지 확인한다. 저장 장치와 같은 다른 기기도 테스트해본다. • 기기에 USB 디버깅(USB debugging)이 활성화돼 있는지 확인한다. • 기기의 드라이버가 설치됐는지 확인한다. • 연결 사이에 몇 초씩 기다리면서 USB 케이블을 뺐다 꼈다 해본다.

1. 게임 빌드와 배포	프로젝트를 빌드할 수 없음(안드로이드)	• SDK와 JDK 경로가 올바른지 확인한다. • 번들 아이덴티파이어(bundle identifier)가 빌드 apk 이름과 같은지 확인한다. • 올바른 SDK 플랫폼을 설치했는지 확인한다. 그렇지 않다면 이클립스(Eclipse)를 열고 다른 플랫폼 버전을 설치한다.
1…8. 게임 빌드와 배포	빌드가 중간에서 중지되고 멈춰버림	• 흔히 접하는 이슈로서 보통 기기를 꼽은 후에 나타난다. 좀 더 기다리거나 빌드를 취소한다. • 지속적으로 일어날 경우 유니티를 닫고 다시 연다.
2. CUDLR 구성하기	CUDLR에 연결할 수 없음	• CUDLR이 사용하는 포트를 55055에서 다른 것으로 변경한다(1024-65535). • IP 주소가 정확한지 확인한다. • URL 신텍스가 정확한지 확인한다(http://IPADDRESS:PORT). • 컴퓨터나 기기가 연결을 막는 방화벽을 실행하고 있는지 확인한다. 그렇다면 사용 포트에 대한 예외 처리를 한다. • 기기에 게임이 실행되고 있는지 확인한다. • 유니티 에디터에서 게임을 실행하고 로컬호스트에 접속을 시도한다(http://localhost:55055).
2. 지도 타일 생성하기 혹은 2. GPS 서비스 구성하기	지도 타일이 물음표 마크를 렌더링함	• 위도/경도 좌표가 올바르게 입력됐는지 확인한다. • 모바일 기기의 위치 서비스가 활성화돼 있는지 확인한다. • 모바일 기기의 GPS 서비스가 정상적으로 작동하는지 구글 맵스(Google Maps) 같은 테스트 앱을 실행해 확인한다. • 타일 요청을 위해 보내는 URL이 이미지를 반환하는지 URL을 Console이나 브라우저의 CUDLR 창에 복사해서 확인한다. • 몇 시간 동안 기다려보자. IP 사용 제한을 초과했을지도 모른다.
6. 데이터베이스	기기에 배포하면 데이터베이스가 작동하지 않음	• 목표 플랫폼에 맞게 플러그인 설정이 올바르게 됐는지 확인한다. • 데이터베이스 버전이 #.#.# 형식이나 기본 1.0.0으로 돼 있는지 확인한다. • iOS에 배포한다면 IL2CPP를 사용하는지 확인한다. • 게임을 멈추고 기기에서 제거한 후 다시 배포한다.
7. Google Places API 서비스 구성하기	장소가 지도에서 보이지 않거나 위치가 맞지 않음	• GPS 서비스가 올바르게 작동하는지 확인하고, 시뮬레이션 모드가 상황에 맞게 비활성화/활성화돼 있는지 확인한다. • 위치가 활성화돼 있는지 기기를 확인한다.
8. 데이터베이스 업데이트하기	해당 장소에 몬스터를 팔 수 없음	• 유니티 에디터를 멈추고 Assets/StreamingAssets 폴더에서 데이터베이스 파일을 삭제한다. • SQLite 툴로 데이트베이스 내용을 직접 수정하거나 확인한다. SQLite용 DB Browser(http://sqlitebrowser.org/)가 훌륭한 툴이다. • 게임을 제거하고 다시 설치한다. 그러면 데이터베이스가 초기화된다. • 저레벨 몬스터를 잡아낸다.
	모바일 기기에 게임 배포하기	1장, '시작하기'의 절들을 참조한다.

▌요약

이 장은 전부 이 책에서 다룬 내용이나 일반 개발에서 일어날 수 있는 이슈를 고치고 문제를 해결하는 데 할애했다. 처음에는 문제가 일어나면 가장 먼저 봐야 할 콘솔을 살펴봤다. 그런 후 개발을 방해할 수 있는 흔한 에러와 경고들을 알아봤다. 그러면서 코드 에디터를 통한 디버깅과 리모트 디버깅을 다뤘다. 그 후에는 유니티의 로깅 기능을 파보면서 예제 커스텀 로그 핸들러^{custom log handler}도 제작했다. 이로 인해 아무 플랫폼이나 연결해서 로그 메시지를 추적하고 오브젝트를 검사할 수 있는 로컬/리모트 콘솔 역할을 하는 CUDLR을 다시 한 번 들여다보게 됐다. 로깅 개발 툴에 대해 많은 시간을 쏟은 후에는 게임 출시 후 유니티 애널리틱스를 사용해 에러나 예외 메시지를 포착할 수 있는 방법을 알아봤다. 마지막으로 이 책을 통해 데모 게임을 개발하면서 직면할 수 있는 이슈와 해결책의 리스트를 살펴봤다.

이것으로 위치 기반 AR 게임 개발을 위한 여정을 마쳤다. 이를 통해 유니티 게임 개발의 여러 부분에 관한 식견을 넓혔길 바란다. 이제부터는 증강 현실, GIS, 그 외 다른 고급 유니티 개발 기능을 더욱 배워나갈 것을 권한다. 더 나아가 본격적으로 뛰어들어 본인만의 위치 기반 AR 게임을 개발해보길 기대한다.

| 찾아보기 |

에이콘출판의 기틀을 마련하신 故 정완재 선생님 (1935-2004)

움직이는 증강 현실 게임 개발

현실 속에서 이동하고 포획하며 즐기는 유니티 AR 게임

발   행 | 2018년 5월 29일

지은이 | 마이클 랜햄
옮긴이 | 이 진 오

펴낸이 | 권 성 준
편집장 | 황 영 주
편   집 | 조 유 나
디자인 | 박 주 란

에이콘출판주식회사
서울특별시 양천구 국회대로 287 (목동)
전화 02-2653-7600, 팩스 02-2653-0433
www.acornpub.co.kr / editor@acornpub.co.kr

한국어판 ⓒ 에이콘출판주식회사, 2018, Printed in Korea.
ISBN 979-11-6175-159-7
ISBN 978-89-6077-210-6 (세트)
http://www.acornpub.co.kr/book/ar-game-develop

이 도서의 국립중앙도서관 출판시도서목록(CIP)은 서지정보유통지원시스템 홈페이지(http://seoji.nl.go.kr)와
국가자료공동목록시스템(http://www.nl.go.kr/kolisnet)에서 이용하실 수 있습니다.(CIP제어번호: CIP2018015384)

책값은 뒤표지에 있습니다.